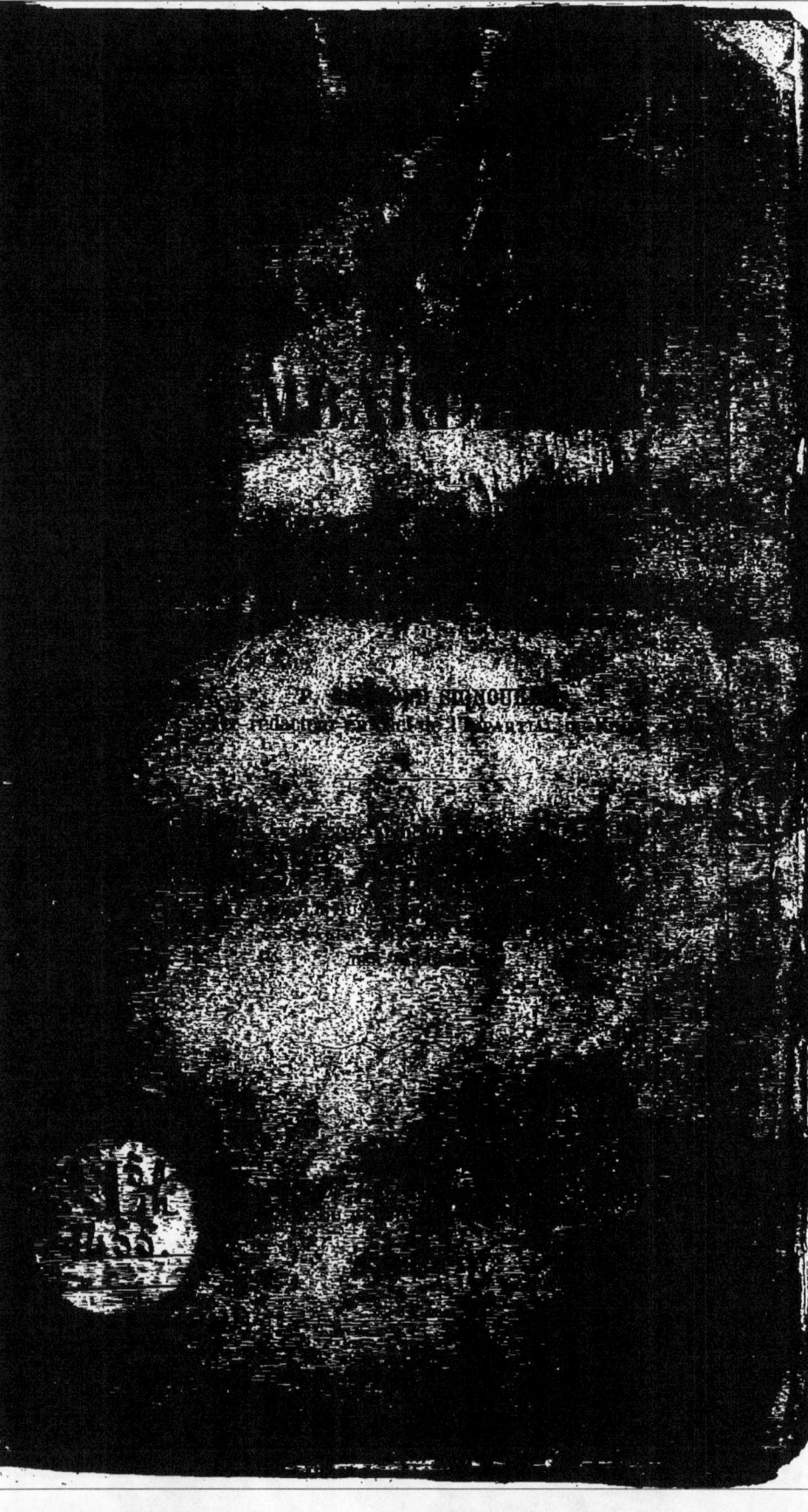

SOUVENIRS

DU

BOMBARDEMENT ET DE LA CAPITULATION

DE STRASBOURG

La reproduction et la traduction des Souvenirs du Bombardement et de la Capitulation de Strasbourg *sont formellement interdites, excepté pour les journaux ayant un traité annuel avec la Société des gens de lettres.*

Adresser les demandes de texte pour la reproduction au siége de cette Société : Rue Geoffroy-Marie, 5, à Paris.

BAYONNE. — IMPRIMERIE P. CAZALS, RUE BOUFFLERS.

SOUVENIRS

DU

BOMBARDEMENT

ET DE LA

CAPITULATION DE STRASBOURG

RÉCIT CRITIQUE DE TOUT CE QUI S'EST PASSÉ DANS CETTE
VILLE DU 25 JUILLET AU 28 SEPTEMBRE 1870,

par

P. RAYMOND SIGNOURET

Ex-rédacteur en chef de l'IMPARTIAL DU RHIN.

AVEC UN PLAN DE STRASBOURG APRÈS LE BOMBARDEMENT,
INDIQUANT LES MAISONS, LES ÉTABLISSEMENTS
PUBLICS ET LES QUARTIERS INCENDIÉS,
DÉMOLIS OU GRAVEMENT ENDOMMAGÉS,
ET LES TRAVAUX D'ATTAQUE
DES ALLEMANDS.

∼∼∼

BAYONNE

IMPRIMERIE ET LIBRAIRIE P. CAZALS,
PLACE DU RÉDUIT ET RUE BOUFFLERS.

—

OCTOBRE 1872

A L'ALSACE

Qui veut rester et qui, nécessairement, irrésistiblement, redeviendra française : — parce que le droit prime la force ; parce que la volonté d'un homme ne saurait prédominer contre la volonté d'un peuple; parce que la logique des faits est plus puissante que les plus tortueuses combinaisons du plus roué des diplomates.

—

A MON PÈRE, Charles-Égalité RAYMOND.

A MA MÈRE, morte à Strasbourg le 23 Septembre 1870.

A MA SŒUR, Madame Caroline BARTHES, en souvenir de ses longues angoisses, pendant et après le bombardement.   P. R. S.

..... La guerre, qu'elle soit sainte, nationale, humanitaire ou révolutionnaire, qu'elle se fasse sous l'impulsion du bon plaisir ou d'une idée, n'est que le vol et l'assassinat dans de gigantesques proportions.

Lucien BIART. — Le colonel Ramon.

La guerre est une barbarie que la civilisation doit travailler à faire disparaître; la paix, un but qu'elle doit poursuivre. Il faut que les divers peuples dont se compose l'humanité arrivent à substituer dans leurs rapports réciproques le règne du droit à celui de la force, qui a dominé jusqu'ici. Le droit international est encore à créer : il faut l'établir.

Jules BARNI, vice-président du Comité central
du Congrès de la paix et de la liberté.
(Lausanne, septembre 1870.)

..... Je suis contre l'annexion parce qu'on ne peut alléguer aucun motif raisonnable en sa faveur; parce que je ne reconnais pas de droit de conquête, c'est-à-dire de droit de vol à main armée.

Lettres politiques de Charles Vogt
à Frédéric Kolb.
(1re lettre, Genève, 10 octobre 1870).

L'auteur de ces quelques pages n'a pas l'intention de tracer l'histoire complète, même exclusivement locale, de la guerre de 1870, de cet égorgement mutuel de deux peuples voisins auxquels tous leurs intérêts, moraux et matériels, conseillaient et auraient dû persuader de toujours vivre en paix, de toujours entretenir des relations amicales; — témoin de ce qu'il va raconter d'après des notes recueillies heure par heure, il veut seulement rappeler ce qui s'est passé à Strasbourg depuis la déclaration de guerre jusqu'à l'entrée des soldats allemands dans cette forteresse: il n'a aucune prétention au rôle d'historien; celui de narrateur lui suffit.

Il aura atteint son but si le lecteur retrouve dans ces quelques pages le souvenir précis des dures épreuves que le plus grand nombre des Strasbourgeois ont subies avec une abnégation et un courage auxquels nos ennemis eux-mêmes ont rendu justice, et si, en appréciant les péripéties quotidiennes de ce lugubre épisode, il parvient à faire équitablement à chacun sa part de mérite ou de responsabilité.

P. R. S.

Strasbourg, octobre 1870. — Dax, octobre 1871.

SOUVENIRS

DU

BOMBARDEMENT ET DE LA CAPITULATION

DE STRASBOURG

(AOUT-SEPTEMBRE 1870)

Les préparatifs de guerre et les manifestations populaires.

Dès le commencement de juillet, la garnison de Strasbourg se préparait activement à faire campagne : depuis déjà plusieurs semaines, les fortifications avaient reçu leur « armement de sécurité » lorsque, le 12 juillet, arriva le général Frossart chargé de faire mettre cet armement sur le pied complet de défense « *et d'activer les réparations* » *des remparts* »; les travaux destinés à garantir la place contre une tentative alors bien improbable, mais possible, — la suite ne l'a que trop prouvé,— furent dès lors poussés avec une fiévreuse activité : on y employait chaque jour, outre les artilleurs, bon nombre de soldats d'infanterie. Un instant cependant ces préparatifs semblèrent devoir être inutiles : dans la soirée du 13, une dépêche transmise de Paris aux journaux de la localité annonça que le prince Amédée de Hohenzollern renonçait à la couronne d'Espagne, et chacun se félicitait de cette solution inespérée du conflit si imprudemment engagé par la diplomatie impériale, quand survint le télégramme relatant la nouvelle démarche tentée directement par M. Benedetti auprès du roi Guillaume et l'accueil si hautain et si dédaigneux fait par ce dernier à l'ambassadeur de Napoléon III.

Toute espérance de voir la paix se maintenir et le conflit se dénouer à l'amiable fut dès lors perdue, et la dépêche qui, le lendemain, fit connaître la déclaration des ministres au Corps législatif et au Sénat ne causa à Strasbourg qu'une émotion superficielle.

Dans la matinée, le bruit avait couru que pendant la nuit la circulation avait été interrompue sur les ponts de Kehl ; il n'en était rien ; sur le pont du chemin de fer, les trains passaient librement encore dans la soirée, et sur le pont de bateaux on vint et on alla, durant tout le jour, moyennant péage, comme à l'ordinaire. Seulement, le poste d'infanterie qui, de notre côté, gardait la tête de ce dernier pont, était renforcé : il comptait maintenant cinquante hommes au lieu de vingt, et deux sentinelles, au lieu d'une, veillaient au bord du Rhin.

De l'autre côté, sur la rive allemande, le poste badois avait aussi été augmenté ; on avait pris les mêmes précautions que sur la rive gauche.

Les appréhensions étaient bien plus vives à Kehl qu'à Strasbourg ; les Kehlois étaient littéralement dans la désolation ; le commerce de la petite ville et du village badois étant presqu'exclusivement alimenté par les fantaisies des Strasbourgeois, leurs relations rompues avec nous, c'était la ruine pour eux tous, marchands de mauvais tabac et de hideux cristaux, commissionnaires, hôteliers, aubergistes, cabaretiers, jardiniers et cultivateurs ; ils pressentaient d'ailleurs qu'ils allaient être exposés à recevoir les premiers coups, et ils se lamentaient à fendre l'âme.

A Strasbourg, les sentiments prédominants étaient une tristesse profonde, mais en même temps la confiance et la résolution : on aurait désiré que la guerre ne fût pas déclarée ; on déplorait par avance les malheurs qu'elle allait nécessairement entraîner pour les deux nations, mais on comptait fermement sur la valeur de notre armée, sur la prétendue supériorité de son armement, sur ces fantastiques mitrailleuses, dont le mérite avait été si outrageusement surfait et qui, disait-on, pouvaient en quelques minutes faucher des bataillons entiers à une distance de 5 à 6 kilomètres... A cette heure personne ne prévoyait, personne ne supposait que nos soldats pussent être vaincus.

D'ailleurs, point de haine contre les Allemands, point de désir de conquête ; seulement, l'épée avait été jetée dans la balance, il n'était plus en notre pouvoir d'empêcher de se produire les conséquences de cette criminelle folie, et chacun ne souhaitait plus que voir les hostilités commencer et se terminer au plus vite.

Cependant, comme il pouvait advenir que le sort des armes ne nous fût pas tout d'abord favorable, comme on pressentait que l'ennemi pourrait vouloir oser quelque coup de main du côté de Strasbourg, la plupart des habitants des maisons éparses sur la route de Kehl se hâtaient d'évacuer leurs demeures et de venir se réfugier à l'intérieur des murs.

Ce même soir, les curieux qui allaient s'assurer par eux-mêmes de ce qui se passait au pont de Kehl étaient, à leur sortie de la ville, prévenus par les sentinelles d'avoir à être bientôt rentrés, les portes, qui précédemment restaient ouvertes jour et nuit, devant dorénavant être fermées à 9 heures jusqu'à l'aube.

Ce jour-là aussi eut lieu une première manifestation dans le genre de celles qui avaient été précédemment organisées à Paris. Vers onze heures du soir, une bande d'environ 200 jeunes garçons de 15 à 20 ans et de quelques braillards toujours prêts à tout faire, précédée d'un drapeau tricolore, parcourut les rues en chantant *la Marseillaise*, le chœur des *Girondins* et le *Chant du Départ*. Et, comme à Paris, ceux-là aussi poussaient, entre chaque refrain, des cris parmi lesquels dominaient surtout ceux de : *Vive la France! A bas la Prusse! A Berlin! A Berlin!* — Parfois même quelqu'un d'entre eux osait ajouter : *Vive l'Empereur!*

Le 16, dans la matinée, le général Ducrot, commandant la 6ᵉ division militaire, détaché depuis quelques semaines au camp de Châlons, rentra à Strasbourg avec son état-major.

A dater de ce moment la circulation fut interdite sur les remparts, et la cloche municipale, au lieu d'être sonnée tous les soirs à dix heures, suivant l'antique usage local, fut mise en branle dès huit heures, une heure avant la fermeture des portes.

La transmission des dépêches télégraphiques privées et le service de la poste, qui déjà depuis deux ou trois jours subissaient de sensibles retards, devinrent beaucoup plus difficiles.

Le nombre des trains de voyageurs sur le chemin de fer de l'Est fut aussi considérablement réduit à cause des mouvements de troupes et de munitions dont les convois se succédaient d'heure en heure entre Paris, Châlons, Metz, Bitche et Strasbourg.

Le 17, vers midi, les Balois ayant fait tourner sur son pivot le segment du pont de Kehl donnant accès sur la rive droite du Rhin, le segment français (rive gauche) fut également manœuvré, et le passage dès lors complètement interrompu par cette voie. Quelques heures après des ouvriers civils, du côté badois, les pontonniers (16e d'artillerie), du côté français, commencèrent à démolir le pont de bateaux.

Le nombre des travailleurs militaires occupés depuis plusieurs jours à compléter la mise en état de nos moindres ouvrages de défense fut plus que doublé, et l'on y employa quantité d'ouvriers terrassiers, — les mêmes peut-être qui ont travaillé plus tard à réparer les dégâts causés par l'artillerie ennemie sur presque tous les points de l'immense enchevêtrement des fortifications. — Leur salaire était fixé à 2 fr. 50 c. et 3 fr. par journée.

Ce fut aussi à ce moment que l'on commença de construire à la pointe du Quartier-Blanc qui s'avance vers le fleuve, au confluent du Petit-Rhin avec le grand canal de l'Ill au Rhin, à la hauteur de l'écluse n° 88, une redoute probablement destinée à protéger l'installation rapide d'un nouveau pont de bateaux : mais la succession foudroyante des événements ne permit pas de la terminer en temps utile.

Aussi bien eût-elle été parfaitement insuffisante : les hommes de corvée accomplissaient leur besogne en pleine vue de la rive opposée, sans prendre la moindre précaution contre les indiscrétions de l'ennemi ; il devait être facile à un observateur placé de l'autre côté du fleuve de compter les coups de pioche et les coups de pelle qu'on y dépensait chaque jour, et dès les premières heures l'artillerie ennemie avait assurément pris ses précautions pour se mettre en mesure de démonter en quelques coups les pièces qu'on aurait voulu installer dans ce réduit.

Concentration du 1er corps.

C'était à Strasbourg que devait se concentrer le 1er corps, placé sous les ordres de Mac-Mahon. Le mouvement de concentration avait commencé le 15 au soir ; le 16 et les jours suivants arrivèrent à la file de nombreux bataillons ou escadrons, des batteries d'artillerie, des détachements du génie, du train des équipages, des infirmiers, des marins ; les roues des canons rebondissaient nuit et jour sur le pavé avec un lugubre retentissement.

La plus grande animation régna bientôt dans la ville entière, sillonnée en tous sens et à toute heure par des militaires de toutes armes : dans les rues, sur les places et les promenades fourmillaient soldats et officiers de tous grades.

Les uniformes si pittoresques, mais si incommodes,

des zouaves et des turcos avaient surtout le privilége de captiver les regards. A chaque instant on voyait entrer dans la ville ou en sortir des caissons, des fourgons, des voitures de munitions de toutes sortes, et ces innombrables embarras que traîne après elle une armée en campagne.

Ces troupes bivouaquaient sur les glacis des remparts ou au Polygone, et leurs campements improvisés devinrent bientôt un but de promenade. On se faisait une fête d'aller visiter cette installation provisoire : c'étaient de véritables parties de plaisir, et tandis que l'ouvrier partageait fraternellement avec les soldats sa provision de tabac ou lui offrait une chope au cabaret voisin, installé en plein vent par quelque spéculateur besoigneux, les belles dames et les beaux messieurs leur distribuaient à profusion, du champagne, des cigarres et toutes sortes de friandises, assaisonnées de bonnes paroles et de patriotiques encouragements.

Presque chaque soir aussi quelque musique militaire, soit de la garnison, soit des régiments de passage, se faisait entendre sur la promenade du Broglie (1), et chacun de ces concerts se terminait invariablement par *la Marseillaise*, demandée et redemandée à grands cris par la foule, qui en entonnait le refrain avec enthousiasme, avec délire. Des cortéges s'improvisaient, des drapeaux flottant à leur tête, et parcouraient les rues en chantant encore et toujours le premier couplet et le refrain de *la Marseillaise*, et d'autres hymnes nationaux.

(1) A Strasbourg, *Broglie* se prononce *Breuil*

Les tables des cafés du Broglie et du Globe étaient encombrées de cantinières hautement empanachées et d'officiers de tous grades, rutilants de galons, de broderies et de décorations ; on s'attroupait autour d'eux, et l'on se montrait du doigt tel ou tel général, qui avait fait tant et tant de campagnes, qui avait remporté tant et tant de victoires, et dont le nom seul était, ou du moins paraissait être un gage certain de succès.

A Berlin ! A Berlin !

On sait comment nos troupes avaient été fêtées et abreuvées tout le long de la route, durant leur mouvement de l'intérieur vers la frontière ; on comptait sur elles avec tant d'assurance qu'on les choyait comme si déjà elles avaient remporté quelque avantage décisif. A chaque station on avait organisé des distributions de vivres, de tabac, mais surtout de vin, de bière et d'alcools ; c'était une bombance continuelle ; les consommations ne manquaient pas alors aux consommateurs, mais bien plutôt les consommateurs aux consommations, et toutes ces rasades étaient versées et englouties aux cris incessants de : « A Berlin ! A Berlin ! »

Assurément, le sentiment qui portait les populations riveraines des chemins de fer à si bien traiter nos soldats était des plus louables, mais il était irréfléchi, et ceux qui avaient conservé leur sangfroid au milieu de cette orgie auraient dû blâmer hautement, sévèrement, ce gaspillage insensé ; au besoin, l'empêcher par la force : il n'est pas douteux que ces distributions, surtout celles de ce mélange alcoolique que l'on appelle « eau-de-vie » et que le brave et tant regretté Gustave Lambert appelait « eau-de-mort », ont largement contribué à nos premiers échecs. Lorsque les régiments arrivaient à destination, ils étaient en proie à une sorte d'affaissement, d'hébétude, qui avait singulièrement compromis la discipline.

Quelques officiers supérieurs, se rendant bien compte des conséquences probables de cette incessante beuverie tâchèrent bien d'y mettre obstacle, et, le 27 juillet, la note suivante fut adressée au commandant de place de Strasbourg, par ordre du général en chef du premier corps de l'armée du Rhin :

« Au quartier général, à Strasbourg, le 27 juillet 1870.

« Les cabarets qui se trouvent dans le voisinage des bivouacs des corps de troupe sont ouverts jour et nuit et ne se désemplissent pas. La discipline des corps en souffre.

« Pour couper court à cet état de choses, M. le général commandant la 6ᵉ division militaire est prié de vouloir bien donner des ordres pour que ces cabarets soient fermés à 10 h. du soir. MM. les généraux commandant les 3ᵉ et 4ᵉ divisions sont invités de leur côté à faire faire des patrouilles fréquentes pour empêcher les scandales nocturnes, et faire rentrer à leurs corps respectifs les hommes trouvés la nuit hors de leur camp sans une autorisation écrite.

« Le commandant de la place devra prendre les dispositions nécessaires pour concourir, en ce qui le concerne, à l'exécution de ces mesures de surveillance.

« Le chef d'escadron de gendarmerie, prévôt du

1er corps, reçoit l'ordre de prêter le concours de ses hommes à ce service. »

Mais déjà cet appétit malsain de boire sans besoin, pour s'étourdir, pour « se donner du cœur au ventre », avait poussé de si profondes racines que ces précautions tardives furent à peu près inefficaces : à tout instant on rencontrait dans les rues quantités de soldats ivres et débraillés. Et non-seulement les patrouilles ne parvenaient pas à empêcher d'affreux vauriens, l'écume de l'armée, de mendier pour aller boire, boire encore, toujours boire... elles se laissaient entraîner jusqu'à boire avec eux : — Nous lisons dans un rapport sur la nuit du 31 juillet au 1er août :

« 4 patrouilles, parties à 10 h. 1/2, sont rentrées à 3 h. ; l'agent de police conduisant la patrouille de zouaves était dans un état complet d'ivresse. »

Quoi d'étonnant à cela ? Il est de notoriété publique, à Strasbourg, que l'agent de police spécialement chargé de veiller aux abords de la cathédrale, avant la guerre, était ivre depuis le 1er jour de l'an jusqu'à la Saint-Sylvestre, inclusivement.

Les reporters Parisiens.

Parmi les personnages autour desquels les Strasbourgeois se groupaient volontiers, aux abords des cafés du Broglie, pour les voir de près et les contempler tout à l'aise, il faut noter les *reporters* parisiens ; malgré la défense officielle qui avait interdit à ces messieurs l'accès intime des états-majors, bon nombre d'entre eux étaient venus avec l'espérance de pouvoir, en pénétrant en Allemagne à la suite de nos armées victorieuses, obtenir officieusement et confidentiellement, des chefs ou des soldats, assez d'informations pour alimenter la curiosité de leurs abonnés : les principaux journaux de Paris, de la province et de l'étranger avaient envoyé à la source même des nouvelles leurs plus actifs et leurs plus alertes collaborateurs : le *Temps*, M. Georges Jeannerod; l'*Opinion nationale*, M. Louis Jesierski et M. Jules Claretie (ce dernier adressait aussi des correspondances à l'*Illustration*); le *Soir*, M. About; le *Moniteur universel*, M. Victor Cochinat; le *Gaulois*, M. Emile Cardon; le *Figaro*, M. Henri Chabrillat; le *Paris-Journal*, M. Wachter; le *Rappel*, MM. Lockroy et Camille Pelletan ; le *Petit Journal*, M. Henri Legay; le *Salut public*, de Lyon, M. le docteur Astié ; le *New-York Herald*, M. Meason ; etc., etc. Combien de ces messieurs étaient loin de se douter alors des lamentables événements qu'ils allaient avoir à raconter et des périls auxquels eux-mêmes seraient exposés! Avec quel superbe dédain quelques-uns accueillaient les gouttes d'eau froide que nous jetïons sur leur délirant enthousiasme !...

Et pourtant, qui avait raison ?

Mesures de précaution.

A dater du 18 et du 20 juillet, la circulation par la citadelle et l'accès de la plate-forme et du clocher de la cathédrale furent complétement interdits au public, — le nombre des trains de voyageurs partant de Strasbourg ou y arrivant fut réduit à trois par vingt-quatre heures, — et les dépêches chiffrées ne furent plus acceptées par l'administration des télégraphes.

Souscriptions et sociétés de secours.

Prévoyant que la guerre allait nécessiter des secours et des approvisionnements de toute espèce, quelques personnes dont la sollicitude avait été mise en éveil par ces mesures exceptionnelles s'empressèrent de provoquer des souscriptions.

Des dames organisèrent des réunions auxquelles étaient conviées toutes les femmes charitables, et où l'on s'occupait de préparer de la charpie, des bandes, des compresses et tout l'appareil que comportent les soins à donner aux victimes de la guerre.

Le 20 juillet, une réunion préparatoire, provoquée par M. Frédéric Monnier, maitre des requêtes au Conseil d'Etat, et M. de Montbrison, délégués par le comité central de la Société internationale de secours aux blessés des armées de terre et de mer, arrivés la veille à Strasbourg, eut lieu chez M. Herrenschmidt, sous la présidence de M. le docteur Eugène Bœckel, et décida la constitution d'un comité central auxiliaire à Strasbourg.

Tout le monde sait avec quel zèle et quelle activité a fonctionné ce comité ; avec quelle patience et quelle persévérance il a lutté contre les préventions officielles ; avec quel dévouement de tous les instants quelques-uns de ses membres se sont occupés de recueillir, d'organiser, de distribuer les secours de tous genres et de suppléer à l'incurie de l'intendance. Cette incurie était poussée à ce point que dès l'arrivée dans nos murs de blessés de Frœschwiller, il fut constaté que les médicaments les plus indispensables manquaient totalement même à l'hôpital militaire.....

Le général Uhrich.

Ce fut aussi le 20 juillet qu'arriva à Strasbourg le général Uhrich, chargé d'exercer le commandement de la 6ᵉ division territoriale en remplacement du général Ducrot, appelé au commandement d'une division active.

Le choix du général Uhrich, du cadre de réserve, pour ce poste si difficile et si important, avait-t-il été bien judicieux ? Si, au moment où cet officier fut désigné, le gouvernement n'avait pas été aveuglé par sa coupable suffisance, s'il avait, comme c'était son devoir, pressenti au moins la possibilité des événements qui allaient surgir, n'aurait-il pas confié le commandement de Strasbourg à un homme, moins habile peut-être en tant qu'administrateur, mais plus apte par son âge (1), par la fermeté de son caractère et par son activité physique et morale à mieux organiser la défense de cette place ? Sans doute ce général a fait tout ce dont il était capable ; mais, précisément, sa capacité était-elle à la hauteur de ses devoirs éventuels ? Avait-il l'initiative, l'énergie, la hardiesse, l'audace nécessaires pour présider à la défense d'un pareil poste ? La suite a prouvé que la réponse ne peut qu'être négative.

Quand la lutte a été sérieusement engagée, quand le blocus a commencé, le général Uhrich a souvent tâtonné et beaucoup trop temporisé ; il ne savait prendre que tardivement de ces décisions viriles à l'aide desquelles on parvient parfois à sauver les situations désespérées. Pendant toute la durée du

(1) Le général Uhrich avait alors 68 ans.

siége, il n'a su adopter aucune de ces mesures rapides, instantanées, décisives, qui auraient pu, sinon empêcher, au moins retarder l'investissement ; il n'a pas osé contrarier, inquiéter, harceler l'ennemi, et rendre tout d'abord impraticable l'occupation des points où s'est si aisément installée l'armée allemande pour y établir ses premières batteries.

Quand l'investissement a été effectué et le siége certain, il n'a pas su utiliser les ressources locales pour le creusement de casemates et de mines à l'aide desquelles on aurait pu, le moment venu, déjouer, au moins en partie, les sauvages projets de l'ennemi et contrebattre ses travaux ; il n'a pas fait renforcer par des ouvrages en terres la ligne intérieure des faux-remparts ; il n'a pas même pensé à abriter, en le faisant disséminer dans des locaux moins exposés que l'arsenal au tir direct des batteries de Kehl, son approvisionnement de fusées percutantes, approvisionnement qui lui aurait permis, s'il l'avait eu sous la main pendant toute la durée du bombardement, de riposter coup pour coup aux canons des assaillants.

Il n'a pas pris la précaution de faire tout d'abord apporter au pied même des talus intérieurs et dans les abris des ouvrages avancés les canons destinés à remplacer ceux que les projectiles ennemis devaient inévitablement mettre hors de service au bout de quelques jours, et qui gisent maintenant, inertes, mutilés, déchiquetés, mais proprement alignés, devant la façade de l'ancienne Fonderie. Que de services pourtant auraient rendu ces pièces, abandonnées dans les hangars ou dans les cours de l'arsenal si, au lieu d'avoir à aller les chercher si loin, ce qui n'était déjà plus possible au commencement de septembre, nos artilleurs les avaient eues là, tout près d'eux, à quelques pas des embrasures !

On reproche aussi au général Uhrich d'avoir subi, au lieu de les dédaigner, les appréhensions de l'autorité civile, lorsque la population valide de la cité, surexcitée par l'imminence du danger, par le péril commun, demanda spontanément à être au plus vite pourvue de bonnes armes et à monter sur les remparts pour y faire, momentanément au moins, le service ordinairement dévolu à la garnison. Il refusa d'accueillir ces courageux volontaires dont l'enthousiasme était alors si ardent ; au lieu d'improviser un corps de trois à quatre mille soldats-citoyens, ce qui eût été facile à l'aide de tant d'anciens militaires et de jeunes gens qui ne demandaient qu'à marcher au feu, pour défendre, fût-ce au prix de leur vie, leurs familles et leurs propriétés, il hésita, s'englua dans les errements régulièrement administratifs, et, par sa force d'inertie, fit échouer ce premier élan qui, résolûment et immédiatement mis à profit, aurait peut-être changé du tout au tout le système et les résultats de l'attaque.

Au lieu de faire distribuer à la garde nationale sédentaire et aux volontaires de tout âge une partie des chassepots qui furent plus tard anéantis par l'incendie de l'un des grands pavillons de l'arsenal, il ne consentit à leur confier que des fusils à piston, armes inertes comparativement aux fusils à aiguille, et dont on ne comprend même pas la présence dans une forteresse de premier rang. Que tenter avec des armes si défectueuses ? Plus tard, il est vrai, tout garde national qui demanda à faire un service actif fut muni d'un fusil à tabatière ; mais ceux-là aussi étaient d'une portée bien insuffisante et ne pouvaient lutter efficacement contre ceux de l'infanterie prussienne.

Il n'est pas moins regrettable que le général Uhrich n'ait pas, tout d'abord, profité des bonnes dispositions des employés de l'octroi et du chemin de fer, aussitôt que ces braves gens, tous anciens soldats, allèrent spontanément lui offrir leurs services ; il y avait assurément dans ce personnel, dès longtemps rompu au maniement des armes, aux manœuvres de tout genre, aux exigences de la discipline, connaissant parfaitement les environs de la place, les éléments nécessaires pour organiser une compagnie franche qui aurait pu, dans nombre de circonstances critiques, être mise utilement à profit.

On a encore reproché à cet officier d'avoir renvoyé dans leurs foyers, dès le commencement du blocus et presqu'immédiatement après leur appel à l'activité, les conscrits alsaciens de la classe de 1869 ; on en a argué que, par cette mesure, il s'était inconsidérément privé d'un notable appoint pour la défense ; ce reproche n'est point fondé : il est bien vrai que, par un arrêté en date du 8 août, le général avait ordonné le retour momentané de ces jeunes gens dans leurs familles, et cela aussitôt après leur convocation ; mais il est vrai aussi que, dès le lendemain, cet arrêté fut annulé par une décision contraire. Le 8, le commandant supérieur pouvait espérer n'être pas bloqué avant d'avoir reçu un supplément de garnison capable de faire immédiatement un bon service ; le 9, cette illusion n'était plus possible, et ce jour-là le général Uhrich écrivait au général Moreno (*) :

« L'arrêté du 8 août, qui renvoie provisoirement dans leurs foyers les jeunes soldats de la classe 1869, doit être considéré comme non avenu.

« Donnez des ordres, d'urgence, à cet égard, pour ce qui concerne le département du Bas-Rhin.

« Ces jeunes soldats seront incorporés, d'urgence, dans les corps de la place de Strasbourg.

« L'infanterie dans le 87e, les 96e et 18e de ligne, les 10e et 13e bataillons de chasseurs à pied.

« L'artillerie dans les 5e, 16e et 20e régiments.

« Les jeunes soldats affectés à l'arme des cuirassiers seront versés dans l'artillerie.

« Le reste de la cavalerie, dans l'infanterie. »

Le général décida en outre, le même jour, que « les jeunes soldats de la classe de 1869 destinés à l'armée de mer seraient mis à la disposition de l'amiral Exelman », qui devait commander la flotille du Rhin et qui, avec ses 6 ou 8 marins, défendit

---

(*) Général de brigade, qui déjà sous le règne du général Ducrot à Strasbourg exerçait tout platoniquement les fonctions de commandant de la 1re subdivision de la 6e division. — C'était encore là un de ces officiers supérieurs comme nous en avions tant en France à cette époque ; leur intelligence, leur instruction, leur activité physique n'étaient point à la hauteur de leurs fonctions ni de leur responsabilité. Le 25 août, M. Moreno fut légèrement blessé par un éclat d'obus, à la citadelle, et dès lors ne fit plus aucun service ; la plupart des officiers de la garnison furent enchantés de cet accident, qui ne compromettait point la vie du malade et qui les débarrassait du plus gênant des *gêneurs*.

si vaillamment les ouvrages avancés qui protégeaient le front nord de la place.

L'erreur commise à cette occasion par les détracteurs du général Uhrich provient sans doute de ce que son arrêté du 8 fut affiché et communiqué aux journaux, tandis que sa lettre au général Moreno ne fut connue que de ceux qui avaient à assurer l'exécution de ce contre-ordre.

Une critique plus méritée est celle qui porte sur l'ordre formel donné à tous les chefs d'arrondissements militaires de ne point permettre que chaque pièce des remparts ou des ouvrages avancés tirât plus d'un coup par heure ; des remontrances très-sévères étaient adressées aux officiers qui ne se conformaient pas strictement à cette prescription. Les premières nécessités de la défense conseillaient cependant à ceux qui pouvaient les apprécier sur les lieux mêmes de ne pas en tenir compte, et si le général avait pu de temps à autre s'assurer exactement par lui-même du véritable état des choses, il aurait compris que, loin de ménager les munitions, il aurait fallu les prodiguer dès les premières heures, afin d'empêcher l'installation des abris à l'aide desquels l'ennemi a pu, par la suite, battre les fortifications avec une précision mathématique.

Cependant, malgré tous ces reproches et d'autres encore que nous avons entendu formuler contre le général Uhrich, nous tenons cet officier pour un honnête homme, et nous ne saurions en aucune façon nous associer aux critiques acerbes articulées dans un *factum* anonyme qui a paru le 19 octobre 1870 dans un journal de Lyon, le *Progrès*.

Il est dit, entre autres choses inexactes, dans cette série de récriminations, qu'au lieu de garder près de lui les hommes de la réserve pour accroître d'autant le nombre des défenseurs valides de Strasbourg, le général Uhrich ordonna immédiatement leur renvoi ; c'est une erreur : — quand ces militaires, appelés du jour au lendemain, arrivèrent à Strasbourg, il se trouva que, par suite d'une de ces coupables négligences dont la France a eu tant à souffrir dès le début de la guerre, on n'avait encore pourvu ni à leur logement ni à leur entretien ; découragés par la perspective de deux ou trois jours de jeûne, de deux ou trois nuits à passer à la belle étoile, quelques-uns, les moins résolus sans doute à faire leur devoir, se hâtèrent, sans y avoir été autorisés, de rentrer dans leurs familles ; mais les autres, le plus grand nombre, supportèrent patiemment ce fâcheux contre-temps, et furent presque tous spontanément et généreusement recueillis dans des maisons particulières jusqu'au moment où l'intendance, ayant enfin mis un peu d'ordre dans son désordre, fut parvenue à leur procurer le logement et la nourriture.

Il n'est pas vrai non plus, quoique l'auteur de ce *factum* ait prétendu le contraire, que le général Uhrich soit un Alsacien, ni qu'il soit marié à une Allemande, cousine germaine du général de Werder : — le général Uhrich est lorrain ; il est né à Phalsbourg ; son fils a été nommé capitaine sur le champ de bataille de Frœschwiller, et sa femme n'a aucun lien de parenté ni d'alliance avec aucun général allemand.

Dans ce même paragraphe, l'auteur de ce réquisitoire informe ajoute : ... « *Alsacien pur sang, c'est-à-dire Allemand de caractère et d'idées* ». C'est là, surtout dans les circonstances où elle s'est produite, une injure tellement inepte, une calomnie si patente, qu'elle ne mérite même pas d'être contredite. La conduite, l'attitude actuelle des Alsaciens démontre irréfutablement la fausseté de cette malveillante appréciation.

Enfin, l'auteur anonyme de ces accusations ajoute que « pendant toute la durée du siége le gé-
« néral a défendu aux journaux de s'occuper des
« moyens et des travaux de défense ». Aucune interdiction de ce genre n'a été officiellement ni officieusement signifiée aux feuilles locales ; aussitôt après la déclaration de la guerre, la Préfecture fit rappeler aux chefs de la rédaction de l'*Impartial* et du *Courrier* qu'il leur était interdit de rendre compte des mouvements de troupes et des préparatifs de défense; mais cet avertissement, superflu d'ailleurs, puisque déjà ces journalistes s'étaient eux-mêmes imposé publiquement la plus grande réserve, est le seul qui leur ait été donné. Depuis ce moment, il ne nous fut transmis aucune interdiction d'aucune espèce. Une seule fois, le général Uhrich écrivit aux deux journaux pour les prier de ne rien dire des déplacements des approvisionnements, que l'on transportait tantôt dans un endroit, tantôt dans un autre, afin d'empêcher l'ennemi de savoir au juste sur quel point il devait tirer pour tâcher d'anéantir ces ressources; mais cette lettre, toute bienveillante, était seulement l'expression d'un désir et non point une injonction menaçante.

En voici la copie :

« Monsieur le Rédacteur en chef,

« J'ai l'honneur de vous prier d'apporter la plus grande prudence dans le compte-rendu des mouvements de denrées ou de munitions qui ont lieu dans la place.

« Les journaux de Strasbourg peuvent être portés, par un moyen quelconque, dans le camp ennemi, et des indications, données sans mauvaise intention, pourraient causer le plus grand préjudice à la défense, en faisant diriger le tir de l'ennemi sur nos magasins.

« Recevez, Monsieur le Rédacteur en chef, l'assurance de ma considération très-distinguée.

« *Le commandant supérieur,*
« Uhrich. »

On le voit, il y a loin de cette demande, tout à fait convenable et polie, à ces interdictions catégoriques et brutales dont parlait le correspondant du *Progrès*.

Il n'est que juste d'ajouter que le général Uhrich avait une qualité qui compense bien des imperfections : il était foncièrement juste, loyal et bon ; nous ne croyons pas qu'il soit possible de lui imputer une méchanceté, une injustice volontaire, un de ces actes qui ont terni l'honneur de plus d'un des officiers supérieurs de l'armée impériale. Il était bon à ce point que, pendant le siége, aucune condamnation à mort n'a été prononcée par le conseil de guerre, et que le jour où la cour de l'hôtel de la division fut envahie par quelques turbulents qui voulaient s'emparer de sa personne, « afin de le mettre dans l'impossibilité de signer la capitulation », un de ses lieutenants lui ayant conseillé de « faire balayer tous ces vauriens » par les soldats du poste, le général lui répondit :

— « Comment ! moi qui suis chargé de défendre Strasbourg, de protéger sa population, vous voulez que je fasse massacrer ces pauvres gens ! Je souffre trop moi-même pour ne pas comprendre, pour ne pas excuser leur douleur. Faites ouvrir la porte toute grande, je vais leur parler ».

Il leur parla, en effet, et, à l'aide de quelques bonnes paroles, émouvantes parce qu'elles étaient dictées par une émotion sincère, il eut bien vite calmé cette effervescence ; des mesures de rigueur l'auraient exaspérée.

Après la capitulation, quand se produisit la réaction qui fit du héros de la veille un traître indigne, on a accusé le général Uhrich d'un fait beaucoup plus grave encore que ceux dont nous avons déjà parlé : on a prétendu qu'aussitôt après avoir résolu le dénouement du 28 septembre, il fit, pour se ménager une excuse indiscutable, jeter à l'eau ses provisions de poudre. Cette accusation, nous en sommes convaincu, nous en sommes certain, est absolument fausse. Pour accomplir cette mauvaise action, le général aurait eu besoin de complices, officiers et soldats, et comment supposer qu'il aurait été assez mal avisé pour se compromettre à ce point? Si le moindre doute pouvait subsister, il suffirait pour le dissiper de lire attentivement les lettres du général que nous reproduirons plus loin : dans cet exposé des motifs qui l'ont décidé à ne pas résister plus longtemps, il ne parle pas une seule fois, même incidemment, de l'insuffisance des munitions ; il n'y fait pas allusion, directement ni indirectement ; il l'aurait assurément fait, volontairement ou involontairement, si réellement la poudre lui avait manqué, par sa faute ou par celle d'autrui.

Ce qui a pu donner lieu à cette supposition, le voici, très-probablement : — un fabricant d'artifices, craignant que, si le feu venait à prendre dans sa maison ou dans les maisons voisines, ses marchandises fissent explosion, imagina, non pas de les remettre à l'autorité ou de les noyer, en plein jour, dans l'Ill ou dans le canal, mais de les jeter, pendant la nuit, dans la bouche d'un égout. Quelques jours après, les égoutiers reçurent l'ordre de procéder à leur besogne ordinaire, et trouvèrent ces artifices ; aussitôt, grand émoi, grande rumeur, d'abord dans le quartier, puis de proche en proche, et certaines gens colportèrent partout, de très bonne foi, la nouvelle que les ennemis, étant parvenus à pénétrer dans les égouts, les avaient emplis de poudre ; ils en concluaient que nous devions nous attendre à sauter, tous à la fois, d'un moment à l'autre ! — L'histoire des poudres noyées par ordre du général Uhrich est assurément tout aussi peu fondée que la terreur de ces naïfs.

Retard des Courriers.

Déjà depuis quelques jours des retards de une, deux, trois heures se produisaient dans l'arrivée des trains-poste du chemin de fer de l'Est. La circulation des trains-omnibus était interrompue depuis le 16 juillet. Le 22, les correspondances et les journaux de Paris, qui, en temps ordinaire étaient distribués aux habitants de Strasbourg entre 8 et 9 heures du matin, ne leur furent remis qu'entre midi et 1 heure.

Ces retards provenaient du nombre chaque jour croissant des troupes que les chemins de fer transportaient à la frontière.

Le personnel de la gare de Strasbourg, tardivement prévenu, lui aussi, comme la plupart de ceux qui ont dû coopérer, pour ainsi dire à l'improviste, aux préparatifs de la guerre, fit preuve en cette circonstance d'un bon vouloir et d'une activité prodigieuse : à certains jours, le nombre des trains de transport militaires, hommes et matériel, arrivant à Strasbourg ou se dirigeant vers Bitche en passant par Kœnigshoffen, s'éleva jusqu'à cinquante en vingt-quatre heures ; et cependant, malgré cet énorme mouvement, il ne survint aucun retard, aucun accident notable, aucun encombrement. Si des instructions avaient été données en temps utile à l'administration de l'Est, l'accumulation de forces qui aurait dû permettre aux généraux français de prendre l'offensive et d'envahir le Grand-Duché ou les provinces rhénanes, au lieu de laisser aux armées prussiennes le bénéfice de la première attaque, aurait pu être terminée à l'heure voulue.

Destruction du pont de Kehl et des ponts sur la Kintzig.

Ce fut le 22 juillet que les autorités militaires ennemies donnèrent l'ordre d'accomplir un acte de vandalisme qui marquera dans les annales de la guerre de 1870 ; il fit pressentir que les chefs prus_ siens ne reculeraient, par la suite, devant aucune extrémité pour accomplir leur œuvre de conquête à outrance.

Vers 3 heures après-midi retentit du côté de Kehl une formidable explosion; on apprit bientôt qu'elle provenait de la mine dès longtemps pratiquée dans les blocs de maçonnerie qui supportaient le pivot du segment tournant du pont du chemin de fer sur la rive droite du Rhin ; les artilleurs badois venaient d'y mettre le feu.

Le gouvernement prussien et ses alliés, — ou plutôt ses vassaux, — ont sans doute amèrement et plus d'une fois regretté, par la suite, d'avoir si précipitamment résolu cette mesure de précaution excessive : ce passage rompu a dû leur faire bien souvent défaut pour le transport de leurs troupes, de leurs munitions, de leurs approvisionnements de tout genre.

Pendant la nuit du 22 au 23, vers 3 heures, les Badois firent sauter aussi les ponts du chemin de fer sur la Kintzig, afin de mettre le pays à l'abri d'un envahissement rapide par les troupes françaises.

Un suicide.

Le commandement en chef du service de santé du 1er corps d'armée avait été dévolu à M. le docteur Leroy. Et cependant on devait savoir, dans les bureaux de l'intendance, que cet habile chirurgien était matériellement incapable de faire campagne : il était atteint d'une infirmité (hernie) qui lui interdisait tout service actif. Pourtant, afin de donner la

preuve de son bon vouloir, M. Leroy obéit à l'ordre
de rejoindre, et vint jusqu'à Strasbourg, où il descen-
dit à l'hôtel de la Maison-Rouge ; il comptait, arrivé
là, obtenir la direction d'un service sédentaire, ou
au moins être autorisé à suivre l'armée dans une
voiture ; quand il apprit que sa demande venait
d'être repoussée, il craignit, s'il insistait, de donner
prise à de malveillantes suppositions, et le 24 juillet, entre 3 et 4 heures du matin, il se tira un coup
de pistolet dans la région du cœur. Il vivait encore
quand on le transporta à l'hôpital ; mais sa blessure ne laissait aucun espoir ; après une douloureuse agonie, il succomba en effet dans la soirée
de ce même jour.

Premières appréhensions.

Cependant nos corps d'armée ne s'organisaient
pas aussi vite qu'on l'avait espéré, et ces lenteurs,
dont alors nous ne soupçonnions pas même la cause,
ces interminables délais, que l'on s'efforçait de faire
croire prémédités, que l'on présentait comme un
moyen d'affaiblir les ressources financières de l'ennemi, donnaient le temps à la Prusse et à ses alliés
de masser des forces immenses dans le pays de
Bade, dans le Palatinat et dans les autres provinces
rhénanes.

Depuis le moment où la guerre fut déclarée par
l'empire qui allait mourir à l'empire qui allait
naître, jusqu'à l'heure de notre première défaite, M. Edgard Hepp, sous-préfet à Wissembourg (1), faisant preuve d'une sincérité en

(1) Aujourd'hui sous-préfet à Mirecourt.

tout temps beaucoup trop rare parmi les fonctionnaires français, n'avait cessé de signaler, par des dépêches réitérées, les énormes concentrations qui s'effectuaient de l'autre côté du Rhin, dans les replis de la Forêt-Noire. A plusieurs reprises, il témoigna ses vives appréhensions, il affirma l'exactitude de ses renseignements, et prédit l'invasion prochaine de l'Alsace par les hordes allemandes. Malheureusement la présomption de nos gouvernants était telle à cette heure, leur aveuglement si complet, qu'on ne daigna pas donner à ces avertissements l'attention qu'ils méritaient : on alla jusqu'à traiter M. Hepp d'alarmiste, de visionnaire, d'halluciné; et on se laissa surprendre, quand il aurait été si facile de faire vérifier par des hommes du métier l'exactitude de ces communications; et bientôt on apprit que les avant-postes allemands avaient franchi la frontière; que leurs éclaireurs avaient pénétré dans un grand nombre de communes de la basse Alsace; que des détachements de Badois et de Bavarois visitaient Wissembourg, Lauterbourg, Soultz-sous-Forêts, Niederbronn, etc.; qu'ils coupaient les fils télégraphiques, faisaient des reconnaissances sommaires, et disparaissaient aussi vite qu'ils étaient venus.

On avait aussi cru d'abord, parce que ces messieurs l'affirmaient effrontément, que les chefs de l'armée française ne restaient inactifs qu'afin d'attirer les Allemands dans un piége et de frapper un grand coup. Cette illusion ne fut pas de longue durée :

Le 4 août, trois régiments de la division Douay et une brigade de cavalerie légère furent attaqués, près de Wissembourg, par des forces massées dans les forêts qui bordent la Lauter. Les soldats français résistèrent héroïquement pendant plusieurs heures ; mais, écrasés par le nombre et par l'arrivée incessante de troupes fraiches, ils furent enfin obligés de battre en retraite.

On voulait espérer que ce n'était là qu'un échec passager, et l'on comptait généralement sur une revanche prochaine et décisive, lorsque, deux jours après, le 6, vers cinq heures du soir, le bruit se répandit à Strasbourg que l'armée du Rhin venait de subir, du côté de Frœschwiller, une affreuse défaite.

Cette sinistre rumeur ne trouva d'abord que des incrédules ; mais enfin, il fallut bien se rendre à l'évidence : une dizaine de voitures, emplies de blessés et d'où le sang coulait goutte à goutte, étaient arrivées à l'hôpital militaire, et nombre de fuyards, échappés au carnage, revenaient en ville, couverts de poussière et de boue sanguignolente, exténués de fatigue, n'ayant pour la plupart sauvé de la bagarre que leur sabre ou leur fusil ; quelques-uns de ces peureux avaient été tellement épouvantés qu'afin de se sauver plus vite ils avaient grimpé jusque sur la chaudière d'une locomotive d'un train qui revenait à vide. Bon nombre d'entre eux n'avaient bas brûlé une seule cartouche : leurs armes étaient vierges de poudre, bien que leurs gibernes fussent complétement vides. Ces misérables poltrons confirmèrent la déroute de Mac-Mahon, et dès le lendemain une dépêche privée nous apprit que le général Frossard n'avait pas mieux réussi. Comme à Wissembourg, et malgré les prodiges de valeur accomplis par quelques régiments, nos soldats avaient, cette fois encore, succombé sous l'écrasante supériorité du nombre et de l'artillerie ennemie.

Depuis cette époque il a été aussi constaté que, lorsque nos troupes furent attaquées par l'armée prusso-bavaroise, elles commençaient à préparer leur repas, n'ayant rien mangé depuis vingt-quatre heures, et que cependant elles ne lâchèrent pied qu'au moment où les munitions leur firent complétement défaut.

Or, à propos de ce manque de munitions, nous tenons de source certaine qu'un convoi d'approvisionnements d'artillerie expédié *la veille* de Strasbourg au maréchal Mac-Mahon, ayant trouvé interrompues les communications directes par chemin de fer, n'avait pas essayé d'un autre moyen de transport et avait tout simplement rétrogradé....

Une circonstance fortuite nous a appris aussi qu'un régiment de cavalerie, campé depuis quelques jours sur les glacis de Strasbourg, et qui avait, *dans la soirée du 4*, reçu l'ordre de se mettre en marche *à 1 heure du matin*, ne partit que *le 5, à 10 heures*, NEUF HEURES après le moment fixé, « parce que la nuit avait été si pluvieuse et si noire qu'il avait craint de s'égarer en chemin ». Ce même mauvais temps n'avait pas empêché les ennemis de trouver leur route, d'exécuter à l'heure prescrite les mouvements combinés à l'avance, et d'arriver à temps sur le terrain.

C'est que les officiers, les soldats et les guides allemands connaissaient l'ensemble et les détails de la topographie de l'Alsace mieux, beaucoup mieux que bon nombre d'officiers, de soldats et de guides français.

Un sous-officier de la garnison de Strasbourg, — tué à la bataille de Gravelotte, — nous écrivait le 25 juillet :

« Vous serait-il possible de me faire passer une carte du théâtre des opérations? *Je n'en ai pas la moindre idée*, et pourtant il serait nécessaire, je serais bien heureux de savoir ces choses au juste ».

Ce malheureux n'était pas le seul qui n'eût pas « la moindre idée » du théâtre des opérations : les bureaux de l'état-major de la place et l'hôtel de la division lui-même étaient dépourvus à ce point de tout instrument de géographie qu'il n'y existait pas même une bonne carte des environs de Strasbourg.... — Le général Uhrich en avait bien une dans son cabinet, pendant le siège, mais elle ne lui appartenait pas : elle lui avait été prêtée par un avocat de la ville.

Le même sous-officier nous écrivait quelques jours auparavant, le 13 juillet :

« Nous fournissons des masses d'hommes pour les réparations et l'armement des remparts;.... il m'est de toute impossibilité de m'absenter du corps : on va, on vient, on s'agite beaucoup, *et il me semble qu'on ne sait pas trop ce qu'on fait* ».

Le matériel des pontonniers.

Depuis quelques jours les pontonniers (16ᵉ d'artillerie) restés en garnison à Strasbourg, ceux-là même qui ont si utilement coopéré plus tard au service des remparts, avaient disposé le long des deux rives de l'Ill canalisé, tout près du confluent formé par la rencontre de cette rivière avec les canaux de la Marne au Rhin et de l'Ill au Rhin, un nombre considérable de barques munies de tous leurs accessoires et destinées à construire, dès que le besoin s'en ferait sentir, un pont sur le fleuve. Une compagnie campait à proximité, sur la grande pelouse de la promenade Lenôtre, en face de l'Orangerie, prête à manœuvrer au premier signal.

Le 5 août au soir, vers 7 heures, au moment où la compagnie de service depuis la veille venait de démonter ses tentes et de replier ses sacs pour céder la place à la compagnie qui devait la remplacer jusqu'au lendemain, et qui se rendait à son poste en chantant *la Marseillaise*, contre-ordre fut donné tout-à-coup, et les deux compagnies furent employées à ramener rapidement en ville, à l'abri d'une tentative des pontonniers badois ou prussiens, cet immense et précieux matériel : on appréhendait de voir venir jusqu'à nous les vainqueurs de Wissembourg, et on essayait de leur arracher au moins cette proie.

La générale.

Le 6, dans la soirée, la population, déjà fort alarmée par l'arrivée des fuyards de Frœschwiller et d'un premier convoi de blessés, eut à subir une épreuve bien autrement poignante ; vers 7 heures le bruit se répandit qu'on venait d'apercevoir des éclaireurs prussiens à la fois à la Wantzenau et sur la lisière de la forêt du Neuhoff ; quelques instants après les tambours, les clairons et les trompettes de notre si faible garnison parcouraient les rues en battant ou sonnant la générale. Rien ne saurait donner une idée du profond émoi que produisit en ville ce signal d'alarme : les hommes, tout impressionnés qu'ils fussent par ce lugubre appel succédant aux si tristes nouvelles de l'après-midi, faisaient encore bonne contenance, mais parmi les femmes, quelle panique, quelles anxiétés, quels désespoirs !

A quoi bon ce signal d'épouvante donné à toute la population ? N'aurait-il pas suffi de le faire retentir dans les casernes ? Et celui qui a donné l'ordre de battre la générale à l'heure où d'ordinaire on battait seulement la retraite, peut-il bien se vanter de n'avoir jamais faibli ?

Fermeture des portes.

Les portes de la ville furent immédiatement fermées, et beaucoup de personnes, qui avaient compté pouvoir rentrer seulement à l'heure précédemment fixée par une note officielle, eurent à subir de bien pénibles anxiétés ; moins pénibles cependant que celles de leurs familles, qui éprouvaient pour les absents les plus douloureuses appréhensions.

Heureusement tout le monde put rentrer, ce jour là, un peu plus tard, soit par les grandes portes, soit par les poternes.

L'ordre de tenir les portes constamment closes ne fut signifié au commandant de place que le lendemain ; il ne fut ni affiché, ni communiqué aux journaux ; il était ainsi conçu :

« Strasbourg, le 7 août 1870.

« Les portes de la ville resteront fermées, les ponts resteront levés jusqu'à nouvel ordre.

« Lorsqu'un nombre assez considérable de personnes demandera à entrer ou à sortir, l'adjudant de place s'assurera s'il n'y a aucun danger à ouvrir les portes et à abaisser les ponts, et le fera faire.

« La communication de l'extérieur avec l'intérieur ne durera pas plus de 15 minutes et ne sera répété que toutes les deux heures. A la moindre alarme la ville resterait close (1).

« La troupe sera rigoureusement consignée ; de forts piquets seront commandés dans les corps.

« L'état de siége est prononcé ; le général de division est investi de tous les pouvoirs et fera connaître, dans la journée, quels sont ceux qu'il laissera exercer par les autres autorités ».

Démonstration sincère.

Dès que la générale commença à retentir dans les rues, nombre de jeunes gens, bourgeois et ouvriers, accoururent à l'Hôtel-de-Ville pour demander des armes. Au lieu de profiter de ce généreux élan et

---

(1) Cette consigne fut tout d'abord si rigoureusement observée que, le 8 août, vers six heures du soir, M. le baron Zorn de Bulach « député au Corps législatif et chambellan de S. M. Napoléon III », ayant voulu pénétrer en ville par la porte d'Austerlitz, énuméra vainement ses titres à l'officier de service, et dut attendre en dehors de l'enceinte que deux ordres successifs, l'un du général Uhrich, l'autre du commandant de place, eussent permis d'abaisser le pont-levis ; — et pourtant, en ce temps-là, M. de Bulach était encore une puissance...

d'accueillir avec reconnaissance les offres de service de ces courageux citoyens, on essaya d'éluder leurs instances et de les leurrer par quelques phrases évasives. Mais ils insistèrent, ils insistèrent tant et si bien qu'après avoir inutilement tenté de les dissuader, on finit par où l'on aurait dû commencer : on leur promit des fusils pour le lendemain, et l'on s'engagea à procéder sans nouveau retard à l'organisation de la garde nationale sédentaire.

Avant l'investissement.

La journée du dimanche, 7 août, ne fut pas moins poignante que celle du 6. Dans la matinée l'administration préfectorale fit placarder une affiche, ne donnant aucune explication, aucun éclaircissement, mais déclarant, sans autre, que la ville était mise en « état de siége ».

Cette affiche était ainsi conçue :

ÉTAT DE SIÉGE.
Préfecture du Bas-Rhin.

« Le préfet du Bas-Rhin informe les habitants de Strasbourg que la ville est mise en état de siége.

« Strasbourg, 6 août 1870.
       « Baron Pron. »

Un arrêté pris le lendemain, 7 août, par le général Uhrich, distribua ainsi leurs rôles aux divers chefs d'administration :

« 1° M. le préfet continuera à administrer son département comme par le passé ; il se tiendra en rapport journalier avec le commandant supérieur et assurera, en ce qui le concerne, l'exécution de ses arrêtés.

« 2° La justice fonctionnera comme d'habitude, sauf pour les crimes et délits, insurrection ou troubles à l'intérieur, entente avec l'ennemi quel qu'il soit, embauchage ou tentative d'embauchage, fabrication ou propagation de fausses nouvelles, crimes ou délits que les conseils de guerre seront appelés à juger.

« 3° M. le maire de Strasbourg ne cessera pas d'exercer toutes les fonctions administratives et de police ; il concourra à l'exécution des arrêtés du commandant supérieur.

« 4° Les administrations civiles continueront également à fonctionner comme d'habitude ; toutefois, elles obtempéreront sans délai à tous les ordres, quels qu'ils soient, qu'elles recevront du commandant supérieur, sous sa responsabilité personnelle. »

La mise en « état de guerre » avait été déclarée le 15 juillet.

Ainsi que nous l'avons dit plus haut, des convois de blessés étaient déjà arrivés le samedi soir à Strasbourg : c'étaient des victimes des batailles de Wissembourg, de Wœrth ou de Frœschwiller ; ceux dont les blessures étaient les plus graves avaient été transportés à Haguenau et à Brumath, où le Comité Strasbourgeois de la société internationale de secours avait organisé des ambulances et installé des médecins qui, grâce au concours dévoué des chevaliers de Saint Jean, rendirent, dans ces tristes circonstances, les plus utiles services.

Pendant toute la journée du dimanche, nos rues présentèrent un spectacle navrant : des soldats débandés, harassés de fatigue et de faim, les vêtements déchirés, débraillés, appartenant à toutes les armes, infanterie, cavalerie, artillerie, entraient encore en ville, à pied et à cheval, soit isolément, soit par petits groupes. De nombreux curieux stationnaient dans les rues pour voir défiler ces débris d'une partie du 1er corps, ainsi qu'une longue suite de voitures chargées de meubles, de literie, de vieillards, de femmes, d'enfants en pleurs, fuyant devant l'invasion. La population entière était triste, morne, abattue, consternée. Des dames, des ouvriers, des femmes du peuple distribuaient de l'argent ou de menues provisions aux quelques blessés que l'on apercevait au milieu de ce lugubre cortége. — Quel contraste entre ce spectacle et celui qu'offraient, cinq ou six jours plutôt, les campements des glacis et du polygone!...

Ce jour-là, le courrier de Paris n'arriva pas jusqu'à Strasbourg; il avait dû s'arrêter à Saverne, la voie ferrée étant coupée au-dessus et au-dessous de Brumath. Les communications de la ville avec l'intérieur furent ainsi interrompues, à l'exception de celles par Schlestadt, Molsheim et Barr, qui purent encore être maintenues pendant quelques jours.

Les préparatifs de défense furent poussés avec un redoublement de vigueur : 4 à 5,000 hommes travaillèrent jour et nuit à compléter les ouvrages avancés et à entraver les routes par l'abattage des grands arbres qui les bordaient, du côté de la Robertsau, de Kehl, de Kœnigshoffen, etc.

Le 8, à 3 heures du matin, nos artilleurs firent sauter le petit tunnel sous lequel passait le chemin de fer pour franchir les remparts, et détruisirent plusieurs ponts aux abords de la place.

Les Canonnières.

L'amiral Exelman, le capitaine de vaisseau Bergasse du Petit-Thouars, et les 40 ou 50 ouvriers et artilleurs de marine qui, placés sous leurs ordres, ont, par la suite, si vaillamment contribué à la défense du front nord des fortifications de Strasbourg, étaient venus de Toulon vers la fin de juillet pour effectuer le déchargement et le remontage des fragments de quelques batteries flottantes destinées à manœuvrer sur le Rhin. Malheureusement ces canonnières, — comme tout le reste, — n'arrivèrent pas à l'heure voulue ; depuis plusieurs jours déjà un échafaudage avait été dressé au-dessus du chemin de halage, vis-à-vis de la gare, et deux débarcadères avaient été installés, l'un sur le quai de la gare, l'autre sur la partie de la rive de l'Ill qui longe la promenade Lenôtre, pour la mise à terre des pièces isolées de ces canonnières ; mais avant que les plates-formes sur lesquelles les morceaux avaient été chargées fussent arrivées à proximité de la place, l'ennemi avait effectué le blocus et intercepté les communications. Les plates-formes durent donc rétrograder ; elles purent heureusement être ramenées avec leur chargement intact jusqu'à Paris.

Première sommation.

Le prince royal avait détaché de son armée quelques régiments badois et la 3e division (2e corps, Poméranie), sous les ordres du général de Beyer, et les avait chargés d'investir la forteresse. Le 7, ces troupes firent leur entrée à Haguenau ; le 8, les premiers soldats allemands arrivèrent devant Strasbourg. Dans la soirée, vers 5 heures, quelques éclaireurs ennemis s'approchèrent de nos remparts, du côté de la porte de Pierres, et furent accueillis par des coups de feu qui les obligèrent de s'éloigner. Une heure plus tard, un assez grand nombre d'habitants, les uns à pied, les autres en voiture, attendaient, groupés hors de cette même porte, le moment de rentrer en ville, quand ils virent s'avancer de leur côté un peloton de vingt à vingt-cinq cavaliers badois venant au galop du côté de Schiltigheim (1) ; celui qui marchait en tête portait un drapeau blanc. Les pauvres gens se prirent à trembler et à pousser des cris de frayeur : ils craignaient d'être massacrés ; mais avant d'arriver jusqu'à eux, le peloton s'arrêta, et deux d'entre ceux qui le composaient, un officier et un trompette, continuèrent à marcher au pas ; arrivés près de ces malheureux, ils les rassurèrent, et le trompette sonna *au parlementaire*. Le colonel commandant la place, qui faisait une ronde et se trouvait précisément dans le poste de la porte de Pierres, fut prévenu ; il sortit hors de la première enceinte et conversa pendant quelques instants avec l'officier ennemi. Voici, textuellement, les paroles échangées entre ces messieurs, paroles qui furent entendues par quelques habitants du faubourg ; ayant appris de quoi il s'agissait, ils s'étaient hâtés de monter sur le rempart :

(1) Par abréviation *Schilick* ; grand village au nord et tout près de la ville.

— Que demandez-vous? dit le colonel Ducasse au parlementaire, après lui avoir rendu son salut.

— Je viens vous sommer de rendre la forteresse.

— Comment? Si brusquement que cela! Votre sommation n'est pas sérieuse!... Avez-vous une dépêche à me remettre pour le gouverneur?

— Non.

— Dans ce cas, vous pouvez retourner d'où vous venez et dire à celui qui vous envoie que Strasbourg ne se rend pas, et qu'il n'a qu'à essayer de venir la prendre.

Le parlementaire, qui n'avait plus à ce moment la mine aussi conquérante et satisfaite qu'au moment de son arrivée, salua le colonel, le pria de recommander aux hommes de garde à la porte de ne pas faire feu sur lui, tourna bride, et rejoignit son escorte.

Ce parlementaire, les journaux allemands nous l'ont appris depuis, était le major d'Amerungen. Sachant, au quartier général prussien, que les débris du corps du maréchal Mac-Mahon s'étaient retirés du côté de Saverne et de Phalsbourg, pour rejoindre l'armée de la Moselle, on supposait que Strasbourg était complétement dégarni de troupes, et qu'il n'y avait plus dans cette forteresse que des détachements de la garde nationale mobile; aussi était-on convaincu que la place n'était pas dans les conditions voulues pour opposer aux envahisseurs une résistance efficace, et les feuilles d'outre-Rhin ont avoué que l'on espérait sérieusement parvenir, en effrayant par cette première sommation le général commandant, à s'emparer de la place sans coup férir. Cette confiance peut seule expliquer la démarche si cavalière du major allemand. Et certes, si le général de Beyer n'avait été dépisté par la ferme réponse du colonel Ducasse, si ses espions avaient pu lui assurer, — ce qui était l'exacte vérité, — qu'à ce moment la garnison de Strasbourg, qui, en temps de paix, était constamment d'au moins dix mille hommes, se composait seulement à cette heure des fuyards de Wœrth et de Frœschwiller, d'un régiment d'infanterie, de quelques batteries d'artillerie, et de 6 à 700 pontonniers, s'il avait su que les bataillons de notre garde mobile n'étaient pas même organisés, il aurait assurément tenté l'aventure et en serait venu à bout sans grande peine (1).

Au lieu de prévenir directement et immédiatement les habitants de cette sommation parfaitement régulière, on s'efforça d'accréditer le bruit que l'officier chargé de cette mission n'avait pas qualité

---

(1) Cette proclamation, adressée *onze jours plus tard* à la garde mobile, montre où en était, dans la journée du 8, l'instruction militaire de cette partie de la garnison de Strasbourg :

Ordre de la Division.

« Officiers, sous-officiers, caporaux et briga-
« diers de la garde nationale mobile,

« Les opérations relatives à la formation des bataillons ou batteries de la garde nationale mobile étant terminées, mon intention était de vous laisser acquérir, sous la direction de vos chefs, un certain degré d'instruction, et ensuite de vous convoquer pour vous passer en revue et apprécier vos efforts à devenir rapidement des soldats initiés au métier des armes.

« Les circonstances ne me permettent pas de réaliser ce projet. L'ennemi a fait son apparition autour des murs de la place. Votre présence sur les remparts et dans les ouvrages détachés est une nécessité de tous les

nécessaire, ou que tout au moins il n'était pas muni de pouvoirs suffisants. On racontait même volontiers que très probablement cette algarade n'était que le résultat d'un pari entre un fanfaron de bravoure et quelques-uns de ses camarades.

Nous fîmes de vaines tentatives pour obtenir sur ce point des informations exactes que nous aurions voulu transmettre immédiatement au public, par la voie du journal, avec les ménagements et les réserves nécessaires ; on refusa, catégoriquement, dans la matinée du 9, de nous indiquer d'une façon précise si, oui ou non, dans la soirée du 8, une mise en demeure conforme aux usages de la guerre avait été signifiée par le général ennemi au gouverneur de la place, et c'est seulement depuis l'occupation de la ville par les armées alliées que nous avons la certitude que, déjà à ce moment, la population aurait pu, et par conséquent aurait dû être prévenue du sort qui la menaçait.

Pendant toute la durée du blocus, et malgré nos pressantes instances, nous ne sommes parvenu à obtenir communication d'aucun renseignement précis sur les faits locaux, d'aucun document officiel

---

instants ; j'ajourne donc le moment de vous voir sous les armes. Il m'est rendu compte de votre attitude devant l'ennemi. Chaque jour vous vous montrez plus familiers avec les exigences du service et plus solides en présence des dangers qui se produisent.

« Vous serez bientôt complétement aguerris, vous et vos chefs ; je vous remercie de vos efforts pour atteindre ce but... Persévérez !

« Fait au quartier-général, à Strasbourg, le 19 août 1870.

« *Le général de division, Commandant supérieur,*

« UHRICH. »

sur les opérations de la défense. Il semblait que le plus grand nombre des habitants n'eussent aucun droit à connaître ce qui se passait même exclusivement dans l'intérieur des murs : parce que certaines personnes le savaient, elles s'imaginaient sans doute que cela suffisait, et ne se figuraient pas combien cette absence de renseignements authentiques était pénible pour la population ; elles ne comprenaient pas, ou plutôt elles feignaient de ne pas comprendre combien ces cachotteries puériles ajoutaient de douleurs et de privations morales à nos douleurs et à nos privations matérielles, combien cette discrétion de commande surexcitait notre anxiété ; peut-être même, par la suite, cette réserve calculée eut-elle pour but d'activer la démoralisation du plus grand nombre et d'abattre le courage de ceux qui, malgré tout, ne voulaient pas faiblir. Nous en étions réduits, pour satisfaire l'avide et d'ailleurs si légitime curiosité de nos concitoyens, à multiplier nos recherches et à perdre à contrôler les dires de l'un par les dires de l'autre un temps qui aurait pu être bien mieux employé.

Le jour où nous allâmes prier le général Uhrich de mettre aussi souvent que possible à notre disposition, sinon la totalité, au moins une partie des rapports de ses officiers, il refusa catégoriquement de condescendre à notre désir, malgré notre promesse de n'en publier qu'une analyse et de passer sous silence les incidents qu'il importait de cacher à l'ennemi ; le commandant en chef nous déclara formellement qu'il ne consentirait à nous laisser parcourir ces pièces « qu'après qu'il les aurait préalablement fait connaître au ministre »....

Si nous n'avions été à cette époque si inexpérimenté des usages de la guerre, un symptôme au moins nous aurait éclairé sur les réalités de la situation : dans la journée du 9, les portes de la ville restèrent closes, tandis que la veille encore on les avait laissées ouvertes jusqu'au soir, et depuis lors elles furent hermétiquement fermées nuit et jour, sauf à de rares intervalles et seulement pendant le temps nécessaire pour donner passage à quelques détachements de la garnison ou à des escouades des travailleurs recrutés pour activer les travaux de défense ; ou bien encore pour permettre aux cultivateurs de la banlieue, pressés par le besoin de gagner quelque argent, de nous apporter de temps à autre un peu de lait, de rares volailles et de menues provisions de légumes et de fruits. Presque tous les matins, vers 9 ou 10 heures, de maigres marchés étaient improvisés tantôt à l'entrée des faubourgs, tantôt sur les places d'Austerlitz ou de l'Hôpital ; le soir, à la brune, tous ceux de ces braves gens qui avaient réussi à tromper la vigilance de l'ennemi s'empressaient de regagner leur domicile hors des murs.

Le prix de ces objets de première nécessité augmenta journellement ; vers la fin d'août, nous avons vu payer un jeune poulet, un seul, 8 francs ; le lait coûtait jusqu'à 50 centimes la chope, et n'en avait pas qui voulait : on le réservait pour les enfants et les malades ; les pommes de terre se vendirent bientôt 40 francs le sac, et le bœuf, 20 fr. le kilg.

Heureusement les approvisionnements en blé et farine étaient si considérables qu'à aucun moment le prix du pain, taxé par la mairie, n'a dépassé 45 centimes le kilogramme pour la première qualité, 34 centimes pour la seconde, et qu'à son entrée dans la place l'ennemi y a trouvé encore d'abondantes quantités de céréales.

La facilité donnée aux cultivateurs de la banlieue de pénétrer en ville dès 9 heures du matin et de s'en retourner dans la soirée n'était-elle pas très-dangereuse, ne compromettait-elle pas gravement la défense en offrant aux espions un moyen commode de venir constater, sans s'exposer à trop de risques, les réalités de notre situation ? Deux gendarmes étaient bien chargés de surveiller les entrants et les sortants, mais ces gendarmes pouvaient-ils connaître tous ces approvisionneurs improvisés ?

Ces inconvénients furent signalés par l'*Impartial du Rhin* :

« Des personnes de sens rassis et de bon jugement estiment » disait ce journal dans son numéro du 10 septembre « que nous devrions renoncer complétement à ces légumes frais qui nous sont encore apportés de temps à autre du dehors, et que les portes de la ville ne devraient plus être ouvertes, le jour comme la nuit, que pour le service militaire : elles prétendent qu'il peut très-bien advenir que des espions parviennent à entrer en ville et à en sortir à l'aide de ce va-et-vient quotidien. Se déguiser en paysan ou en paysanne, monter sur une charrette et la conduire, c'est un moyen facile, en effet, de tromper la vigilance des surveillants, et les procédés de duperie les plus simples sont précisément ceux qui, en toute circonstance, réussissent le mieux.

« Suppose-t-on, d'ailleurs, que les cultivateurs qui nous apportent ces produits de leurs champs ne jouent pas eux-mêmes, involontairement, ce rôle d'espions, et qu'une fois rentrés chez eux ils ne fournissent pas à l'ennemi les renseignements, même secondaires, qu'il peut avoir intérêt à connaître ?

« Comment ces pauvres gens ne répondraient-ils pas à des questions habilement posées ? Le bavardage n'est-il pas, en tous pays, un des défauts mignons du paysan ? Et comment chacun de ceux qui viennent en ville chaque jour ne se ferait-il pas, au retour, un plaisir de narrer, à qui veut l'entendre, ami ou ennemi, ce qu'il a pu directement ou indirectement apprendre pendant les quelques heures passées au milieu de nous ?

« Et puis aussi croit-on que les assaillants se feraient faute d'employer, s'il en était besoin, la menace et la violence, pour se procurer des informations ?

« Qui donc leur transmet leur approvisionnement quotidien des deux journaux de Strasbourg, sinon ces cultivateurs ou ces pseudo-cultivateurs ?

« Evidemment, les motifs invoqués par ceux qui demandent l'interdiction absolue de l'entrée et de la sortie de la ville à tout autre qu'aux militaires méritent d'être mûrement pesés.

« Nous les soumettons au conseil de défense ; à lui d'en examiner le pour et le contre, et d'aviser au mieux de nos intérêts communs.

« P. R. S. »

Mais le conseil de défense, — comme beaucoup d'autres conseils, — n'accueillait pas volontiers les observations émanées de l'initiative d'autrui ; il ne tint aucun compte de cet avertissement ; et cependant nous soutenons encore aujourd'hui qu'il aurait été prudent d'interdire absolument, au prix de légères privations, l'accès et la sortie de Strasbourg à âme qui vive dès que notre situation fut définitivement compromise : on ne saurait trop se méfier, ni prendre de précautions trop minutieuses lorsque l'on a à faire à un ennemi aussi madré que M. de Bismark.

Garde nationale sédentaire.

Un avis municipal inséré dans les journaux et placardé sur les murs *le 29 juillet*, avait appelé *tous* les citoyens âgés de 25 à 50 ans, et demeurant dans l'intérieur de la ville, à se faire immédiatement inscrire sur les contrôles de la garde nationale. Nombre d'hommes valides répondirent avec empressement à cet appel, mais on ne porta sur les listes définitives qu'une partie de ceux qui se présentèrent, l'autorité ne voulant pas armer ceux dont les opinions politiques ne lui paraissaient pas orthodoxes, et on ne commença à délivrer aux élus des fusils réformés, à percussion, que le 8 août ; cet armement, un moment suspendu, fut continué le 9, et à peu près terminé le 10 ; il était d'autant plus dérisoire qu'on n'avait pour ces fusils qu'un approvisionnement de cartouches très insuffisant. La plupart de ces carabines étaient d'ailleurs en si mauvais état qu'elles auraient été entièrement impuissantes contre les assaillants ; tout au plus auraient-elles pu servir à la répression violente de troubles intérieurs ; le bon sens et le patriotisme de la population, qui ne voulut point affaiblir la défense par des récriminations intempestives, rendirent heureusement inutiles toutes les précautions prises contre une si improbable éventualité.

La milice civile fut organisée en quatre bataillons, formés de six compagnies chacun ; l'effectif de chaque compagnie était d'environ 100 hommes; soit 2,400 hommes au maximum. Ces compagnies, que l'on exerçait chaque jour pendant une ou deux heures au maniement du fusil, montaient la garde à l'Hôtel-de-Ville, à la Préfecture, à la prison de la rue du Fil, à la maison de correction et à la Halle-aux-Blés.

Voici la liste complète des officiers de la légion, nommés par le Préfet ; le plus grand nombre de ces nominations furent, quelques semaines après, ratifiées par l'élection :

État-major :

Colonel : M. Auguste SAGLIO.
Lieutenant-colonel : M. GUÉPRAT, colonel en retraite.
Major : M. POIRSON, chef d'escadron en retraite.
Officier d'armement : M. SCHNEIDER, armurier.

1ᵉʳ BATAILLON (canton Nord).

Chef de bataillon : M. HUGUES, capitaine en retraite.

Capitaines :

MM. BOURLET, négociant ;
 Le baron de WANGEN, rentier ;
 Oscar BERGER-LEVRAULT, imprimeur ;
 Albert CHABERT ;
 Rodolphe SENGENWALD ;
 Charles-Honoré LEWEL ;
 HENRY, pâtissier.

Lieutenants:

MM. de MAISONNEUVE ;
 Achille WEILL ;
 Victor MALLARMÉ fils, avocat ;
 Louis JOST, serrurier ;

MM. Henri Lemaitre ;
Rau, avocat ;
Mathieu Derwiller, étudiant ;
Jacques Zimmer, limonadier ;
Auguste Blech, docteur en droit ;
Edouard Limmer ;
Durr, négociant ;
Émile Gérardy.

2ᵐᵉ Bataillon (canton Est).

Chef de bataillon : M. Hermann, capitaine en retraite.

Capitaines :

MM. Charles Maresquelle, ancien capitaine ;
Louis Barsan, ancien sergent-major ;
Auguste Weis, ancien sous-officier ;
Émile Sieffert, ancien sergent-major ;
Léonard Allinger, facteur de pianos ;
Michel Huck, conseiller municipal ;
Guillaume Frick, brasseur.

Lieutenants :

MM. Eugène Dacheux, dessinateur ;
Florent Heimburger, limonadier ;
Gustave Petiti ;
Eugène Caillot ;
Paul Houillon ;
Joseph Lippman, employé au chemin de fer ;
François-Joseph Gabel, emp. des ponts et chaus.
Prosper Hippolyte Alquier ;
Adolphe Grodwolle, professeur au conservatoire ;
Reibel, clerc de notaire ;
Arthur Schutzenberger, brasseur ;
Burger, brasseur (rue des Frères) ;
Burger, brasseur (*aux Quatre Vents*).

3ᵐᵉ Bataillon (canton Ouest).

Chef de bataillon : M. Péquignot, capitaine en retraite.

Capitaines :

MM. Arthur Worms, contrôleur des cont. directes ;
Jean-Baptiste Bauby, négociant ;

MM. Julien Pélissier, rentier (frère du maréchal Pélissier) ;
Paul Pfortner, avocat ;
Fuchs, capitaine en retraite ;
Ducques, avocat ;
Ehrhardt, brasseur.

Lieutenants :

MM. Alfred Heilig, maitre-d'hôtel (*à la Vignette*) ;
Coutin, ancien sergent-major ;
Carlin, ex-sergent-major ;
Jean-Émile Bleyfus, négociant ;
Eugène Reutenauer, employé à la Banque ;
Martin Hochstetter ;
Antoine Jung, limonadier ;
Félix Donnay, employé au chemin de fer ;
Jean Oswald, sculpteur ;
Adolphe Silberzhan, clerc de notaire ;
Émile Haberer, lithographe ;
Weiss, notaire ;
Imlin, fils.

4ᵐᵉ Bataillon (canton Sud).

Chef de bataillon : M. Schmitt, capitaine en retraite.

Capitaines :

MM. Charles-Louis-Frédéric Karm, ancien notaire ;
Philippe-Auguste Seyboth, négociant ;
Ignace Ball, rentier ;
Émile Wagner, brasseur ;
Victor Dobelmann ;
Alfred Campmann ;
Picquart, conseiller de préfecture.

Lieutenants :

MM. Julien-Alfred D'Alaret, com. à la dir. de la douane.
Martin Ball, commis ;
Georges Craff, négociant ;
Eugène Gœpp, négociant ;
Charles Speckel, tanneur ;
Eugène-Charles Keller ;

MM. Geneau, représentant de commerce ;
   Victor Legerot ;
   Édouard Stahl, ingénieur ;
   Agnus ;
   Émile Daum, fournisseur d'équipements militaires ;
   Ernest Lehr, docteur en droit.

Plus tard, nous ne savons au juste à quelle date, — aucune communication à cet effet n'ayant été adressée aux journaux, — on adjoignit à ces quatre bataillons une batterie (120 hommes) d'artillerie. Elle était commandée par MM. Hœring, capitaine, Laveuf, lieutenant, et Luce, sous-lieutenant. Ce corps spécial, qui, aisément, aurait pu être porté à 5 ou 600 hommes, à l'aide des anciens militaires de cette arme domiciliés à Strasbourg, était partiellement de service chaque jour ; son poste ordinaire était le Petit polygone, bastion 4, situé exactement derrière l'hôpital civil ; pendant la nuit du 23 au 24 août, il prit activement part à la défense du bastion 11, celui-là même que l'ennemi se préparait alors à battre en brèche, et trois de ses hommes y furent grièvement blessés ; l'un d'eux succomba au bout de quelques semaines.

L'observatoire de la Cathédrale.

Ce fut le 9 août seulement que l'on installa dans le logement qui occupe une partie de la plate-forme de la cathédrale des vigies communiquant, jour et nuit, à l'aide d'un fil télégraphique, avec le bureau central du général commandant et avec la citadelle. Cette mesure excellente, conseillée dès le 20 juillet par l'*Impartial du Rhin*, fut, elle aussi, trop tardivement adoptée ; prise plus tôt, elle aurait permis d'explorer au loin les environs de Strasbourg, de se rendre exactement compte des opérations préliminaires des assiégeants, et d'aviser aux mesures capables de les rendre infructueuses, au moins en partie. Il aurait fallu, d'ailleurs, que ce poste si utile fût confié à des hommes connaissant parfaitement le pays, habitués dès longtemps à discerner à distance et avec une entière exactitude les localités, les routes, et jusqu'aux moindres sentiers des environs, même à travers bois, tandis que le soin de surveiller de cette hauteur les marches, les contre-marches et les travaux de l'armée allemande fut laissé, la plupart du temps, à... des élèves de l'école de santé militaire !..., observateurs fort zélés sans doute, animés d'un ardent désir de bien faire, de se rendre utiles, et qui, dans d'autres postes se sont vraiment rendus très utiles comme aides-chirurgiens, mais vraiment trop incompétents en pareille matière.

Ces vigies bénévoles montaient d'ailleurs jusqu'à cet observatoire et en descendaient par les escaliers ajourés du clocher, et cela à toute heure du jour ; elles allaient et venaient sur la plate-forme sans prendre la moindre précaution pour dissimuler leur présence ; elles semblaient même parfois être bien aises que, d'en bas, on les remarquât, on les reconnut ; tandis qu'il aurait été si facile, et si rationnel, de n'y monter qu'avant le jour, de n'en descendre qu'à la nuit close, et, en s'abritant dans le logement des veilleurs, de ne jamais se laisser apercevoir ni par les assiégeants, ni par les assiégés. Braver ainsi, tout à la fois, les projectiles et les lorgnettes ennemies, c'était fort méritoire, assurément, mais aussi très-compromettant pour la sécurité commune.

Plus de nouvelles.

Le 9 août l'expédition des lettres et des dépêches est devenue impossible ; au bureau du télégraphe on n'accepte plus rien, les fils en communication directe avec l'intérieur ayant été coupés par l'ennemi ; à la poste on fait encore la levée, mais on n'expédie plus aucun courrier.

Vers midi cependant une pancarte, écrite à la plume et affichée à la porte du bureau de poste, prévient le public qu' « *un courrier partira* POUR LA FRANCE *à 2 heures.* »

Un quidam, mieux avisé, ou moins alarmé que le rédacteur de cet avis, le rectifie ainsi, au crayon :

« *Un courrier partira* POUR L'INTÉRIEUR DE LA FRANCE *à 2 heures* ». Ce courrier partit en effet et, nous l'avons su depuis, parvint à bon port ; ce fut le dernier.

Ce même jour, absence complète des courriers de Paris, de Wissembourg, de Barr et de Colmar.

On apprend seulement, indirectement, que l'ennemi parcourt les villages environnants ; qu'il enlève les chevaux, le bétail, les fourrages, les vivres, etc. ; qu'il impose aux communes d'écrasantes contributions ; qu'il installe des bourgmestres et organise l'administration civile à l'allemande dans l'arrondissement de Wissembourg et dans les cantons de Haguenau, de Brumath, de Bischwiller, de Schiltigheim, localités comprises dans l'arrondissement de Strasbourg. Des proclamations patelines adressées aux habitants, rédigées en allemand et en français, et signées par le gouverneur de Rastatt, sont affichées sur les murs et sur les arbres dans les communes rurales.

Les nouvelles du dehors ne parviennent plus que rarement en ville, où tout le monde les attend avec une inexprimable impatience et avec une inquiétude facile à concevoir. Cependant, le 10, on apprend la retraite du ministère Ollivier, la formation du cabinet Palikao et l'on reçoit quelques nouveaux détails sur les batailles de Wissembourg et de Frœschwiller.

Première proclamation.

Le même jour, les journaux de la localité publient la proclamation suivante, adressée « *Aux habitants de Strasbourg* », et destinée à les rassurer et à soutenir leur courage :

« Des bruits inquiétants, des paniques ont été répandus ces jours derniers, involontairement ou à dessein, dans notre brave cité.

« Quelques individus ont osé manifester la pensée que la place se rendrait sans coup férir.

« Nous protestons énergiquement, au nom de la population française et courageuse, contre ces défaillances lâches et criminelles.

« Les remparts sont armés de 400 canons. La garnison est composée de 11,000 hommes, sans compter la garde nationale sédentaire.

« Si Strasbourg est attaqué, *Strasbourg se défendra tant qu'il restera un soldat, un biscuit, une cartouche.*

« Les bons peuvent se rassurer ; quant aux autres, ils n'ont qu'à s'éloigner.

« Strasbourg, le 10 août 1870.

« *Le général de division, commandant supérieur,*
» Uhrich.

« *Le préfet du Bas-Rhin,* Baron Pron.

Cette proclamation fut accueillie avec une grande faveur par l'immense majorité de la population, qui était résolue à seconder fermement l'autorité militaire et à résister jusqu'à la dernière extrémité.

Autres proclamations.

Le 12, au matin, cette affiche fut placardée sur les murs de la ville et transmise aux journaux :

Avis aux propriétaires de bois et de houille.

« Le lieutenant-colonel commandant le génie informe MM. les propriétaires et négociants qui ont des dépôts de bois et de houille dans les zones de servitudes de la place que, par ordre de M. le général commandant supérieur, ils doivent rentrer ces approvisionnements en ville dans le plus bref délai.

« Strasbourg, le 11 août 1870.
« Maritz. »

On commençait enfin à comprendre combien il est imprudent, illogique d'autoriser la construction de maisons de plaisance, de chantiers et de grands villages aux abords d'une place de guerre. Que de ruines, que de misères on aurait par avance évitées à un grand nombre de Strasbourgeois, si, en tout temps, on avait strictement refusé de laisser bâtir sur toute l'étendue de ces terrains !

Les premiers coups de canon.

Le 13, dans l'après-midi et vers le soir, le canon tonna, à plusieurs reprises, du haut des ouvrages avancés qui protégeaient nos premières lignes de défense. Cette canonnade était dirigée contre les patrouilles et les reconnaissances ennemies qui déjà sillonnaient les alentours de la place ou inquiétaient ceux de nos ouvriers civils et de nos gardes mobiles qui, chaque jour, mais déjà trop tard, allaient abattre les arbres, couper les routes, compléter quelques ouvrages en terre, planter des palissades, etc., etc.

Vers 7 heures et demie, deux détachements assez considérables d'Allemands se postèrent : le premier près du cimetière Sainte-Hélène, hors de la porte de Pierres ; le second, près de l'établissement de Saint-Charles, à Schiltigheim. Nos soldats ouvrirent contre eux un feu bien nourri de mousqueterie et leur lancèrent des bordées de mitraille qui les forcèrent de reculer momentanément et qui leur tuèrent quelques hommes, entr'autres un officier supérieur dont le cadavre fut enterré sur le lieu même par une de nos ambulances militaires.

L'ennemi ayant aussi tenté d'enlever de la farine, du sucre et du café amoncelés dans un train resté hors des murs, fut empêché par nos canons d'exécuter son projet, et la plus grande partie de ces provisions purent être apportées en ville, où elles furent vendues à un prix déterminé par la municipalité. Plus tard on mit le feu à ces wagons vides afin que l'armée allemande ne pût en faire son profit.

Dans la soirée on aperçut hors des murs, de divers côtés, mais surtout dans la direction des portes des Juifs, de Pierres et de Saverne, les lueurs de divers incendies ; nos mobiles détruisaient par ce moyen expéditif quelques habitations qui auraient pu aider l'ennemi à masquer ses approches.

Malheureusement ces destructions étaient opérées sans le moindre discernement : par exemple, le propriétaire d'une villa située aux abords de la porte d'Austerlitz, et complètement isolée, ayant appris le 13 au soir que cet immeuble devait être rasé le lendemain, alla réclamer à l'hôtel de la division et prier qu'on fît au moins vérifier par un officier capable si cette démolition était absolument indispensable. On y consentit et on lui promit que le 14, à neuf heures du matin, on irait voir avec lui si sa propriété pouvait ou ne pouvait pas être conservée ; le lendemain, en effet, M. X..., accompagné d'un officier, sortit de la ville; mais, arrivé à la place où la veille encore se dressait son joli château, il n'y trouva que des ruines fumantes : l'officier lui exprima ses regrets, regrets d'autant plus sincères, ajouta-t-il, qu'on aurait pu, sans inconvénient aucun, laisser subsister cette habitation. Son isolement dans un terrain plat empêchait qu'elle put servir à dissimuler un ouvrage d'attaque ou fournir un abri à un poste ennemi.

Les Espions.

Par suite de la surexcitation générale et des bruits alarmants qui circulaient chaque jour, sans que l'on parvint à en découvrir exactement la source, la population se méfiait de tous les inconnus et les soupçonnait d'être des espions. Elle savait que l'ennemi était renseigné sur les ressources de la défense ; qu'il connaissait, au moins approximativement, la force et la composition de la garnison, l'état de nos approvisionnement de guerre et de bouche. Une surveillance des plus actives fut donc exercée, et l'on arrêta fréquemment des personnes dont les allures paraissaient suspectes. On parvint plus d'une fois à s'emparer de quelques misérables qui, à l'aide d'odieux subterfuges, transmettaient aux assiégeants des renseignements précis sur notre situation intérieure, ou même qui fournissaient à leurs émissaires les moyens de s'introduire facilement dans la place ; mais on commit aussi, par excès de zèle et de précaution, de nombreuses méprises, des erreurs des plus regrettables : un employé inoffensif de la mairie, M. Antoine Saas, M. Jean Macé lui-même, ce type du dévouement et de la probité, et plusieurs autres individus incapables du crime qu'on leur imputait, furent injuriés, maltraités et conduits de force devant l'autorité militaire ; il suffisait qu'un malotru ou un capon désignât une personne quelconque, homme ou femme, en criant : « C'est un espion ! » pour que cette personne fût aussitôt en butte aux plus graves sévices. La foule s'ameutait autour d'elle, la menaçait du geste et de la voix, et la poursuivait de ses imprécations ; deux ou trois fois, on ne parvint qu'à grand'peine à préserver ces malheureux d'une exécution sommaire. Espions aussi ceux qui voulaient mettre obstacle à ces aveugles fureurs, et ce fut pour avoir voulu protester contre ces stupides violences, pendant qu'il se rendait à une réunion du comité strasbourgeois de la Société de secours aux blessés, que Jean Macé risqua d'être écharpé ; l'erreur était cette fois d'autant plus impardonnable que M. Jean Macé n'est pas alsacien, quoiqu'il habite l'Alsace, et qu'il parle le français aussi correctement qu'une parisienne de Paris, sans le moindre accent tudesque.

Un autre jour, vers la fin du siége (le 24 septembre), au moment où commençait à être connue la démarche faite près du général par la Commission municipale pour le déterminer à capituler, le bruit circula rapidement que nous étions trahis, livrés, vendus, que les ennemis avaient des intelligences dans la ville ; et pour le prouver on racontait — ce qui était vrai — qu'un drapeau badois venait d'être arboré sur la maison n° 8 de la rue de Sébastopol, exactement en face de la gare de départ. Un assez grand nombre de curieux, animés d'intentions peu bienveillantes assurément, coururent vers ce quartier afin de s'emparer du ou des coupables. Heureusement, en même temps qu'eux, arrivaient aussi un sous-officier et un caporal du 87e de ligne qui, du rempart, avaient aperçu ce signal ; après en avoir référé à leurs chefs, ils venaient arracher le drapeau et arrêter l'auteur de cette trahison ; celui-ci n'était autre que le propriétaire de l'immeuble, M. Beyer, directeur local de la compagnie d'assurances sur la vie *le Monde*. Les deux soldats l'appréhendèrent en effet, le préservèrent contre la fureur de quelques écervelés qui voulaient l'assommer, le jeter dans le canal, et le conduisirent à l'état-major de la place, où son incarcération fut ordonnée ; on procéda à une enquête, qui confirma les premières explications fournies par M. Beyer : — au rez-de-chaussée de sa maison était établi un Comptoir d'expédition pour le duché de Bade et toute l'Allemagne ; M. Beyer, qui depuis longtemps cherchait un moyen de mettre son immeuble et lui-même à l'abri du bombardement, s'était imaginé que puisqu'il avait pour locataires des Badois il pouvait sans inconvénient arborer le drapeau du grand duché ; il protestait d'ailleurs de son civisme et exprimait ses vifs regrets de n'avoir pas prévu que sa précaution donnerait prise à de fâcheuses interprétations ; son honorabilité était notoire ; elle était affirmée par quelques personnes des plus recommandables ; le malheureux imprudent n'en fut pas moins traduit devant le conseil de guerre, et — acquitté.

Défense de monter sur les clochers et les édifices publics.

Malgré les précautions déjà prises et la surveillance continuellement exercée à l'encontre des espions réels ou imaginaires, quelques personnes persistaient à en découvrir à tous les coins de rue ; certaines gens ayant prétendu avoir vu des hommes, placés au sommet des clochers de Saint-Thomas et de Saint-Pierre-le-Jeune, faire des signaux à l'ennemi, le préfet fit publier, le 18 août, un ordre ainsi conçu :

« Il est expressément interdit de monter ou stationner, sous aucun prétexte, sur les tours des églises ou sur les plates-formes des édifices publics de la ville, à moins d'une permission personnelle délivrée par le général commandant supérieur ou par le préfet.

» Tout individu surpris en contravention au présent ordre sera incarcéré.

« Le préfet, baron PRON. »

Stagnation des affaires.

On comprend combien les affaires souffraient de l'interruption complète des communications avec l'extérieur ; dans le but de faciliter les transactions commerciales dans l'intérieur de la ville et de maintenir dans une situation relativement bonne le crédit public, on essaya de créer un comptoir et un sous-comptoir d'escompte, au capital de 500,000 fr. chacun. Avant que la souscription eût été publiquement ouverte, 160,000 fr. étaient promis ; malheureusement le nombre d'adhésions à cette patriotique initiative ne fut pas assez considérable pour en assurer la réussite.

Plus de gaz, -- des lanternes.

Le 14 août, au matin, le crieur public donna lecture, dans les rues de Strasbourg, de cet avis de la municipalité :

« Les habitants sont informés que les gazomètres ayant été évacués, il n'y aura pas d'éclairage au gaz ce soir. En conséquence, ils sont invités à éclairer les façades extérieures des maisons au moyen des appareils qu'ils ont dû préparer conformément à l'avis publié avant-hier par l'administration. » (1).

---

(1)   ÉCLAIRAGE MUNICIPAL
Mesures extraordinaires.
AVIS

L'administration a prescrit au directeur de l'usine de faire évacuer, en cas de nécessité, tout le gaz contenu dans les gazomètres.

En prévision de cette cessation de l'éclairage municipal, les habitants sont invités à se munir, dès à présent, d'appareils d'éclairage et à les accrocher aux façades de leurs maisons, aussitôt que les gazomètres cesseront de fonctionner.

Strasbourg, le 12 août 1870.   *Le maire*, HUMANN.

On craignait qu'un projectile incendiaire, venant à percer un de ces immenses récipients, déterminât une explosion qui aurait fait des victimes et démoli une grande partie du quartier.

Les marchands de luminaire réalisèrent ce jour-là de bonnes recettes, car chaque famille s'empressa de faire sa provision en conséquence, et dans la soirée les rues de Strasbourg eurent un aspect des plus pittoresques ; on aurait dit une ville en fête : les lanternes de tout âge, de toute forme et de toute grandeur, munies de lampes, ou de bougies, ou de chandelles, accrochées, à des hauteurs différentes, à toutes les façades, et cela jusque dans les quartiers les plus reculés, formaient une véritable illumination ; quelques-unes avaient été suspendues jusqu'à des fenêtres du second ou même du troisième étage ; et ces mille feux répandaient partout une lumière plus que suffisante pour que la circulation n'eût point à souffrir de la privation de l'éclairage ordinaire.

Francs-tireurs et chasseurs-tirailleurs.

Ce fut seulement à dater du 14 août que l'on s'occupa de mettre à exécution une mesure prescrite cependant dès le 28 juillet par le ministre de la guerre et dès le 5 août par le préfet lui-même : la formation de corps de francs-tireurs volontaires. On n'accepta dans ces compagnies que des hommes éprouvés, « habitués au maniement des armes, plus libres de leur temps et de leur personne que d'autres citoyens, et présentant dès lors, sinon plus de dévouement, du moins plus de garantie pour un service d'activité ». La durée de leur engagement était réduite à la durée même de la guerre, et ils étaient « spécialement chargés de la défense de leurs foyers ».

Le général Uhrich accéda de bonne grâce à quelques-unes des nombreuses demandes qui lui furent adressées à ce sujet, et fit placarder, le 14, l'affiche suivante :

6ᵉ *Division militaire.*
COMPAGNIES FRANCHES DE STRASBOURG.

« Il sera formé, pour la défense de la ville, des batteries et compagnies franches composées d'artilleurs, de cavaliers et de tirailleurs volontaires.

« Ne seront admis dans ces batteries et compagnies que des hommes ayant plusieurs années de service militaire.

« Pas d'uniforme ; un brassard pour signe de ralliement.

« Les enrôlements sont reçus à *la Préfecture*. Ils reposent essentiellement sur l'honneur des volontaires quant à la durée et à la nature du service.

« Fait à Strasbourg, le 14 août 1871.
Le général de division, commandant supérieur
« UHRICH.
« *Le Préfet du Bas-Rhin,*
« Baron PRON. »

Deux jours après, grâce à l'initiative de deux Parisiens, M. René Serran et M. Henri Page, qui s'étaient laissés enfermer à Strasbourg par le blocus et qui payèrent bravement de leur personne, une autre compagnie de francs-tireurs, celle que l'on appela plus tard les « *Chasseurs-tirailleurs* », était en voie de formation. Son organisation fut un moment compromise par l'inertie du maire, M. Humann ; mais un de ses adjoints, M. Mallarmé père, avocat, ayant fait sienne la cause de ces messieurs, cette autre affiche put être aposée le 16 août :

Mairie de Strasbourg.
Francs - tireurs d'Alsace.

« Répondant à un vœu généralement exprimé pour la formation d'une compagnie de franc-tireurs volontaires, le maire prévient les habitants que le registre d'inscription est, à dater de demain, mercredi, ouvert *à la Mairie*, bureau de l'état-civil, de 8 heures du matin à 5 heures du soir.

« Tous les citoyens faisant partie d'une société de tir ou habitués à l'exercice du tir sont invités à se faire inscrire dans les 48 heures.

« Strasbourg, le 16 août 1870.
« Pour le maire,
» *L'adjoint délégué,*
« Mallarmé. »

Bientôt le personnel de cette nouvelle compagnie fut assez nombreux pour être utilement employé à la défense des ouvrages avancés. Les Strasbourgeois, peu soucieux des sentiments mesquins qui ont mis un moment en question son organisation, confondent volontiers dans leur reconnaissance les vaillants et déterminés volontaires qui s'étaient spontanément engagés parmi les « francs-tireurs » ou parmi les « chasseurs-tirailleurs » ; beaucoup étaient pères de famille, et auraient pu, sinon s'abstenir de tout service militaire, le faire moins rude et moins assidu : pourtant ils n'hésitèrent pas à exposer leur vie pour concourir activement à la défense de la ville. Plusieurs sont morts à leur poste, d'autres ont été grièvement blessés ; tous se sont conduits de manière à forcer même leurs premiers détracteurs à rendre hommage à leur courage, à leur intrépidité, à leur dévouement.

Les « chasseurs-tirailleurs » ont le plus souvent aidé à la défense sur les mêmes points que les marins venus à Strasbourg pour y faire le service des chaloupes canonnières ; ils étaient de service, avec ces matelots, du côté de Schiltigheim, aux points les plus périlleux de nos fortifications, ceux contre lesquels l'ennemi s'est le plus acharné.

Les « francs-tireurs » faisaient un service plus actif ; toujours quelques membres de cette compagnie prenaient part aux combats d'avant-poste et agissaient de concert avec les volontaires de la garnison désignés pour concourir aux expéditions partielles destinées à débusquer les assaillants des abris accidentels dans lesquels, de temps à autre, ils parvenaient à s'établir.

Jusqu'au 10 septembre, les francs-tireurs, aussi bien que les chasseurs-tirailleurs, ne furent point astreints à porter un uniforme ; les premiers avaient pour tout signe distinctif, sur leur vêtement civil, un étroit brassard tricolore, les seconds un cor de chasse brodé sur la manche gauche. Mais lorsqu'on eut appris, à la division, que d'autres francs-tireurs avaient été fait prisonniers et *pendus* parce que les chefs allemands avaient ordonné de les considérer comme des insurgés et non point comme des membres d'un corps de troupes régulièrement organisé, on donna à nos deux compagnies le costume de la garde mobile, avec le même insigne distinctif que précédemment, brassard ou cor de chasse brodé sur la manche.

Le capitaine des chasseurs-tirailleurs était M.

Liès-Bodard, le savant chimiste, qui, animé d'un ardent patriotisme, avait voué sa vie à la défense de sa ville d'adoption (1) ; il avait pour lieutenant M. Henri Page, et pour sous-lieutenant M. Ernest Clerc. M. L. Geissen, ancien sergent-major aux zouaves de la garde, commandait la compagnie des francs-tireurs ; son lieutenant était M. Treit, ses sous-lieutenants MM. Boulot et Bertinet.

Un ancien officier de cavalerie en retraite, domicilié à la Ziegel-Au, M. Imles, avait proposé, le 18 août, d'organiser une forte compagnie de volontaires à l'aide des anciens militaires, des gardes-chasses et des braconniers domiciliés dans les maisons éparses ou agglomérées hors des murs aux environs du Polygone, au-delà de la zone des fortifications : « Cette compagnie » disait avec raison M. Imles, « pourrait, de concert avec la troupe, dé-« fendre la route et l'entrée du pont du Polygone, « et sauvegarder les villages de la Musau, du Neu-« dorf et de la Ziglau (1500 habitants environ), « *qui peuvent approvisionner Strasbourg.* »—Cette proposition fut soumise au général Uhrich et au préfet, qui refusèrent d'y donner suite.

Pourquoi ?... Dépourvus comme nous l'étions, pris à l'improviste, ne fallait-il donc pas utiliser jusqu'aux moindres moyens de défense ? Quelle nécessité d'être si sentimentalement économe de la vie de ceux-là même qui en faisaient spontanément le sacrifice ? Quel motif plausible de refuser de pareilles offres ?

(1) Au mois de juin 1871, M. Liès-Bodard a été nommé inspecteur d'académie à Bordeaux.

Ce refus, aussi bien que l'organisation tardive des deux compagnies franches dont nous venons de parler, est d'autant moins justifiable que le 5 août, — dans un circulaire rendue publique le 14 seulement, au moins neuf jours trop tard,— le préfet du Bas-Rhin écrivait à ses sous-préfets et aux maires du département :

« M. le ministre de l'intérieur m'a fait connaître, par une circulaire du 28 juillet dernier, que de nombreuses demandes ont été adressées au gouvernement pour l'organisation et l'armement, dans les départements frontières, de gardes nationales et de corps de volontaires destinés à contribuer à la défense du pays.

« Par une circulaire précédente, du 25 juillet, le gouvernement a déjà autorisé l'organisation de la garde nationale sédentaire dans un certain nombre de nos places fortes les plus rapprochées du théâtre de la guerre, et cette organisation pourra être étendue à d'autres communes qui en feraient la demande.

« M. le ministre signale un autre mode d'organisation qui paraît répondre aux nécessités du moment et se prêter plus facilement à la diversité des situations locales. Ce système consisterait à créer, partout où les circonstances le rendraient nécessaire, des compagnies de volontaires francs-tireurs.

« Le rapport du ministre de la guerre à l'Empereur, en date du 28 mars 1868, a déterminé les règles d'après lesquelles les corps de francs-tireurs peuvent se constituer comme auxiliaires de la garde mobile; mais il contient deux prescriptions qui ont ralenti le recrutement de ces compagnies et qui peuvent présenter des inconvénients au point de vue du but que nous devons aujourd'hui poursuivre.

« Ce règlement oblige les francs-tireurs à contracter un engagement d'un an et rattache leur organisation à celle de la garde mobile, tout en établissant qu'ils seront, en cas d'appel à l'activité, chargés de préférence d'assurer la sécurité de leurs foyers.

« Le ministre de la guerre, de concert avec le ministre de l'intérieur, a proposé à l'Empereur, qui a approuvé cette mesure, de réduire la durée de l'engagement à contracter à celle de la guerre actuelle, et de charger spécialement les compagnies de francs-tireurs de la défense de leurs foyers.

« Les corps ainsi formés seront donc une véritable garde nationale sédentaire, mais uniquement composée de *volontaires, choisis avec soin, habitués au maniement des armes*, plus libres de leur temps et de leur personne, et présentant dès lors, sinon plus de dévouement, du moins plus de garantie pour un service d'activité.

..... « *J'engage MM. les maires à faire un appel pressant à tous nos braves habitants du département, en les invitant à contribuer activement à la défense de notre territoire gravement menacé par un Etat voisin, et à se constituer en compagnies de francs-tireurs pour la durée de la guerre...* »

Et quand des volontaires venaient s'offrir on faisait toutes sortes de difficultés pour les accepter.
— Encore une fois pourquoi ?...

Embrigadement des douaniers.

Déjà précédemment, dès les premières heures du danger, les douaniers avaient été organisés militairement, et ces braves gens, pour la plupart anciens militaires, habitués aux veilles et à la fatigue, et connaissant à fond tous les abords de la ville et des rives de l'Ill et du Rhin, rendirent à la défense concurremment avec les francs-tireurs, des services signalés.

Nous donnerons à la fin de ce récit quelques extraits des rapports dans lesquels ces services sont énumérés jour par jour.

Expulsion des étrangers.

Une affiche, placardée le 14 août (1), prescrivit aux étrangers non naturalisés, même à ceux qui précédemment avaient été autorisés à établir leur domicile en France, de se présenter devant le commissaire de police de leur quartier, qui déciderait,

---

(1) En voici le texte :

6ᵉ DIVISION MILITAIRE
Séjour des Étrangers.

Dans le délai de quarante-huit heures, tous les étrangers non naturalisés ou autorisés à demeurer en France se présenteront devant le commissaire de police de leur quartier et recevront, s'il y a lieu, un permis de séjour.

Ceux des étrangers qui n'obtempéreraient pas au présent ordre seront exposés à être incarcérés ou expulsés de la ville.

Fait à Strasbourg, le 14 août 1870.
    Le général de division commandant supérieur,
              UHRICH.

Le préfet du Bas-Rhin,
  Baron PRON.

Déjà, le 7 août, le général Uhrich avait pris cet arrêté :

Vu l'état de siége ;

Attendu que les étrangers qui paraissent suspects ne doivent pas séjourner dans la place de Strasbourg,

Le général de division, commandant supérieur de la

après informations, s'il y avait lieu ou non de leur délivrer des permis de séjour. Un certain nombre de ces étrangers, hommes, femmes, enfants, furent expulsés à la suite de cette mesure, qui avait pour but, non-seulement d'éloigner des gens qui ne dissimulaient pas leurs sympathies pour le succès de nos adversaires, mais aussi et surtout de diminuer le nombre des bouches inutiles. D'autres Strasbourgeois, Alsaciens de cœur et d'âme sinon de naissance, à qui leur devoir personnel prescrivait de ne pas s'éloigner, et bien connus dans la ville comme patriotes éprouvés, ne tinrent aucun compte de cette prescription et ne furent pas inquiétés.

Les premiers projectiles.

Ce fut pendant la nuit du 13 au 14 août que les premiers projectiles de l'ennemi arrivèrent en ville.

Il est de toute nécessité de bien préciser cette date, parce que plusieurs journaux allemands ont, avec plus ou moins de bonne foi, essayé d'accréditer l'opinion que le bombardement de Strasbourg

---

6ᵉ division militaire, arrête que tous les étrangers qui recevront à ce sujet des ordres de l'autorité civile seront expulsés de la place.

Il engage toutes les autres personnes appartenant à la population flottante et même fixe qui n'ont pas d'intérêt sérieux à Strasbourg, et qui ne sont pas approvisionnés en vivres, à quitter la place.

Le préfet du Bas-Rhin, de concert avec le maire de la ville, est chargé d'assurer, dans les vingt-quatre heures, l'exécution du présent arrêté.

Fait à Strasbourg, au quartier général de la 6ᵉ division militaire, le 7 août 1870.   UHRICH.

n'a été qu'une représaille de celui de Kehl. Or, il est extrêmement facile de prouver la fausseté de cette assertion, les deux feuilles locales, le *Courrier* et l'*Impartial*, ayant relaté jour par jour, pendant toute la durée du siège, les dégâts occasionnés par les obus lancés sur la ville : il suffit de consulter les numéros de ces deux journaux publiés avant le bombardement de la petite ville badoise pour convaincre les plus incrédules que Strasbourg avait déjà énormément souffert, que de nombreuses maisons particulières et des édifices publics avaient été criblés par les boulets ou étaient devenus la proie des flammes, que des habitants inoffensifs avaient été atteints par les obus allemands quand le premier boulet français fut tiré sur Kehl.

Afin de ne pas laisser subsister l'ombre d'un doute sur ce point, nous reproduirons, pour ce qui concerne le bombardement des premiers jours, des extraits des deux journaux ; nous fournirons ainsi aux hommes conciencieux les éléments nécessaires pour porter un jugement exact et désintéressé sur les faits que nous avons à relater, et ainsi nous réduirons à néant les tentatives faites pour altérer sur ce point la vérité.

Voici d'abord la relation du *Courrier du Bas-Rhin* du 15 août :

« Samedi (le 13 août), un obus, le premier, a fait quelques dégâts à des toitures et cheminées du faubourg de Saverne et est allé se loger dans la maison de M. Wein, couvreur, 35, rue du Marais-Vert.

« Hier (le 14), après-midi, quelques projectiles sont tombés sur le Mont-de-Piété ; puis dans la gare du chemin de fer ; sur la maison de M. Bœrsch, jardinier, rue Mohl ; sur les maisons de MM. Kœhler et André Hœrter, au faubourg de Saverne. Un obus est venu briser, vers deux heures et demie, le candélabre à gaz au coin de la rue Kuhn et du faubourg de Saverne. Il a fait explosion après avoir frappé l'angle de la maison voisine. Un nommé Ulrich, âgé de quarante-sept ans, qui était occupé, dans le faubourg de Saverne, à transporter des sacs de grains, a été atteint dans le haut de la cuisse gauche par un fragment du boulet explosible. Deux femmes, qui se trouvaient à proximité, ont été également atteintes. Les blessés ont été transportés à l'hôpital civil ; le fragment de boulet a pu être extrait de la cuisse d'Ulrich peu après son arrivée à l'hôpital. »

Ce malheureux est mort des suites de sa blessure.

De son côté, l'*Impartial du Rhin* disait dans son numéro du même jour :

« Dans certains quartiers de la ville on n'a pas entendu une canonnade, de peu de durée d'ailleurs, qui a retenti hier, dimanche, vers deux heures après-midi, du côté de la porte de Saverne. C'étaient nos artilleurs qui échangeaient quelques boulets avec les artilleurs ennemis.

« Déjà, pendant la canonnade de la nuit précédente (du 13 au 14), quelques-uns des projectiles lancés par nos adversaires étaient venus mourir en-deça des remparts ; l'un d'eux, un obus, a pénétré dans une maison de la rue du Marais-Vert, s'est enfoncé dans le mur intérieur d'une cheminée et a éclaté là sans faire aucun mal à la femme ni aux enfants qui étaient en ce moment dans cette pièce.

« Un petit boulet est tombé dans un jardin bordant le chemin militaire, vers le même point.

« Quelques balles et quelques éclats d'obus ont été ramassés sur le rempart de ce côté.

« Un boulet ennemi a donné contre la façade de la maison appartenant à M. Hœrter, dans la rue du Feu. On vient de tracer sur le mur de cette maison, au-dessous de la marque laissée par le boulet, cette inscription : *Le 14 août 1870, à 2 heures* (1).

« Un obus a brisé le support de la lanterne à gaz devant la maison Zugmeyer, et ses éclats ont percé les chenaux de la maison n° 1 du faubourg de Saverne.

« Malheureusement ces dégâts matériels ne sont pas les seuls que nous ayons à constater : tout près des endroits désignés tout à l'heure, trois personnes inoffensives ont été blessées...

« Enfin, quelques éclats sont tombés dans le canal et d'autres ont éraflé la façade latérale de la maison Sée, ayant vue sur le faubourg de Saverne et formant l'angle du quai Desaix et de la rue du Vieux-Marché-aux-vins. »

Il résulte bien évidemment de ces deux récits :

1° Qu'au lieu de diriger son feu sur les fortifications, les casernes, les établissements militaires, les arsenaux, etc., l'ennemi a, pendant la nuit du 13 au 14 août, tiré sur les maisons particulières, sur les quartiers civils ;

2° Que, dès le commencement du bombardement, il y a eu des victimes civiles, dont le nombre, hélas ! n'a fait que s'accroître, par la suite, dans d'énormes proportions.

---

(1) Cette maison a été plus tard anéantie par l'incendie.

La fête de l'empereur.

Aucun arrêt prescrivant le cérémonial ordinaire de la fête impériale n'avait été publié ; le 13 août cependant cet avis fut communiqué aux journaux :

« Le 15 août, après le *Te Deum*, les autorités religieuses sont invitées à faire dire des prières publiques pour le soulagement de nos braves soldats blessés et pour le repos de l'âme de ceux qui ont glorieusement succombé devant l'ennemi.

« Fait au quartier général de Strasbourg, le 13 août 1870.

« *Le général de division commandant supérieur*,
« Uhrich. »
« *Le Préfet du Bas-Rhin*,
« Baron Pron. »

Un *Te Deum* fut donc chanté dans la matinée du 15 à la Cathédrale, et des services religieux « destinés à appeler sur la personne et sur les actes de Napoléon III les bénédictions du Tout-Puissant » furent célébrés dans cette église, au Temple-neuf et à la Synagogue. — Comme les années précédentes, le personnel des fonctionnaires de tous grades, escorté par des détachements de la garnison en tenue de campagne, accompagna le préfet et le général à l'église catholique.

En dépit des appréhensions manifestées par les autorités gouvernementale et militaire (1), la jour-

---

(1) La note suivante fut adressée le 14 août, avec prière de l'insérer, aux journaux de Strasbourg, par le général Uhrich :

« Des bruits qui ont pris une certaine consistance

née s'écoula tranquillement ; il faisait un temps superbe ; de nombreux promeneurs circulèrent dans les rues jusqu'à une heure assez avancée de la soirée, et le *Courrier* put dire avec raison dans son numéro du lendemain :

« Un étranger qui se fût trouvé par hasard à Strasbourg, ignorant les événements, n'eût jamais deviné, au calme presque solennel qui régnait sur les physionomies, que la ville était entourée par des troupes ennemies, qu'elle se trouvait en état de siége, et qu'à tout instant elle pouvait avoir à subir un bombardement. C'est qu'aussi le patriotisme, le sentiment de la nationalité française pal-

semblent indiquer que quelques personnes préparent une manifestation hostile pour le 15 août.

« Il n'y a que deux positions possibles dans les graves circonstances où nous sommes : ami de la France, ou son ennemi : tout le reste est effacé.

« Le général commandant supérieur croit de son devoir de prévenir plutôt que de sévir.

« En conséquence, il fait savoir que toute personne qui tenterait de troubler l'ordre serait arrêtée et traduite devant un conseil de guerre, qui rendrait son jugement dans les quarante-huit heures.

« Cet avis et le patriotisme de l'immense majorité de la population strasbourgeoise suffiront, sans doute, pour faire abandonner des projets coupables autant qu'insensés.

« Au quartier général, à Strasbourg, le 13 août 1870.
  « *Le général de division commandant supérieur,*
                              « Uhrich. »
« *Le Préfet du Bas-Rhin,*
  « Baron Pron. »

L'*Impartial du Rhin* fit suivre cette insertion de ce rapide commentaire :

« Nous voulons croire que les bruits qui ont motivé

pitent dans les cœurs comme ils palpitaient dans le cœur de nos pères en 1814 et 1815 ; chacun sent que c'est surtout aux heures des crises décisives qu'il ne faut pas s'abandonner soi-même, et qu'à ces heures aussi il faut se rappeler et mettre en pratique cette maxime qui a, de tout temps, produit et soutenu les grands hommes et les grandes nations : *Aide-toi, le Ciel t'aidera!* » — Charles Bœrsch.

Le feu d'artifice du 15 août.

Cependant, quelques jours avant le 15 août, les soldats ennemis qui assiégeaient la place s'étaient vantés qu'à l'occasion de cet anniversaire ils gratifieraient Strasbourg d'un feu d'artifice de leur façon. Les habitants n'avaient attaché aucune importance à

cette note n'ont rien de fondé : — quel est l'homme d'honneur, l'homme digne de l'estime de ses concitoyens qui serait assez dénué de raison pour vouloir exciter en ce moment des dissensions parmi nous ?.

« En tout temps, mais surtout dans la crise actuelle, à l'heure où la patrie a besoin du dévouement, de l'abnégation, du concours de tous ses enfants, chaque citoyen de Strasbourg ne doit désirer, ne peut souhaiter que le salut commun ; nous devons tous être unis par le sentiment intime de notre solidarité. Tenter de troubler l'ordre dans ces conditions, ce serait pactiser avec l'ennemi et favoriser ses projets ; ce serait attenter à la sécurité publique et commettre un crime de lèse-nation.

« Si pourtant quelqu'un l'osait, le mépris et l'indignation de tous les honnêtes gens de tous les partis en aurait bien vite fait justice et l'aurait réduit à l'impuissance avant même que l'autorité militaire eût besoin d'intervenir. — P. R. S. »

cette menace, qu'ils considéraient comme une simple fanfaronnade ; mais les Allemands ne réalisèrent que trop leur sinistre promesse. Déjà, vers 7 heures du soir, quelques coups de canon avaient retenti du côté de Schiltigheim, lorsque, tout à coup, à 11 heures et demie sonnant, d'épouvantables détonations, plus rapprochées, réveillèrent en sursaut la population, et un grand nombre d'obus vinrent tomber dans divers quartiers de la ville, principalement aux abords de la cathédrale.

Or, il est à remarquer qu'aucun établissement militaire ne se trouve dans la direction donnée par les assiégeants à ces projectiles ; il est donc absolument impossible d'admettre, comme on a voulu le soutenir depuis dans le camp adverse, que les dégâts commis dans l'intérieur de Strasbourg n'aient été causés que par des boulets *égarés*. C'est assurément avec préméditation et de parti pris que l'ennemi a tiré sur les habitants, dans le but de les effrayer, de leur faire le plus de mal possible, sans doute avec l'arrière pensée de les pousser par ce moyen à quelque acte de désespoir, à quelque soulèvement devant avoir pour conséquence la reddition immédiate de la place.

Mais, loin de les épouvanter, ces premiers effets de la menace prussienne réagirent en sens contraire sur le moral de nos concitoyens : il semble qu'ils eussent besoin de ce coup de fouet pour se bien rendre compte de la situation et ressaisir toute leur énergie.

On avait d'ailleurs repris beaucoup d'espoir en apprenant, dans la matinée du 14, que dès la première heure de ce jour le général d'artillerie Barral était parvenu a pénétrer dans la place, grâce à un déguisement de roulier (1).

Et puis, on était si loin, ce jour-là, de prévoir les péripéties de l'horrible drame qui allait lentement se dérouler entre nos murs pendant six longues semaines !...

Premiers effets du bombardement.

L'*Impartial du Rhin* énumérait en ces termes, dans son numéro du 16 août, les principaux dégâts occasionnés par le bombardement de la veille :

« Un obus est tombé sur un escalier de la Banque de France, entre cour et jardin. Cet escalier ayant été encombré de débris et d'éclats de pierre, les personnes habitant l'hôtel n'ont pu que difficilement descendre pour se réfugier dans les caves et y passer la nuit.

« Un obus a traversé la *veranda* du café Bauzin, au Broglie, s'est logé dans le mur, entre une fenêtre du rez-de-chaussée et une fenêtre du premier étage, et, en éclatant, a fait crouler une partie des lambris.

« Un autre projectile a enfoncé une partie de la toiture de la maison Zugmeyer, dans la rue des Échasses, et a lancé au loin la lucarne, dont les fragments sont tombés dans la rue.

« Rues du Sanglier et de la Hache, deux maisons ont été atteintes ; l'une fait partie de l'é-

(1) Ce général Barral est celui-là même que, pendant la guerre de Crimée, le général Bosquet avait surnommé « le premier cannonier de France. » Nous n'avons pas entendu dire qu'il ait rien fait à Strasbourg qui justifie cette opinion.

tablissement des sœurs de la Providence, l'autre est un bâtiment de derrière de la rue des Hallebardes. L'obus qui a occasionné quelques dégâts sur la toiture de cette dernière maison a éclaté sur le trottoir, dont la bordure est en partie brisée ; des éclats ont été lancés jusque dans la rue des Hallebardes.

« A la maison des sœurs, le projectile a pénétré dans une mansarde, et il s'en est fallu de bien peu qu'il arrivât dans une pièce où des enfants étaient couchés.

« La maison Hepp, encore dans la rue des Hallebardes, a aussi été atteinte, et un commencement d'incendie s'y est manifesté ; heureusement on a pu éteindre le feu immédiatement.

« Un obus a brisé une partie de la corniche au-dessus du portail du Grand-Séminaire.

« Deux autres ont atteint le Lycée qui, comme le Grand-Séminaire, sert d'ambulance. — La note suivante a été adressée à ce sujet aux autorités civiles et militaires :

« Les soussignés, Dufour, président de l'ambulance du « Lycée; Martinet, directeur de l'ambulance ; Jacquemin, « professeur, chargé de soigner les blessés, ont l'hon-» neur de vous signaler le fait grave arrivé dans cette « nuit du 15 au 16 août. Deux obus ont atteint notre am-« bulance, que devrait protéger, d'après la Convention « de Genève, le drapeau de la Société de secours pour « les blessés militaires; l'un d'eux a brisé une corniche « à 50 centimètres au-dessus des fenêtres d'une salle « remplie de blessés, une dalle, une porte et des fenê-« tres.

« Nous avons dû, dans ces circonstances, faire éva-« cuer les salles et transporter les blessés dans les « caves.

« Dufour, proviseur; Jacquemin, professeur;
« Martinet, économe. »

« Entre la Grand'rue et la place Kléber plusieurs propriétés ont aussi été atteintes : un obus a donné contre l'angle nord-ouest du quatrième étage de la maison n° 13 de la rue des Chandelles. L'obus a percé la maçonnerie et est tombé sur le plancher d'une chambre occupée par le sieur Umhœfer, ancien tambour-maître dans un régiment de turcos, actuellement tambour de notre garde nationale sédentaire; en éclatant, ce projectile a occasionné de nombreux dégâts : le bois de lit a été fracassé, la commode percée de part en part, et quelques autres meubles réduits en débris; de la caisse du tambour il ne reste que le cylindre en cuivre percé d'un grand trou. Umhœfer, sa femme et leur enfant âgé de 15 mois étaient couchés au moment où cette explosion a eu lieu. Le père a reçu quelques légères blessures à la tête ; la mère en a été quitte pour des contusions; l'enfant n'a pas été touché.

« Près de là, un obus est tombé sur le bâtiment qui se trouve au fond de la cour et qui fait partie de l'école de travail des Israélites, dans la rue de la Demi-Lune. Il a fait deux trous dans la toiture, a percé le plancher du grenier et éclaté dans le dortoir du deuxième étage, où quelques éclats ont traversé un lit. Heureusement, le peu d'élèves qui restent encore dans l'établissement ne couchaient plus dans cette pièce, de sorte que personne dans la maison n'a été blessé.

« Enfin, dans la rue du Jeu-des-Enfants, n° 33, maison Blechschmidt, serrurier, un obus a pénétré dans une mansarde et a coupé les deux jambes à une pauvre vieille femme couchée dans son lit. La malheureuse a été transportée à l'hôpital civil et son état est désespéré. »

Les mêmes faits et quelques autres du même genre étaient constatés le même jour par le *Courrier du Bas-Rhin.*

L'*Impartial* terminait son récit par ces lignes qui prouvent, surabondamment, qu'au moment où le général prussien de Beyer commençait à faire bombarder la population civile, personne à Strasbourg ne songeait à inquiéter et encore moins à bombarder Kehl, ville ouverte et où l'ennemi n'avait ostensiblement établi aucun de ses moyens d'attaque :

« Que diraient les Allemands, qui ont le verbe si haut lorsqu'ils parlent des progrès de leurs mœurs sociales, de leurs lumières, de leur civilisation, si nous imitions leur exemple, si nous profitions de cette circonstance que Kehl est complétement à la merci de nos canons pour bombarder et incendier cette petite ville?

« N'est-il pas honteux qu'en plein dix-neuvième siècle des chefs militaires, — car les soldats n'agissent que par les ordres de leurs chefs, — au lieu d'atténuer les rigueurs de la guerre, violent toutes les règles du droit des gens et aggravent, par de tels actes de barbarie, la situation déjà si malheureuse des populations inoffensives? Ils manquent aux devoirs les plus sacrés de tout homme de cœur, de tout homme d'honneur, en faisant détériorer, sans aucune utilité, les propriétés particulières, et en faisant tuer ou blesser des femmes et des enfants, sans espoir d'obtenir le moindre résultat militaire. »
— A.-G. Heinhold.

Que deviennent, après ces citations, les assertions des feuilles d'Outre-Rhin, et notamment de la *Gazette de Carlsruhe?*

Que dire aussi de l'assurance avec laquelle M. de Thile, le bras droit du comte de Bismark, a osé présenter comme dénuées de fondement les réclamations élevées par le prince de la Tour-d'Auvergne, alors ministre des affaires étrangères de France, dans les circulaires dont ce dernier a donné lecture pendant la séance du Corps législatif du 1er septembre 1870, et dans lesquelles il reproche, entre autres choses, aux troupes allemandes d'avoir tiré sur les ambulances françaises? La lettre de MM. Dufour, Jacquemin et Martinet, que nous avons reproduite plus haut, ne prouve-t-elle pas avec la dernière évidence que l'enquête ordonnée par M. de Thile n'a pas été sérieusement faite, ou tout au moins qu'elle n'est point parvenue à constater l'exacte vérité?

Et, comme on le verra plus loin, on n'a pas tiré seulement sur les ambulances disséminées en ville; on a tiré aussi sur l'hôpital civil, malgré le drapeau noir qui flottait sur la toiture de ce bâtiment et au sommet de la tour carrée de la porte qui l'avoisine.

M. de Thile, dans la circulaire à laquelle nous venons de faire allusion, conteste aussi formellement que des paysans des environs de Strasbourg aient été contraints de travailler aux tranchées que l'ennemi faisait creuser aux abords de la place. Ces dénégations ne sont pas plus fondées que celles dont nous venons de parler, et nous possédons les attestations les plus formelles à cet égard : les hommes valides de plusieurs communes — nous nommerons au besoin les localités et les individus — ont été requis, sous peine de mort, de confectionner des fascines et des gabions ; ils ont été conduits de force sur les points où devaient être exécutés les travaux d'approche ; à quelques-uns on est parvenu à faire exécuter leur tâche jusqu'au bout ; d'autres ont réussi à s'échapper après une ou deux journées de travail. Qui oserait soutenir que ces atrocités et toutes celles que nous aurons à raconter encore sont conformes aux usages de la guerre, qu'elles sont dignes d'un gouvernement qui se respecte?... Qui oserait soutenir que le roi Guillaume a été fidèle à sa parole, lui qui disait dans sa proclamation du 14 août :

« L'empereur Napoléon ayant attaqué par terre et par mer la nation allemande, qui désirait *et désire encore vivre en paix avec le peuple français*, j'ai pris le commandement des armées allemandes pour *repousser cette agression* et j'ai été amené par les événements militaires à passer les frontières de la France :

« Je fais la guerre aux soldats *et non aux citoyens français*. Ceux-ci continueront, par conséquent, *à jouir de toute sécurité pour leurs personnes et leurs biens* aussi longtemps qu'ils ne me priveront pas eux-mêmes, par des entreprises hostiles contre les troupes allemandes, du droit de leur accorder ma protection. »

Mais, répondent les Allemands à qui l'on reproche ces indignités, si nous avions laissé aux Français le temps d'envahir l'Allemagne, s'ils avaient été les plus forts, si au lieu d'être vaincus ils avaient été vainqueurs, ils en auraient fait autant chez nous ! — Non, assurément : le caractère français est trop chevaleresque pour se laisser entraîner à de tels excès (1). — Mais ad-

---

(1) Voici sur ce point l'opinion du Sénat lui-même, du Sénat impérial, qui pourtant était en grande partie com-

mettons que cela soit possible, admettons que les chefs de l'armée française, obéissant, eux aussi, aux prescriptions de ce code monstrueux que l'on ose appeler « les droits de la guerre », — comme si ces deux mots « le droit » et « la guerre » ne s'excluaient pas absolument l'un l'autre, — eussent agi comme agissent les chefs de l'armée allemande, serait-ce une excuse pour ces derniers ? Non, mille fois non ! La loi du talion est une loi inique, et nul ne peut s'autoriser d'un crime commis par autrui pour commettre impunément un crime semblable.

Les premières sorties.

Les sorties ont été, nous l'avons déjà dit, le côté faible de la défense de Strasbourg ; on n'a pas eu recours assez tôt à ce moyen d'empêcher l'ennemi de s'installer à portée de canon ; on n'a pas su, par quelques hardis coups de main, le contraindre à modifier ses plans, mûris à l'avance. Cette opinion ne nous est pas personnelle : c'est celle d'hommes du métier, parfaitement compétents ; leur position

---

posé d'hommes peu scrupuleux en matière de droits et de devoirs humanitaires :

« SÉANCE DU 10 AOUT 1870. — ... M DE CHABRIER. Je
« propose au Sénat de déclarer qu'il n'y aura ni paix
« ni trêve jusqu'à ce que l'ennemi soit chassé du terri-
« toire français. *(Très bien ! très bien ! Mouvement mar-*
« *qué d'approbation.)* Je propose au Sénat de décider que
« notre flotte sera chargée, du Weser à la Vistule, de
« lever sur toutes les villes de commerce ennemies des
« contributions égales à celles dont on écrase nos pro-
« pres villes dans les provinces envahies. (PROTESTA-
« TIONS UNANIMES ».

hiérarchique les a seuls empêchés de le dire bien haut, lorsque d'ailleurs il n'était déjà plus possible de réparer le temps perdu.

Quelques opérations de ce genre furent bien exécutées avant que l'ennemi eût complétement investi la place, mais seulement dans le but de faire sauter des ponts, d'intercepter des communications et d'empêcher les assiégeants de s'abriter derrière les constructions trop rapprochées des remparts. Cette fois encore on usa de ménagements qui n'étaient pourtant plus de saison : le ministre de la guerre, le maréchal Lebœuf, sollicité par le général Uhrich de l'autoriser à raser la zone extérieure des fortifications, lui avait formellement interdit de donner suite à ce projet ; de là des atermoiements qui nous ont été, par la suite, des plus préjudiciables.

Cependant après l'organisation des deux compagnies des francs-tireurs et des chasseurs-tirailleurs, les sorties se renouvelèrent fréquemment.

La première, tentée dans le but de rejeter de l'autre côté du canal un poste ennemi qui s'était installé dans la promenade Lenôtre et dans l'Orangerie, réussit à souhait, et nos soldats forcèrent leurs adversaires à se replier vers la Robertsau. Ce fut à la suite de cette escarmouche que les Allemands, craignant d'être pourchassés encore plus loin, firent sauter un des tabliers mobiles du pont à colonnes sur le canal, et qu'ils rompirent les câbles en fil de fer du pont suspendu qui établissait une communication facile entre le Wacken et la Robertsau, à proximité du confluent des canaux avec la rivière.

Le 12 août une reconnaissance fut poussée jusqu'à Illkirch-Graffenstaden ; les habitants de ce village étaient désolés par les réquisitions des patrouilles badoises qui parcouraient le pays pour s'emparer de tout ce qui pouvait servir à leur nourriture ; ces paysans ayant raconté à l'officier qui commandait le détachement qu'environ 150 de leurs bestiaux avaient été désignés par ces pillards comme devant leur être livrés dans la soirée ou le lendemain : — « Amenez-les à Strasbourg » leur répondit l'officier, « on vous les paiera comptant. » La proposition fut accueillie avec joie, et le détachement rentra en ville amenant le troupeau et les quelques hommes qui s'étaient dévoués pour venir en toucher le prix.

Le lendemain un autre troupeau de bœufs fut introduit en ville, dans les mêmes conditions, par un détachement de gardes mobiles.

Une sortie fut faite ce même jour, le 13, par 800 hommes environ, infanterie et cavalerie, qui s'avancèrent, à travers la Robertsau, jusqu'au jardin d'Angleterre ; au moment où ils traversaient le village deux coups de feu partirent d'une grange qui fut aussitôt fouillée et où l'on trouva deux cavaliers badois ; un fut tué sur le coup, l'autre grièvement blessé et rapporté en ville, à l'hôpital militaire, où il mourut bientôt.

Arrivés près du Jardin d'Angleterre, nos soldats aperçurent un fort groupe d'ennemis ; ils échangèrent avec lui quelques coups de fusil, et le forcèrent bientôt à se replier.

Au retour, la colonne ayant traversé un coin du bois de la Robertsau, trouva, cachés dans un taillis, un cavalier et un officier de dragons et cinq fantassins, tous badois, tous munis du brassard à la croix rouge, et cependant tous armés, au mépris d'une des stipulations essentielles de la Convention de Genève. On les fit prisonniers, malgré qu'ils invoquassent énergiquement le témoignage de leurs insignes ; arrivés en ville, on les fit monter dans un omnibus fermé et on les conduisit dans cet équipage à l'hôtel de la division ; leur interrogatoire ayant démontré qu'ils ne s'étaient munis du brassard qu'afin d'explorer sans trop de danger les environ de la place, leur arrestation fut maintenue ; plus tard ils furent échangés contre un nombre égal de prisonniers français.

Le 16 août, dans l'après-midi, une forte reconnaissance, également formée de détachements d'infanterie et de cavalerie accompagnés de quatre pièces de campagne, sortit par la porte d'Austerlitz, sous le commandement du colonel Fiévet, du 16ᵉ d'artillerie (pontonniers), et prit la direction d'Illkirch-Graffenstaden.

Sur la gauche et à quelque distance de la route se trouve une forêt. L'ennemi s'y était embusqué et accueillit la petite colonne par une fusillade des plus vives. Les lanciers qui se trouvaient à la tête de la colonne reçurent l'ordre d'avancer contre les tirailleurs allemands ; mais à peine eurent-ils fait quelques pas que, croyant avoir à faire à des forces bien supérieures à ce qu'elles étaient en réalité, ils tournèrent bride et s'enfuirent au galop ; l'infanterie, qui les suivait de près, en fit autant. Quoi d'étonnant à cela ? Cavaliers et fantassins étaient des fuyards de Wissembourg et de Frœschwiller.

Quelques-uns de ces misérables s'étaient, tout le long de la route, débarrassés de leurs cartouches, qui furent ramassées par des habitants de la Schackenmühl : au retour, pour excuser leur lâcheté, ils osèrent répondre aux invectives, aux huées de la foule, qu'ils avaient manqué de munitions : leurs armes, examinées aussitôt, étaient, comme après les batailles de Wissembourg et de Frœschwiller, aussi nettes, aussi propres qu'avant le combat ; ils n'avaient pas tiré un seul coup... Les artilleurs, se voyant seuls, prirent à leur tour la fuite, abandonnant aux Badois un des quatre canons qui avaient accompagné la sortie. Le colonel Fiévet, qui avait, lui aussi, négligé d'envoyer en avant quelques éclaireurs pour s'assurer, au moins approximativement, du nombre de ses adversaires, tenta vainement de ramener ses soldats, et tandis que, de la voix et du geste, il s'efforçait de les rallier, il fut atteint par les balles ennemies : une lui traversa la jambe gauche, en arrière, tout près de l'articulation du genou, une autre déchira le fourreau de son sabre, et laboura superficiellement le flanc de son cheval.

Dans cette escarmouche, le 5ᵉ d'artillerie perdit quatre hommes, trois tués et un disparu.

La blessure du colonel des pontonniers ne sembla pas, dès l'origine, devoir être mortelle ; mais la souffrance morale qu'éprouvait cet officier au souvenir de la conduite du plus grand nombre des hommes placés sous son commandement l'avait tellement surexcité que son état empira rapidement; il succomba le 1ᵉʳ septembre, regretté de tous ceux qui l'avaient connu. Cette mort fut une perte pour

Strasbourg, car M. Fiévet connaissait à fond les ressources de la place, et l'on comptait à bon droit sur sa capacité pour l'organisation des derniers moyens de défense.

Une proclamation prussienne.

On sait qu'après ses succès de 1866, la Prusse s'empressa, contrairement aux stipulations du traité de Prague, de s'assurer la direction et le commandement supérieur de toutes les forces militaires de l'Allemagne du Sud. Dans la plupart des États en deçà du Mein, les officiers, supérieurs et même subalternes, qui étaient restés sincèrement attachés à leur ancien gouvernement furent écartés, mis en disponibilité ou pensionnés, et remplacés par des officiers prussiens. C'est ainsi que le général de Beyer fut placé à la tête de l'armée badoise et nommé ministre de la guerre du grand-duché. Le jour où il parvint à faire occuper la basse Alsace par une partie de ses troupes, ce général adressa aux habitants des communes envahies, et immédiatement livrées à une administration allemande organisée à la hâte, la proclamation suivante, qui est un des plus curieux documents de la guerre de 1870 :

Avis et recommandations aux habitants de l'Alsace.

« Il faut que je vous adresse une parole sérieuse :

« Nous sommes voisins ; nous avons eu, pendant la paix, des relations cordiales ; nous parlons la même langue ; je vous adjure de laisser parler en vous la voix du cœur, la voix de l'humanité !

« L'Allemagne est en guerre contre la France, en guerre sans l'avoir voulu.

« Nous avons été forcés de pénétrer dans votre pays.

« Mais chaque vie humaine, chaque propriété qui pourront être épargnées, nous les regarderons comme un de ces profits que bénissent la religion et l'humanité.

« Nous sommes en guerre : des hommes armés combattent en bataille rangée et loyale des hommes armés.

« Nous voulons épargner les citoyens désarmés, les habitants des villes et des villages.

« Nous maintenons une discipline sévère.

« Mais, en revanche, nous devons compter — et par les présentes j'exige avec la plus grande sévérité — que les habitants de ce pays s'abstiendront, ouvertement ou secrètement, de tout acte d'hostilité.

« A notre grande douleur, des provocations, des cruautés, des brutalités nous ont forcés de sévir sévèrement.

« J'espère donc que les maires, les ecclésiastiques, les instituteurs recommanderont aux habitants de leurs communes, et les chefs de famille à leurs proches et à leurs domestiques, de ne commettre aucun acte d'hostilité contre mes soldats.

« Toute misère qui peut être évitée est un bien devant l'œil du souverain juge qui veille sur tous les hommes.

« Je vous fais ces recommandations ! Je vous préviens ! Ne l'oubliez pas !

« *Le commandant de la division grand-ducale badoise,*
« Lieutenant-général DE BEYER. »

« *Post-scriptum.* — J'ordonne que cet avis soit

affiché aux mairies des villes et des villages, et il sera bon de l'envoyer aussi dans les districts voisins. »

En lisant cette proclamation, ne dirait-on pas que les chefs de l'armée allemande ont toujours été animés des sentiments les plus bienveillants, les plus généreux, les plus philanthropiques ?... Mais leurs actes n'ont-ils pas donné le plus cruel démenti à leurs doucereuses paroles ?

Oui, sans doute, les Alsaciens, les Strasbourgeois surtout, avaient constamment entretenu les relations les plus amicales, les plus cordiales avec leurs voisins du grand-duché de Bade ; les Badois étaient, d'ailleurs, les principaux pourvoyeurs de nos marchés ; les sites si pittoresques de leur beau pays étaient les buts préférés des excursions de nos touristes ; et, de tous temps, on a fait dans notre cité hospitalière l'accueil le plus bienveillant, le plus sympathique aux habitants de l'autre rive du Rhin.

Comment ont-ils reconnu nos procédés, ces « bons voisins » dont le général de Beyer parle avant tant d'emphase ?

En se montrant les plus acharnés, les plus implacables contre nous. Après la reddition de la ville, ils sont même venus par bandes nombreuses se repaître de nos malheurs, et l'on a été profondément indigné, à Strasbourg, en les voyant, dès le lendemain de la capitulation, parcourir nos rues avec une joie qu'ils ne cherchaient même pas à déguiser, s'arrêter avec béatitude devant les ruines encore fumantes de nos faubourgs, des constructions qui ont fait longtemps l'ornement de notre cité, et manifester hautement, bruyamment, leur regret de trouver encore des maisons debout. Quel contraste entre leur attitude, en face de tant de ruines, et celle des Saxons, des Hanovriens et même des Prussiens appartenant aux divers corps qui ont successivement tenu garnison à Strasbourg, depuis le 28 septembre jusqu'à la conclusion de la paix! Ceux-ci manifestaient la pénible impression que leur faisait ressentir notre triste situation et compatissaient généreusement aux douleurs de la population, si rudement éprouvée.

Précautions contre les incendies.

Au commencement du blocus, on ne supposait pas, à Strasbourg, que les assiégeants tireraient principalement sur les quartiers populeux ; on croyait, on comptait qu'ils ménageraient la population inoffensive et les propriétés privées, qu'ils ne s'attaqueraient pas directement à elles. On s'attendait bien à voir quelques boulets égarés, quelques bombes mal dirigées, tomber, par ci, par là, sur les maisons qui bordaient les rues militaires, à l'intérieur des remparts, ou même occasionner plus loin quelques dégâts partiels ; mais personne ne s'imaginait que précisément l'attaque d'une population civile de plus de 80,000 âmes entrerait dans les combinaisons de l'ennemi, et qu'il tirerait sur nous afin de nous pousser à demander la reddition de la place ; on avait confiance dans les sentiments d'humanité que l'on prêtait trop complaisamment aux chefs de l'armée ennemie, et dans les progrès des mœurs, dans la civilisation proverbiale de la nation allemande.

Le bombardement de la nuit du 15 au 16 août n'ébranla pas cette confiance : on ne voulut voir dans ce premier acte d'hostilité qu'un moyen de peser sur les décisions de l'autorité militaire, auquel on renoncerait aussitôt que l'on en aurait reconnu l'inutilité.

Cependant, pour parer à toutes les éventualités, l'administration municipale invita les propriétaires à prendre toutes les précautions de nature à permettre d'éteindre immédiatement les commencements d'incendie (1).

Les postes de pompiers, dont le nombre avait

---

(1) *Mesures de précaution.*

Le maire de Strasbourg,

Considérant que la ville est exposée à être bombardée par l'ennemi, et qu'en vue de cette éventualité il convient de prendre des mesures de précaution extraordinaires,

Arrête :

I. Les propriétaires ou principaux locataires des maisons sises dans l'intérieur de la ville placeront au rez-de-chaussée, aux différents étages et surtout dans les greniers, des cuves remplies d'eau, des linges et des éponges imprégnées d'eau, ainsi que de la terre et du sable non mouillé, afin de pouvoir immédiatement éteindre les commencements d'incendie qui pourraient se produire.

La quantité de cuves, de linges, etc., sera en proportion de l'importance des propriétés ou des dépôts inflammables qui s'y trouvent.

II. Pour assurer une surveillance toujours active, il sera organisé dans chaque maison, à tour de rôle, entre les propriétaires et les locataires, ou de toute autre ma-

été augmenté, furent jour et nuit en permanence (1).

Malheureusement l'autorité municipale n'avait pas eu soin de mettre elle-même en pratique les recommandations qu'elle adressait à ses administrés, et il est constant que plusieurs bâtiments

nière, une garde permanente de nuit, qui agira aussitôt sur les points menacés et donnera l'éveil aux autres habitants de la maison.

III. Aussitôt qu'un incendie se sera déclaré dans une maison, les habitants ou les voisins en préviendront les pompiers de service au dépôt le plus rapproché. L'emplacement des dépôts de pompes à incendie sera publié à la suite du présent arrêté.

Strasbourg, le 12 août 1870. *Le maire*, HUMANN.
        Approuvé :
Le général commandant supérieur de la 6e division militaire, UHRICH.

Précautions contre les incendies.

Le maire de la ville de Strasbourg recommande à ses administrés de ne pas fermer les portes de leurs maisons pendant le jour. Les incendies allumés par les projectiles de l'ennemi sont très fréquents; l'intérêt général exige dès lors que l'accès des maisons ne soit pas entravé et que les secours puissent être apportés sans le moindre retard.

Fait à l'Hôtel-de-Ville, le 1er septembre 1870.
        Le maire, HUMANN.

(1) Dans une lettre en date du 31 octobre, M. J. Gœrner, commandant des sapeurs-pompiers de Strasbourg, a rendu hommage en ces termes au dévouement incessant de ses braves camarades pendant le bombardement; cette lettre a été adressée à M. Golle, avocat à Glauckau, président du comité des pompiers saxons :

    « Monsieur,

« Je suis profondément touché des sentiments sympathiques que vous manifestez, dans votre honorée lettre

n'avaient pas été munis en temps utile d'un assez grand nombre de surveillants ; les instances faites près du premier magistrat de la ville pour le presser d'organiser des postes auxiliaires de secours, à la bibliothèque, au musée, aux archives, ne furent pas accueillies avec l'empressement nécessaire et il est résulté de cette négligence des pertes irréparables que des précautions bien entendues auraient certainement pu empêcher, ou tout au moins atténuer.

Les veilleurs volontaires.

Avant que ces mesures eussent été recommandées par les autorités, les habitants avaient commencé à organiser des services de nuit, dans le but d'exercer une surveillance incessante au dehors des habitations et de fournir les premiers

---

du 18 de ce mois, pour les sapeurs-pompiers de Strasbourg. A cet effet, je vous envoie la liste des morts et des blessés ; elle vous permettra de vous faire une idée exacte de la manière dont ce corps a rempli son devoir pendant les six semaines du bombardement. Jour et nuit sur pied, prêts à accourir au premier signal là où on avait besoin de leurs secours, surtout dans les quartiers où l'incendie augmentait continuellement, les pompiers avaient à lutter non-seulement contre les flammes, mais aussi contre les projectiles, qui atteignaient les hommes et détruisaient le matériel. Et pendant qu'ils venaient ainsi au secours de leurs concitoyens, leurs propres demeures étaient la proie des flammes, et beaucoup d'entre eux ne trouvaient plus, en rentrant, que des ruines.

« Une chose surtout nous console : c'est que dans cette lutte contre l'incendie personne n'a péri ; un grand nombre de maisons ont été détruites, mais, grâce au ciel, nous pouvions toujours sauver les habitants.

« Notre bataillon compte ordinairement 200 hommes ;

secours. C'est au malheureux faubourg de Pierres, si cruellement éprouvé dans la suite, que revient le mérite d'avoir pris cette prévoyante initiative.

Chaque nuit, quinze hommes, habitants d'un même quartier, montaient la garde de 8 heures du soir à 5 heures du matin. Ces quinze veilleurs se relevaient régulièrement par groupe de trois; chaque groupe parcourait pendant une heure toutes les rues et ruelles de la section ; s'il apercevait le moindre danger, un des trois veilleurs se détachait du groupe pour aller au poste de repos prévenir en toute hâte les douze autres qui couchaient tout habillés sur des matelas ; le second avait pour mission d'aller avertir le poste des pompiers le plus rapproché ; le troisième de réveiller les personnes de la maison menacée et des maisons voisines.

En cas de sinistre, un piquet de réserve, aussi de

pendant le bombardement, ce nombre fut porté à 240, et chaque homme hors de service remplacé immédiatement.

« La liste ci-dessous donne le nombre des morts et des blessés ;

« Tués par les projectiles, 4 hommes ; blessés et probablement pour toujours incapables de gagner leur pain, 9 ; blessés, mais espérant être guéris, 3 ; blessés, mais guéris après quelques jours de soins, 23 ; non compris dans ce nombre 4 officiers blessés et 2 surveillants du matériel tués.

« Quant au matériel, la plus grande partie de nos tonneaux d'eau ont été à différentes reprises troués et de suite réparés ; d'autres ont été complétement détruits.

« Douze pompes à incendie ont été mises hors de service, mais réparées en peu de temps ; je ne dirai rien des autres parties du matériel qui ont été détruites.

« Recevez, Monsieur, mes salutations amicales.

« *Le commandant des sapeurs-pompiers de Strasbourg*, « J. GOERNER. »

quinze hommes, remplaçait immédiatemment les quinze premiers veilleurs, de manière à parer au danger de la même manière si un second commencement d'incendie venait à éclater dans le même quartier.

De la sorte, tout étant prévu, et les secours arrivant à temps, il a été plusieurs fois possible d'empêcher un sinistre.

On ne saurait assez louer le dévouement dont ces veilleurs volontaires ont fait preuve, et souvent nous avons admiré de modestes et dignes pères de famille qui, bravant froidement le danger, parcouraient les rues pour veiller mutuellement à la sécurité de leurs concitoyens ; et cela à toute heure de la nuit, et alors que les obus pleuvaient et éclataient à chaque instant et de tous côtés ! Jamais à Strasbourg on n'oubliera leur belle conduite.

L'excellent exemple donné par les habitants du faubourg de Pierres fut successivement imité par ceux de beaucoup d'autres quartiers de la ville ; sans cette organisation, nous aurions eu assurément bien plus de dégâts à déplorer (1).

Ajoutons encore que tous les particuliers qui possédaient des pompes à incendie s'étaient empressés de les mettre à la disposition des veilleurs.

---

(1) Deux de ces associations proviroires de secours mutuels ont publié leurs comptes, le 28 octobre et le 1ᵉʳ novembre 1870 :

Les cotisations des volontaires du faubourg
de Pierres formaient, le 12 août, un total de   863 fr.
Les dépenses s'étant élevées à   253

Restaient en caisse, le 28 septembre. . .   610 fr.
  Cette somme a été répartie, par les soins du Comité,

Maisons et bâtiments détruits hors des murs.

Immédiatement après les revers des armées françaises à Frœschwiller, alors qu'il était si probable que Strasbourg allait devenir le point de mire des alliés allemands, il aurait été prudent de raser tous les terrains compris dans la zone des fortifications. Nous avons déjà dit que le ministre de la guerre avait interdit au général Uhrich d'avoir recours à cette mesure de sage prévision, à laquelle il fallut pourtant bien se résoudre plus tard. Il résulta de ce délai cet immense inconvénient que l'ennemi put facilement s'approcher des remparts, établir des batteries volantes et bombarder l'intérieur de

entre les familles de quatre pompiers du quartier, qui étaient continuellement de garde au faubourg de Pierres :

A la veuve du pompier Lejeune, mort par suite de blessures	225 fr.
Au pompier Dussard, paralysé du bras droit	185
Au pompier F. Dürrbach, blessé au bras	125
Au pompier G. Dürrbach	75
Total égal	610 fr.

Le comité du service de nuit volontaire dans le quartier Saint-Thomas a reçu, du 21 août au 28 septembre :

De divers habitants du quartier	1376 fr.
De l'administration du Séminaire protestant	727
Du consistoire réformé	186
Total	2289 fr.

Il a dépensé, en salaires de gardiens et frais de matériel, 1807 fr. 85 c.

Restaient en caisse, le 28 septembre, 481 fr. 15 c. qui, conformément au vœu exprimé par les habitants du quartier, ont été versés à la caisse de secours pour les victimes du bombardement.

la ville avant même de l'avoir complétement investie. Les dégâts à l'intérieur auraient été évidemment moindres, et la reddition de la place aurait pu être retardée d'au moins quinze jours si, dès l'apparition des premières colonnes allemandes à la frontière, on avait pris délibérément les mesures commandées par les circonstances.

Ce ne fut que le jeudi 18 août, c'est-à-dire douze jours après la bataille de Frœschwiller, que l'autorité militaire locale se décida enfin à faire détruire les bâtiments de Schiltigheim qui servaient de fortins avancés aux assaillants. Le matin, de très bonne heure, des détachements de la garnison firent une sortie pour déloger les Prussiens ou Badois qui s'étaient installés dans les maisons en avant de ce gros village, surtout dans celles qui étaient situées derrière le cimetière Sainte-Hélène, d'où ils inquiétaient constamment la place, et à l'abri desquelles ils lancèrent une partie des obus qui, pendant la nuit du 15 au 16, occasionnèrent en ville les dégâts énumérés plus haut.

Reçus à coup de fusil par les assiégeants, nos soldats ripostèrent vivement et chassèrent de partout l'ennemi ; ils mirent ensuite le feu au maisons que l'on rencontrait avant le siége en deçà et au-delà du cimetière Saint-Hélène, tant sur la route de Vendenheim que sur celle de Schiltigheim. Les bâtiments ainsi détruits étaient presque tous les propriétés de riche brasseurs, depuis lors ruinés en partie, des malteries, d'autres grands établissements et plusieurs habitations de plaisance.

Cette sortie ne coûta à la garnison que 2 morts et 27 blessés.

Ruse déloyale.

Rappelons à cette occasion que les Allemands ont souvent singulièrement abusé, aux portes même de Strasbourg, de la protection garantie par la convention de Genève aux hommes porteurs du brassard et aux établissements surmontés du drapeau international.

L'Impartial du Rhin a raconté, dans son numéro du 18 août, que pendant une des sorties faites l'avant-veille, et tandis qu'un détachement de notre infanterie était posté près du cimetière Saint-Hélène, des coups de fusil furent tirés sur eux du haut des lucarnes du premier bâtiment que l'on rencontrait en allant de la ville vers Schiltigheim, bâtiment sur le mur duquel était peinte en lettres énormes cette inscription : *Brasserie*.

« Or, cette brasserie » ajoutait l'*Impartial*, était surmontée du drapeau international, et c'est contrairement à toutes les bases de la convention de Genève que des soldats armés ont pu s'abriter dans un édifice couvert par cet insigne.

« Bien mieux : quelques boulets ayant été lancés de nos remparts contre une construction plus éloignée, un drapeau du même modèle a été immédiatement hissé sur la toiture de cette maison; mais déjà précédemment une autre maison voisine était munie de ce même drapeau ; cela ferait donc trois ambulances énormes, pouvant contenir au moins trois cents blessés, que les Badois auraient installées sur ce point.

« Eh bien ! il nous paraît qu'on aurait tort de tenir aucun compte de cette hypocrite précaution ; il nous paraît qu'on devrait envoyer un parlementaire prier ces messieurs de faire transporter, s'ils en ont, leurs blessés plus loin, et d'en dégarnir complétement Schiltigheim. Il ne faut pas être dupe de cette ruse déloyale ; il ne faut pas qu'obéissant à un sentiment exagéré d'humanité, nous laissions ces gens stationner plus longtemps impunément à portée de nos boulets ; il importe de les contraindre à évacuer ce repaire, fût-ce même au prix de grands sacrifices particuliers, de démolitions au moins partielles, et de les chasser de cet abri si commode pour eux et si compromettant pour nous. — P. R. S. ». (1)

Le Bon-Pasteur.

Outre les maisons situées derrière le cimetière Sainte-Hélène, plusieurs autres bâtiments hors des murs furent à ce même moment livrés aux flammes, notamment le couvent du Bon-Pasteur, situé derrière l'Orangerie, à peu de distance de la Citadelle, à gauche. Cet établissement, qui avait pris depuis quelques années une très grande extension, était habité par de jeunes filles qui, sous

(1) En reproduisant cet article et ceux, extraits du même journal, qu'on a déjà lus ou qu'on lira plus loin, nous ne cédons pas, qu'on veille bien le croire, à un puéril sentiment d'amour-propre ; nous avions eu d'abord l'intention de nous borner à les analyser ou à les résumer ; mais il nous a semblé ensuite que ce serait enlever à ces récits ou à ces appréciations, écrits sous l'influence des incidents quotidiens, leur seul attrait, dénaturer leur physionomie et en affaiblir la signification ; nous les avons même écourtés le moins possible, estimant que des changements multipliés produiraient sur eux le même effet que des retouches après coup sur un vieux portrait ; elles ne peuvent l'embellir qu'aux dépens de la ressemblance.

la direction de religieuses, s'occupaient à des travaux horticoles, à la couture et aux soins du ménage. Comme de ce point, qui domine la route de la Robertsau au Petit-Rhin, l'ennemi pouvait inquiéter la place, surtout la Citadelle, il fallait l'en déloger à tout prix.

Le 17, après que l'on eut fait évacuer le corps de logis principal et toutes ses dépendances, notre artillerie tira environ 300 coups sur le Bon-Pasteur, qui finit par être criblé de trous, sans que l'on fût parvenu à le renverser, ni à l'incendier, ni même à l'ébranler. Il fallut y mettre le feu directement; on cessa donc vers six heures de tirer sur ce point, et quelques hommes déterminés allèrent allumer des fascines dans le couvent; bientôt l'édifice fut envahi par les flammes; l'incendie dura pendant toute la nuit et la matinée du lendemain. Ce ne fut que le 18, vers onze heures, que s'effondra le petit clocher de la chapelle.

La nuit du 18 et la matinée du 19 août.

La nuit du 18 fut plus terrible encore pour les Strasbourgeois que l'avait été celle du 15. Dès 9 heures du soir, l'ennemi lança presque sans interruption des projectiles sur la ville, et, comme précédemment, de préférence sur les quartiers populeux. Jusqu'au matin des obus éclatèrent dans les rues, dans les cours, sur les maisons, exerçant partout les plus grands ravages.

Un peu après minuit, un incendie, déterminé, dit-on, par une bombe à pétrole, se déclara dans le pâté de maisons situé entre le faubourg National et la rue Sainte-Aurélie. Les flammes firent des progrès rapides, et bientôt une dizaine de bâtiments, appartenant à six ou sept propriétaires différents, ne formèrent qu'un immense brasier.

Le tocsin ne se fit pas entendre, car, en état de siége, il est d'usage de ne pas sonner la cloche d'alarme en pareil cas ; les secours n'en arrivèrent pas moins promptement sur le lieu du sinistre.

En faisant la part du feu, on parvint à préserver les maisons situées de l'autre côté de la rue Sainte-Aurélie, rue tournante, très-étroite à son débouché dans le faubourg National ; mais les habitants de l'îlot incendié ne purent sauver qu'une partie de leur mobilier, quelques bestiaux et quelques provisions.

Ce sinistre ne fut pas le seul malheur occasionné à cette date par les boulets des assiégeants. Dans la rue de l'Arc-en-Ciel, vers 7 heures du matin, un obus éclata dans l'ouvroir de l'asile Saint-Antoine, dirigé par Mlle Glaysal. Deux jeunes filles furent tuées sur le coup ; l'obus décapita littéralement l'une d'elles ; neuf autres furent horriblement blessées et mutilées. Quelques gendarmes, un officier et des soldats de service au magasin de campement, le docteur d'Eggs, un prêtre, et d'autres voisins accoururent aussitôt. C'était un navrant spectacle que de voir transporter ces pauvres créatures dans l'ambulance la plus proche (celle du Petit-Séminaire : les jambes de quatre d'entre elles étaient presque entièrement détachées et retenues seulement par des lambeaux de chair pantelante. Deux furent amputées de la jambe gauche au-dessous du genou, une autre de la cuisse gauche ; les deux premières ont guéri, l'autre a succombé. Trois de ces pauvres enfants avaient été tellement déchiquetées par les débris du projectile qu'elles expirèrent après quelques heures d'atroces souffrances, supportées avec la plus touchante résignation. (1)

Au moment où les civières sur lesquelles on avait couché ces malheureuses arrivaient à l'ambulance, on y apportait aussi un ouvrier qui venait d'être mortellement blessé dans la même rue, en se rendant au travail.

Vers 6 heures du matin, un obus donna directement contre le deuxième étage de la belle façade de l'ancienne maison Champy, rue des Juifs, propriété de M. Bach, docteur en médecine et professeur à la Faculté (2). Le projectile enleva tout un côté de la fenêtre de l'appartement occupé par M. le comte de Malartic, secrétaire-général de la préfecture du Bas-Rhin ; M. de Malartic avait passé la nuit à l'incendie du faubourg National, et il y avait une heure à peine qu'il était couché dans une pièce de derrière ; heureusement, il en fut quitte pour une vive alerte. A l'endroit où frappa le projectile, le mur, construit tout entier en pierres de taille (grès rouge des Vosges), a *un mètre deux centimètres* d'épaisseur ; la pierre directement touchée fut entièrement réduite en débris qui furent projetés dans la rue ; à l'intérieur, les glaces et les gros meubles furent mis en morceaux, tandis qu'un petit

---

(1) Les jeunes filles mortes étaient âgées de 14 à 20 ans ; les amputées guéries, de 14 à 17 ans ; les autres blessées, de 15 à 17 ans.

(2) Peu de temps après la capitulation, cette maison a été louée, à bon prix, à M. de Luxbourg, préfet allemand du Bas-Rhin.

thermomètre sur planche, suspendu à la fenêtre même, fut lancé jusque dans l'antichambre au-delà de la porte du salon, et put être, quelques instants après, ramassé parfaitement intact au point où il était allé tomber.

La maison de M. Momy, notaire, rue des Pucelles, fut aussi atteinte ; on crut un moment que le projectile l'avait incendiée, car les cris : « Au feu ! au feu ! » se firent entendre aussitôt. Des hommes courageux, accourus du voisinage, voulurent s'approcher ; mais tout d'abord cela leur fut absolument impossible : un épais nuage de poussière et et une forte odeur de poudre tenaient tout le monde à distance. Heureusement c'était une fausse alerte ; on n'eut que des dégâts à constater, pas d'incendie.

Dans la ruelle Saint-Médard, une femme eut la tête emportée par un énorme éclat.

Dans le même quartier, un obus coupa à une autre femme les deux bras au-dessus des coudes, et les éclats du même projectile tuèrent à côté d'elle son mari et blessèrent grièvement ses deux enfants (1).

L'église protestante de Saint-Guillaume eut beaucoup à souffrir. Une partie du toit du presbytère fut enlevée.

Des bombes tombèrent sur la manufacture des tabacs, que l'on évacua immédiatement.

Dans la Krutenau, environ dix-sept maisons, au quai des Bateliers, six, furent plus ou moins endommagées.

(1) Cette femme subit deux amputations le jour même ; elle guérit.— Quelle guérison ! N'eut-il pas mieux valu qu'elle fut morte sur l'heure ?

Sur la place Guttemberg, la maison de M. Carré (1) et celle de MM. Sick et Marckert furent atteintes ; presque toutes leurs vitres furent brisées.

Des projectiles tombèrent encore sur la maison n° 15 de la rue des Serruriers, au coin de la rue de la Chaîne ; sur la maison Masson, dans la même rue ; sur des bâtiments de la rue de l'Epine ; sur la maison de MM. Dietrich frères, quai Saint-Nicolas, etc., etc.

Nous n'en finirions pas si nous voulions énumérer toutes les propriétés privées qui eurent plus ou moins à souffrir pendant cette lamentable nuit.

La cathédrale elle-même ne fut pas épargnée : un projectile ébrécha une des galeries supérieures de la façade principale, au-dessus du portail de gauche, et plusieurs colonnettes ou fines dentelures furent gravement endommagées.

Telles furent la nuit du 18 et la matinée du 19 août, dont le souvenir restera longtemps gravé dans la mémoire des Strasbourgeois. Cependant ce n'était encore là qu'un commencement, et de bien plus dures épreuves nous étaient réservées.

Les Allemands tirent sur un parlementaire français.

Le 20 août, à quatre heures de l'après-midi, le capitaine de place Rœderer, accompagné du trompette Hœltzel, sortit par la porte de Pierres et se rendit, en qualité de parlementaire, auprès du

(1) Marchand de nouveautés, frère du compositeur Michel Carré, l'auteur des *Noces de Jeannette*.

détachement badois occupant Schiltigheim. Sa mission remplie, M. Rœderer revenait vers la ville; déjà il avait dépassé les avant-postes ennemis et n'était plus qu'à 300 mètres environ de la place lorsque son cheval prit l'allure du trot. Aussitôt quelques coups de fusil furent tirés et M. Rœderer entendit siffler les balles autour de lui.

Il se retourne pour donner à Hœltzel l'ordre de sonner « au parlementaire, » mais il voit ce soldat s'affaisser sur son cheval et tomber. Sans perdre un instant, il saute à terre, saisit le drapeau blanc et l'agite en tous sens ; malgré ce nouveau signal, les coups de feu continuent, le cheval de M. Rœderer est abattu, et lui-même est atteint par deux balles : l'une déchire le col de sa capote et lui laboure superficiellement le cou, l'autre lui traverse le bas de la jambe.

Le trompette avait été légèrement atteint à la partie supérieure du crâne, et son képi traversé de part en part ; une autre balle lui avait assez profondément endommagé la peau et les muscles superficiels de la partie gauche de la poitrine, en arrière, vers la région du cœur.

Quelques hommes des avant-postes français, en entendant la fusillade, s'étaient immédiatement portés en avant ; par quelques coups habilement dirigés, ils forcèrent les tirailleurs ennemis à battre en retraite. Les deux blessés purent alors être transportés jusqu'au poste de la porte de Pierres, où leur furent donnés les premiers secours.

Le commandant ennemi, prévenu de ce qui venait de se passer, fit immédiatement exprimer à l'autorité militaire de Strasbourg ses regrets et ses excuses, et promit de punir exemplairement ceux de ses hommes qui avaient commis cet attentat contre des militaires que leur mission couvrait à ce moment d'une inviolabilité absolue.

Les inhumations dans l'intérieur de la ville.

Strasbourg a trois grands cimetières : Sainte-Hélène, Saint-Gall et Saint-Urbain ; le premier, hors de la porte de Pierres ; le second, hors de la porte Nationale ; le troisième, hors de la porte d'Austerlitz. L'ennemi, qui avait facilement, trop facilement, occupé le cimetière Sainte-Hélène dès le commencement du siége, et qui en avait été débusqué par nos troupes, parvint plus tard à en reprendre possession ; ce fut même dans l'une de ses allées transversales qu'il établit une de ses parallèles.

Le cimetière Saint-Gall avait été aussi tout d'abord envahi par les Allemands.

Enfin, le cimetière Saint-Urbain, qui depuis quelque temps déjà n'offrait plus beaucoup de terrains disponibles pour de nouvelles tombes, avait été rendu inaccessible par l'inondation qui couvrait de ce côté les abords de la place.

Il fallut donc avoir recours à une mesure exceptionnelle pour enterrer les morts, et la mairie prit un arrêté désignant le jardin botanique, près de l'Académie, pour les inhumations à faire provisoirement (1).

---

(1) INHUMATIONS

Nous, maire de la ville de Strasbourg,
Vu l'état de siége,
Considérant que le cimetière de Sainte-Hélène est oc-

Toutes les précautions de nature à prévenir les exhalaisons insalubres furent prescrites ; elles étaient d'autant plus nécessaires que le nombre des décès allait croissant chaque jour, non-seulement par suite des opérations militaires, mais aussi et surtout parce que le séjour prolongé du plus grand nombre des vieillards, des femmes et des enfants dans les caves, l'inquiétude, les émotions de tout genre, l'impossibilité de se livrer à un sommeil

cupé pour la défense de la ville; que le cimetière de Saint-Gall est envahi par l'ennemi, et que le cimetière Saint-Urbain, dont le sous-sol est rempli par les eaux d'inondation et qui n'offre plus beaucoup de terrains disponibles pour de nouvelles tombes, est également exposé à être occupé par l'ennemi;

Que dans ces circonstances il y a lieu de recourir à une mesure exceptionnelle et de faire provisoirement les inhumations à l'intérieur de la ville,

Avons arrêté ce qui suit :

Art. 1er. — Les inhumations se feront provisoirement au jardin botanique.

Toutes les précautions seront prises à l'effet de prévenir les exhalaison insalubres.

Après la cessation de l'état de siège, les corps pourront être exhumés et transportés aux anciens cimetières.

Art. 2. — Le présent arrêté sera soumis à l'approbation de M. le préfet et de M. le général de division commandant l'état de siége.

Fait à Strasbourg, à l'Hôtel-de-Ville, le 20 août 1870.

Le maire, Humann.

« *Le Préfet du Bas-Rhin,*
« Baron Pron. »

Vu et approuvé :
« *Le général de division commandant supérieur,*
« Uhrich. »

réparateur, le manque d'exercice, la mauvaise nourriture ou l'insuffisance des aliments, les nombreuses privations de toute espèce engendrèrent rapidement beaucoup de maladies et accrurent la mortalité dans d'énormes proportions.

Ce cimetière provisoire présenta bientôt le plus triste aspect. Pour la première fois, il y eut à Strasbourg des fosses communes. Jusqu'alors nos concitoyens avaient scrupuleusement pratiqué le culte des morts : chaque famille, même la plus pauvre, mettait le plus grand soin à orner d'une croix, de fleurs, de myrtes, de petits sapins ou de saules pleureurs la tombe des êtres qui lui avaient été chers. Il fallut renoncer à cette pieuse coutume, et bientôt les plus proches parents eux-mêmes n'osèrent plus accompagner les défunts jusqu'à leur dernier gîte, car des obus tombaient fréquemment dans le quartier où est situé le jardin botanique et plusieurs personnes furent blessées en accomplissant ce douloureux pélérinage (1).

(1) L'auteur d'un récit du bombardement de Strasbourg, publié à *Paris* pendant que l'ennemi interceptait encore toutes communications entre l'intérieur et l'extérieur de la capitale, raconte, sur la foi de renseignements dont il n'indique pas la source, que « les inhumations « ne pouvant plus se faire hors ville, *les places publi-* « *ques* et le jardin botanique de Strasbourg avaient été con- « vertis en cimetières ». Heureusement nous n'en fûmes point réduits à cette extrémité de creuser la fosse de nos morts au centre même des quartiers les plus populeux.

Plus loin, le même auteur dit qu'au moment de la capitulation, la garnison, garde nationale comprise, avait perdu 4,000 hommes, et la population civile 3,000, Comme on le verra dans l'appendice de ce volume par les chiffres authentiques, la mortalité n'a pas atteint ces énormes proportions.

Incendies et démolitions hors de la porte d'Austerlitz.

Nous avons déjà constaté les démolitions effectuées, par ordre de l'autorité militaire, en dehors de la forteresse, aux abords de Schiltigheim, vers le front Nord des remparts ; à cette même époque il avait été résolu que toutes les constructions situées dans le périmètre de la zone militaire seraient rasées ; pourtant, comme le plus grand nombre d'entre elles formaient, hors de la porte d'Austerlitz, entre la route de Strasbourg à Bâle, le chemin du Polygone et la route de Strasbourg à Kehl, une énorme agglomération qui était comme un grand faubourg extérieur, on avait hésité à anéantir toutes ces propriétés et à réduire ainsi à un complet dénûment tant de familles aisées ; cependant l'ordre suivant fut publié le 21 août :

ÉVACUATION ET DÉMOLITION.

« Par ordre de M. le général commandant supérieur,

« Tous les propriétaires des maisons et jardins situés au sud de la ville, entre les glacis et la digue du chemin de fer, sont invités à évacuer leurs propriétés.

« Il leur est accordé, à cet effet, un délai de 48 heures.

« Ils devront, après ce laps de temps, démolir eux-mêmes les maisons et clotures, sinon la démolition sera faite d'office et à leurs frais, conformément à la loi.

« Strasbourg, le 21 août 1870.

« Le lieutenant-colonel commandant le génie,
« Maritz. »

Cette décision ne fut pas exécutée à la lettre ; les propriétaires et les locataires de ces habitations les évacuèrent bien, mais pas une seule ne fut détruite par ceux à qui elles appartenaient, et, comme dans beaucoup d'autres circonstances, l'autorité n'eut garde de mettre à exécution cette résolution tellement énergique qu'on ne peut y réfléchir un instant sans être pris de pitié pour tous ceux qu'elle aurait pu frapper ; les constructions les plus voisines de la gare d'Austerlitz furent bien incendiées ; on mit bien le feu, par ci, par là, à quelques maisons placées au centre ou sur les cotés de l'agglomération, à quelques villas et à quelques baraques isolées ; mais les flammes ne se propagèrent pas de proche en proche, et si les destructions projetées n'avaient été ordonnées que pour faciliter la défense, le but désiré fut complètement manqué : le nombre des maisons restées debout, et que leurs propriétaires purent réoccuper dès le lendemain de la capitulation, fut en effet de beaucoup supérieur à celui de celles qui furent isolémment anéanties ; pourtant les unes gênaient la défense au moins autant que les autres ; et nous défions qu'on puisse prouver que les ravages partiels exécutés volontairement de ce côté aient été d'une utilité quelconque pour les assiégés et les bombardés. Ou il fallait complètement raser les abords de la place de ce coté, jusqu'au Polygone, ou il fallait ne rien détruire sans nécessité immédiate.

Pillards et maraudeurs.

Depuis la fermeture des portes, depuis que les communications étaient interceptées entre la banlieue et la cité, cette partie de la population qui, par la faute de l'insuffisance de nos lois sur l'instruction publique, grouille dans les bas-fonds de toute grande ville avait profité du désarroi général pour commettre des vols nombreux ; des soldats même, de ceux qui, ayant déserté devant l'ennemi, pendant les batailles de Wissembourg et de Frœschviller, étaient venus se réfugier à Strasbourg, qu'ils ne croyaient pas si près d'être bloqué, maraudaient tout ce qu'ils pouvaient impunément atteindre ; ils ne se faisaient point faute surtout, dès qu'un incendie éclatait dans la ville, de profiter du remue-ménage qui se produisait aussitôt dans les maisons voisines pour faire main-basse sur ce qu'ils pouvaient emporter ; un jour ils allèrent jusqu'à mettre eux-mêmes le feu à la propriété de M. Muller, l'horticulteur, située au bas des glacis, hors de la porte d'Austerlitz ; cet incendie fut éteint par des hommes envoyés par le propriétaire, dès qu'il fut prévenu, et par quelques gardes mobiles.

Le 9 août déjà, un rapport adressé au colonel du génie Albert Sabatier, directeur des fortifications, lui signalait, entr'autres, les faits suivants :

« .... Notre matériel n'est pas en sûreté dans le magasin des glacis de la citadelle ; les hommes campés sur l'esplanade font à chaque instant des tentatives pour y enlever du bois.

« Hier, un détachement, *commandé par un officier de chasseurs*, a envahi le magasin ; les hommes ont brisé ce qu'ils ont pu ; quelques-uns fumaient.

« Le garde et ses quelques ouvriers ne peuvent

suffire à réprimer les faits de ce genre, ni à empêcher les vols, surtout pendant la nuit... »

Sur la prière de M. Sabatier, le colonel Ducasse fit établir un poste à ce magasin, « avec ordre de « faire feu sur tout maraudeur ».

Le 20 août, des actes de maraude étant encore journellement commis aux environs de la place « soit par des militaires, soit par des personnes « appartenant à la population civile », le général Uhrich ordonna que « tout militaire rentrant en « ville avec des provisions serait puni par les soins « du commandant de place, et que son butin serait « confisqué au profit des établissements hospitaliers ».

« Quant aux personnes appartenant à la popula- « tion civile qui rentreront en ville avec des provi- « sions », ajoutait cet ordre du commandant supérieur, « celles dont la position de propriétaires des « environs sera notoirement connue seront laissées « libres ; les autres seront conduites devant le commissaire central qui, après avoir constaté leur « identité, et en même temps apprécié leur mora- « lité, confisquera, s'il y a lieu, les provisions, et « les versera à un établissement hospitalier ».

Le 31 août, le général ayant appris, par les rapports du service de surveillance, que des militaires, isolés ou en bandes avaient encore commis des vols dans plusieurs maisons de la ville, flétrissait ces actes en déclarant ces pillards « indignes de « faire partie de l'armée » et ordonnait que dorénavant « des patrouilles parcourraient les différents « quartiers de la ville et arrêteraient les délin- « quants, qui seraient traduits devant un conseil « de guerre et jugés dans les 24 heures ».

Enfin, le 1er septembre, le général Uhrich prit cet arrêté :

« Vu l'état de siége ;

« Considérant que des malfaiteurs profitent des incendies allumés par l'ennemi et de l'infortune des habitants pour voler et piller les propriétés particulières,

« Tout individu surpris en flagrant délit de vol ou de pillage sera immédiatement jugé selon les lois militaires. »

Cette menace suffit pour en imposer aux plus corrompus, et il ne fut pas nécessaire de faire aucun exemple, de procéder à des exécutions sommaires.

La proclamation du 23 août.

Dans la matinée du 21, les troupes assiégeantes étant parvenues à rapprocher sensiblement de nos murs quelques-unes de leurs plus puissantes batteries, le général de Werder envoya un parlementaire au général Uhrich pour le sommer une seconde fois de lui livrer la place et pour, en cas de refus, le menacer de mettre la ville à feu et à sang. Une réponse négative, adoptée à l'unanimité par le conseil de défense, fut opposée à ces prétentions. A ce moment encore, comme le 10 août, le commandant supérieur était bien résolu à tenir « *tant qu'il lui resterait un soldat, un biscuit, une cartouche* ».

Cependant l'autorité crut devoir prévenir la population civile du nouveau danger qui la menaçait, et dans ce but elle rédigea cette proclamation :

« Habitants de Strasbourg,

« Le moment solennel est arrivé.

« La ville va être assiégée et soumise aux dangers de la guerre.

« Nous faisons appel à votre patriotisme, à votre virile énergie, afin de défendre la capitale de l'Alsace, la sentinelle avancée de la France.

» Des armes seront délivrées aux citoyens désignés par M. le maire à l'effet de concourir à la protection de nos remparts.

« Amis ! courage ! la patrie a les yeux sur nous !

« Fait au quartier général, à Strasbourg, le 22 août 1870.

« *Le général de division commandant supérieur*,
« UHRICH.

« *Le préfet du Bas-Rhin*,
« Baron PRON.

« *Le maire de Strasbourg*,
« HUMANN. »

Cet appel suprême, appel si déclamatoire et si emphatique, avait, comme la plupart des harangues de cette espèce, le tort de ne rien expliquer, de ne rien préciser. Un simple exposé des faits, suivi de quelques bonnes et sincères paroles d'encouragement, toutes simples, toutes cordiales, aurait produit une bien meilleure impression.

Jusqu'à ce jour, les Strasbourgeois avaient espéré qu'ils ne tarderaient pas à être délivrés par des renforts qui leur arriveraient de l'intérieur ; ils comptaient notamment que la garnison de Belfort ou une armée spécialement envoyée d'au-delà des Vosges tenterait l'impossible pour venir à leur secours. Cette proclamation fit s'évanouir leur dernière illusion.

Cependant la poignante perspective qu'elle faisait entrevoir n'altéra pas leur croyance à une délivrance prochaine : ils ne pouvaient se résoudre à supposer que leur héroïque résignation ne servirait de rien, que tant de dévouement, tant d'abnégation, tant de patriotisme, tant de sacrifices n'aboutiraient qu'à une capitulation.

Pour des motifs qui ne nous sont point connus, l'affichage de cet appel, daté du 22, et qui avait été en effet préparé dans la matinée de ce jour, fut retardé jusqu'au 23. Seulement, dans la soirée du 22, M. le maire de Strasbourg parcourut quelques rues pour annoncer à ses amis que, d'un moment à l'autre, le bombardement allait recommencer « et ne cesserait que lorsque la ville demanderait grâce ou serait réduite en cendres ».

La nuit du 22 au 23 fut cependant plus calme que l'avait donné à craindre cet avertissement verbal, et ce ne fut que le 23 au soir, entre huit et neuf heures, que l'ennemi recommença à tirer sur la ville avec un acharnement dont la suite de ce récit ne pourra donner qu'une faible idée. Le premier *schrapnel* (obus à mèche graduée) lancé ce jour-là dans la ville écrasa la tête à un artilleur sur le seuil de la brasserie *Au lion d'or*, en face du pont de la Madeleine.

Dans les caves et dans les mansardes.

Le lendemain, la circulation dans les rues cessa presque complétement, car le tir de l'ennemi n'avait aucune régularité et recommençait au moment où l'on s'y attendait le moins; presque tous les magasins furent fermés : les pharmacies, les bureaux de tabac, quelques brasseries ou débits de vin, et quelques épiceries restèrent seuls ouverts ; on ne se risquait plus dans les rues que lorsqu'il y avait absolue nécessité, et la ville présenta bientôt la même physionomie qu'Amiens en 1866, au moment où le choléra y moissonnait chaque jour 60, 80, 90 victimes.

Dans les quartiers les plus exposés, ceux des habitants qui avaient bravement continué jusqu'alors à résider dans les étages supérieurs s'installèrent tant bien que mal dans les rez-de-chaussée et dans les caves dont les ouvertures furent blindées à l'aide de débris de toitures ou de murailles, de briques ou de moëllons, de sacs à terre ou de fumier, de planches ou de madriers ; blindages bien insuffisants contre un obus qui serait venu les frapper directement, mais qui pouvaient empêcher les fragments de fer ou de plomb, les balles et la mitraille de pénétrer plus avant (1). Aux rez-de-chaussée ou aux étages dont les habitants n'avaient pu trouver place dans le bas des maisons, on matelassa les fenêtres de manière à atténuer tout à la fois le choc et le bruit, parfois assourdissant, des détonations.

On passait des nuits entières à veiller, et le plus souvent, quand on ne pouvait plus résister au besoin de dormir, on se couchait tout habillé, afin d'être prêt à se réfugier immédiatement dans une

---

(1) Les malheureux habitants des maisons des faubourgs de Pierres et de Saverne les plus rapprochées des remparts n'avaient plus même cette ressource de s'abriter dans les caves, car le sous-sol de leurs habitations avait été inondé dès les premiers jours du blocus, par suite de la retenue des eaux dans les fossés.

habitation voisine, si celle que l'on habitait venait à être incendiée ou à s'effondrer.

Pendant ce temps, les vaillants continuaient leurs rondes, soit dans le périmètre de leur quartier, soit dans la maison même qu'ils habitaient ; d'autres, ceux qui avaient fait dès lors le sacrifice de leur vie à cet ennemi invisible contre lequel il n'était pas possible de lutter à armes égales, montaient dans les mansardes des maisons les plus élevées, et de là inspectaient du regard les toitures d'alentour tout en contemplant, avec une anxieuse curiosité, l'épouvantable spectacle qu'offrait l'horizon à tout instant et de tous les côtés à la fois :

Un éclair luisait sur un point ; puis un long silence, qui durait 3, 4, 5, 10 secondes, suivant l'éloignement de la pièce qui venait de faire feu et durant lequel on apercevait les sillons étincelants tracés dans la nuit par les fusées, par les mèches des bombes et des obus ; puis, brusquement, le bruit mat de la détonation, qui arrivait presqu'en même temps que le strident frémissement de l'air sous l'effort de cette lourde masse ; puis encore, mais presque instantanément, la détonation plus nette et plus rapprochée du projectile lui-même qui venait d'éclater en se heurtant contre un obstacle, et dont la masse ou les fragments avaient détruit quelque pan de mur, ou massacré quelque créature humaine, peut-être un parent, peut-être un ami... Ces fragments, projetés parfois jusqu'à 3 ou 400 mètres de l'endroit où l'obus ou la bombe avait éclaté, produisaient, en parcourant leurs trajectoires, de lamentables gémissements, comparables à la plainte suprême d'un moribond.

A de certaines heures de la nuit, ces détonations se succédaient sans relâche, confondant le bruit de leurs échos formidables en un roulement prolongé comme ces interminables coups de tonnerre sous lesquels le monde semble près de crouler...

D'autres fois, c'étaient les sifflements, plus aigus et plus rapides, des balles lancées par ceux des assiégeants qui tentaient de surprendre quelque point des remparts, ou par ceux de leurs pionniers qui avaient ordre de détruire le barrage de l'Ill hors de la porte des Pêcheurs, à la hauteur de la pointe sud-est de l'île Sainte-Hélène, barrage que l'on avait eu tant de peine à établir et qui était destiné à maintenir l'inondation des fossés.

D'autres fois encore c'étaient les lueurs d'un incendie qui venait d'éclater à l'extérieur ou à l'intérieur de la ville, et dont on s'efforçait de déterminer exactement la place à l'aide des points de repère sur lesquels se reflétaient ses fauves lueurs.

Que de fois nous sommes ainsi resté longtemps posté à notre lucarne, oubliant ou dédaignant le danger, pour ne penser qu'à la sottise de ceux qui considèrent comme excusables de telles atrocités parce qu'au lieu d'être commises par un malfaiteur vulgaire elles sont commises par un chef d'armée!... Pour être l'œuvre d'un soldat, le meurtre n'est-il donc pas un meurtre? le vol un vol? l'incendie un incendie?...

Et chaque fois nous avons maudit la guerre, qui pervertit le sens moral à ce point qu'un homme, un être doué de raison, se vante et se félicite comme d'une action honorable d'un acte qui, en temps de paix et considéré isolément, est un crime justifiable des cours d'assises et passible de peines infamantes ; nous avons maudit la guerre parce que, au mépris de l'immuable et éternelle justice, elle substitue le prétendu droit de la force à la force du droit ; parce qu'elle répand de toutes parts, et le plus souvent sur ceux-là même qui ne le méritent à aucun titre, le carnage et la ruine ; parce qu'elle décime les peuples et anéantit les forces vives des nations ; parce qu'elle déchaîne et exalte les passions mauvaises, parce qu'elle dessèche les cœurs et excite dans des âmes jusque-là si bonnes et si miséricordieuses un ardent, un insatiable désir de vengeance et de haine !

Quels immenses avantages, quels excellents résultats on aurait obtenus si l'on avait employé à une œuvre humaine, à une œuvre de civilisation, de création, tant de forces, tant d'énergie, tant de temps, tant de trésors dépensés à une œuvre de barbarie et de destruction !...

La lettre suivante, écrite à un de ses parents par un négociant aisé de Strasbourg, qui parvint, après avoir tout perdu, à sortir de la ville sous le couvert des délégués suisses et à se réfugier en Belgique, permettra au lecteur de se faire approximativement une idée des pertes subies et des souffrances endurées par les habitants de certains quartiers :

.... « J'étais établi à Strasbourg depuis de longues années et nos affaires n'avaient jamais été aussi prospères que lorsque la guerre éclata. Grand commerçant, la partie la plus notable de ma fortune se trouvait dans mes magasins. Une femme et trois enfants que j'adore faisaient mon bonheur. Inutile de dire qu'à l'approche de l'ennemi je n'hésitai pas à éloigner ma famille du théâtre de la guerre. Je réunis quelques valeurs, et ma femme les emporta : elle alla, sur mes instances, habiter l'Allemagne avec mes trois enfants.

« Quant à moi, je ne pouvais songer à quitter ma demeure : abandonner mes magasins au risque de les livrer au pillage si la ville était prise, c'était renoncer au prix de dix ans de labeurs et de peines. Je résolus donc de ne pas quitter la ville.

« Les premiers huit jours tout alla assez bien ; le quartier que j'habite semblait devoir être épargné ; mais le neuvième jour une bombe vint tomber en face de ma demeure et, en éclatant, brisa toutes les vitres du rez-de-chaussée. Je crus prudent, dès lors, de me réfugier dans ma cave. J'avais là quelques provisions, ce qui fait que je n'en sortais guère ; je passais mes journées et mes soirées à lire ; j'étais tranquille, je me croyais en sûreté, car j'étais bien loin de me douter de ce qui devait m'arriver.

« Le 25 août, vers midi, alors que je prenais mon repas, un vacarme épouvantable se fit au-dessus de moi ; je courus vers l'escalier pour m'assurer des dégâts causés selon toute probabilité par une bombe tombée sur ma demeure..... Je reculai épouvanté : l'entrée de la cave était bouchée par des pans de muraille ; la maison venait de s'effondrer et j'étais enterré vivant !

« Ce qui me passa par la tête pendant ma première heure de captivité, je ne saurais le décrire ; j'avais des rages sourdes auxquelles succédait un abattement général. Peu à peu, je revins à moi, car il faut vous dire que j'avais complétement perdu la raison ; je rassemblai mes idées et je crus me rappeler que j'avais descendu pendant la journée un quinquet à l'huile de pétrole. Je me dirigeai à tâtons vers le meuble sur lequel je croyais l'avoir posé, et, ô bonheur! je l'y trouvai. L'allumer fut l'affaire d'un instant. Alors je pus me rendre compte de ma véritable situation : tout autour de moi il n'y avait que des décombres ; l'escalier n'existait plus ; je ne pouvais pas me faire illusion : la maison s'était effondrée et cette cave devait être mon tombeau.

« Déblayer du côté de l'escalier me semblait être ma seule planche de salut. Je m'y mis avec la rage du désespoir.

« Chaque brique que j'enlevais en faisait choir d'autres ; des pans de muraille s'écroulaient continuellement, et j'étais menacé d'être enseveli d'un moment à l'autre sous les décombres. Pour comble de malheur, mon quinquet s'éteignit faute d'huile, et je fus plongé dans l'obscurité la plus profonde. J'étais désespéré. Je songeai à ma femme, à mes enfants, et je me mis à sangloter ; je n'avais plus le courage de continuer un travail au bout duquel je n'entrevoyais qu'une chose : la mort! une mort terrible, la plus terrible de toutes peut-être...

« Je me remis pourtant à l'œuvre avec un nouveau courage ; je n'avais plus le moindre espoir, mais l'instinct de la conservation me poussait, et je déblayai avec une sorte de rage. Il y avait, me semblait-il, plus de deux jours que je travaillais lorsque, tout à coup, le plafond s'effondra ; je reçus une brique sur la tête et je m'évanouis.

« Combien de temps je restai sans reprendre mes sens, je ne saurais le dire. Lorsque je rouvris les yeux, j'aperçus une trouée au-dessus de moi ; le ciel était étoilé ; il faisait nuit.

« Je souffrais horriblement et je n'osais bouger, de crainte de provoquer un nouvel éboulement. J'attendis le jour avec une mortelle impatience. Dès que je pus me rendre compte de la situation, l'espoir me revint ; je réunis des décombres en un tas, et, me cramponnant à une poutre du plafond, je me hissai hors de cette cave qui avait failli me servir de sépulcre. Une fois dehors, je faiblis de nouveau. Lorsque je revins à moi, je m'accroupis sur les ruines de ma maison et je pleurai. J'avais passé quatre jours dans cette cave ; j'y étais entré sans un cheveux gris, aujourd'hui je suis tout blanc ; j'ai vieilli en quatre jours de plus de vingt ans.

« Quant à mes magasins, tout est brûlé. J'avais travaillé pendant dix ans pour arriver à doter ma famille d'une modeste aisance ; j'entrevoyais pour ma femme et pour moi une vieillesse heureuse et exempte de soucis ; aujourd'hui tout est à recommencer : je n'entrevois à l'horizon que de la misère pour nos vieux jours.... »

Disette de nouvelles.

La rédaction des journaux de Strasbourg était bien empêchée depuis que le blocus interceptait l'arrivée des dépêches, des correspondances générales ou particulières et des journaux, non-seulement de Paris, mais aussi des villes voisines, des départements limitrophes, de l'étranger, même de l'Allemagne, enfin de toute espèce de nouvelle extérieure, de quelque nature qu'elle fût.

Cette privation, aussi dure pour l'intelligence que la privation d'aliments pour le corps, n'était interrompue — à de bien rares intervalles — que grâce à quelques individus décidés à tout risquer, même la mort, pour gagner les sommes promises, soit par l'autorité, soit par les journaux, à ceux qui parviendraient à aller chercher, au-delà des lignes ennemies, et à rapporter des renseignements positifs sur les faits de guerre ou sur les faits politiques quotidiens.

Cependant, le mercredi 24 août, un cocher de M. Sureau (rue de l'Arc-en-Ciel), qui avait, le samedi précédent, conduit jusqu'à Colmar trois dames munies de saufs conduits-prussiens (1), put rentrer à Strasbourg ; il avait, par hasard, acheté là-bas un numéro du *Moniteur du soir* du 21 août, et sans se douter que ce chiffon de papier était pour nous, à cette heure, un véritable trésor, il le donna à lire à quelques voisins ; la rédaction de *l'Impartial*, prévenue par la rumeur pu-

---

(1) Ces trois dames étaient :
Mesdames de Carmejane-Pierrodon, Thévenin et Mourin, femmes de MM. de Carmejane et Thévenin, chefs d'escadron au 2ᵉ d'artillerie, et de M. Maurin, capitaine au même régiment, attachés à la réserve du 1ᵉʳ corps. Madame de Carmejane avait été autorisée à emmener avec elle ses deux enfants.
Les saufs-conduits qui permirent à ces trois femmes de franchir sans trop d'encombre le cercle de fer et de feu qui nous cernait de toutes parts leur avaient été personnellement délivrés par le général Uhrich, qui les avait fait demander pour elles au général de Werder. Ce dernier ne se serait probablement pas laissé aller à

blique, parvint à acheter cette feuille après qu'elle eut passé sous les yeux du préfet et du général Uhrich, et, usant du seul bon moyen de faire rapidement connaître à toute la ville les nouvelles qu'elle contenait, la reproduisit presque en entier ; le bruit de cette publication se répandit en quelques instants et bientôt les ateliers de l'imprimerie Berger-Levrault furent littéralement assiégés par la foule pendant deux ou trois heures, jusqu'au moment où la vente put commencer; à mesure que les exemplaires sortaient de la presse, on se les arrachait, et beaucoup furent déchirés, lacérés, mis en morceaux. On se pressait, on se bousculait, on s'étouffait à la porte des bureaux de l'administration du journal ; et si les ateliers n'avaient été préservés par une forte grille, ils auraient certainement été pris d'assaut par cette foule avide de nouvelles.

Ce numéro du *Moniteur* nous apprit que le général Trochu venait d'être nommé gouverneur de Paris et confirma ainsi indirectement les prévisions de ceux qui déjà depuis plusieurs jours considé-

tant de condescendance s'il n'avait tenu à atténuer par cet acte de courtoisie le déplorable effet moral de la faute commise par celui de ses avant-postes qui, la veille, avait tiré sur un parlementaire.

Il résulte d'un article publié par un journal de Mulhouse, *l'Industriel alsacien*, dans son numéro du 2 septembre 1870, que quelques personnes, des parents du maire, M. Théodore Humann, avaient pu sortir de Strasbourg le 26 août ; il est dit en effet dans ces quelques lignes :

« Nous avons vu hier des personnes de la famille du maire de Strasbourg ; le 26 août, jour où elles lui ont fait leurs adieux, elles ont quitté ce magistrat en parfaite santé. »

raient comme imminent l'écroulement du régime impérial.

Il nous fit aussi connaître — et cette assurance ne contribua pas médiocrement à réconforter même les plus alarmés sur les suites de la guerre — que dans plusieurs départements voisins du nôtre des corps irréguliers étaient entrés en opération ; que des compagnies de francs-tireurs parcouraient les environs de Nancy, de Toul, de Saint-Mihiel, de Commercy, et délivraient les environs de ces localités des nuées de coureurs prussiens qui se répandaient partout afin d'explorer les localités, et de piller leurs habitants.

La nuit du 23 au 24 août.

Les Strasbourgeois accueillirent ces nouvelles avec un plaisir d'autant plus marqué que depuis la veille, entre 8 et 9 heures, jusque dans la matinée de ce jour, ils avaient été soumis à toutes les horreurs d'un bombardement ininterrompu ; l'*Impartial* en relatait en ces termes les abominables résultats :

« On évalue à plus de mille le nombre des projectiles qui ont atteint depuis hier les maisons particulières ou les édifices publics consacrés aux cultes, à l'instruction publique ou à des œuvres de charité. Les établissements militaires n'ont presque pas été touchés ; ce qui prouve que nos ennemis persévèrent dans leur affreux système, et s'acharnent exclusivement contre la population inoffensive de notre cité.

« Il ne nous est pas possible de mentionner tous

les dégâts occasionnés par ces vandales ; nos colonnes n'y suffiraient pas. Nous nous bornerons à relater les plus grands désastres ou les dégâts que nous avons pu constater personnellement.

« Trois incendies ont éclaté à la suite de ce nouveau bombardement. Le plus considérable a été celui de la maison de la place Saint-Nicolas formant le coin avec la rue des Maisons-Rouges : le projectile a mis le feu à un magasin de fourrages et les flammes se sont rapidement communiquées à l'habitation. Les artilleurs qui occupent le quartier Saint-Nicolas, ainsi que les ouvriers d'artillerie, se sont empressés d'accourir et, secondés par les voisins et un grand nombre d'hommes de bonne volonté, ils ont apporté les premiers secours, jusqu'à l'arrivée des pompiers, qui ont vigoureusement attaqué le feu et qui sont enfin parvenus à l'éteindre avec l'assistance de soldats de la garnison et de nombreux habitants. Quoique l'ennemi ait continué de lancer des obus sur la place Saint-Nicolas et les rues adjacentes tant que les flammes ont pu leur servir de point de mire, personne n'a été blessé sur ce point.

« Le second incendie s'est déclaré dans la rue du Jeu-des-Enfants, n° 15, chez M. Haberkorn, fripier ; les mansardes et le toit ont été envahis par les flammes ; on est parvenu à les empêcher de se propager aux étages inférieurs.

« Le troisième a un instant menacé l'une des tours de l'église Saint-Thomas. Un projectile incendiaire, ayant traversé la toiture et brisé un chevron, a mis le feu à ce dernier. Heureusement quelques hommes courageux ont pu conjurer le danger. Deux autres obus sont encore tombés sur la même église ; l'un a traversé la toiture juste au-dessus de cette partie de l'édifice qui contient le chef-d'œuvre de Pigale, l'admirable tombeauu du maréchal de Saxe. Si ce projectile n'avait été retenu dans la charpente, s'il avait fait explosion dans la partie inférieure du bâtiment, l'œuvre artistique dont Strasbourg s'enorgueillit à juste titre aurait certainement été détruite, ou tout au moins gravement detériorée.

« Outre l'église Saint-Thomas, beaucoup d'autres édifices religieux ont été atteints, entre autres le Temple-Neuf et l'église catholique de Saint-Pierre-le-Vieux ; et aussi notre belle cathédrale, qui avait déjà été légèrement endommagée une première fois : une porte a été trouée, et le projectile, en effleurant une colonnette, y a laissé l'empreinte du plomb qui lui servait de revêtement, sans cependant la briser ; sur le point où l'obus l'a touchée, la pierre est comme argentée.

« Parmi les édifices consacrés à l'instruction publique qui ont reçu des obus, nous mentionnerons le petit séminaire. Voici la lettre que M. le supérieur nous adresse à ce sujet :

« Strasbourg, le 24 août 1870.

« Monsieur le rédacteur,

« La nuit du 23 au 24 août restera célèbre à Strasbourg par les nouvelles prouesses des Badois. Ils paraissent avoir pris pour principal point de mire, de 10 heures du soir à 3 heures du matin, le petit séminaire, connu pour être une ambulance, protégée *en droit* par le drapeau de la Société internationale, et renfermant une cinquantaine de soldats blessés. Comme ils étaient menacés dans toutes les salles d'ambulance, il a fallu, entre 10 et 11 heures, les porter à la cave, au milieu des obus qui éclataient. Il en est tombé cinq dans la cour des grands, deux dans la cour des petits, un sur la chapelle, deux sur le dortoir des domestiques, deux dans des chambres de professeurs. Le logement des sœurs de charité et l'infirmerie qui y est attenante sont ravagés ; si les sœurs de la maison et celles du Bon-Pasteur qui sont venues se réfugier chez nous n'avaient pas été retenues auprès des blessés, elles auraient toutes pu avoir le sort des jeunes filles de l'asile Saint-Antoine Un obus qui a éclaté devant moi a creusé le sol de la cour à un mètre de profondeur et fait rejaillir les pavés jusque dans le corridor du premier étage.

« Je ne parle pas des obus qui sont tombés tout autour de notre maison et dont les passants peuvent constater les terribles effets.

« Je n'ajoute aucune réflexion au simple exposé des faits ; mais chacun de vos lecteurs se demandera si c'est là un usage licite des *droits* de la guerre?

« Que je n'oublie pas d'ajouter que personne n'a eu la moindre égratignure dans cette affreuse nuit. Dieu soit loué !

« Veuillez agréer, monsieur le rédacteur, l'expression des sentiments distingués avec lesquels j'ai l'honneur d'être votre très humble serviteur, « P. Mury. »

« L'Académie, le Consistoire protestant, l'école de Saint-Joseph ont également été frappés.

« Trois ou quatre obus sont tombés dans la cour de la préfecture ; dans un bureau donnant sur la ruelle de la Cour-des-Maçons, un obus a abattu une fenêtre.

« Ont été en outre atteints :

« Place Saint-Etienne : le Petit-Séminaire (où est installée une ambulance) (1) ; la maison Flach ;

(1) Cinq personnes furent blessées et trois tuées par les frangments d'*un seul* des obus tombés sur l'ambu-

la maison du coin dela rue des Pucelles portant le n° 7 ;

« Rue des Veaux : plusieurs propriétés ;

« L'ancien bain Saint-Guillaume ;

« Quai des Pêcheurs et rue Neuve-des Pêcheurs : maisons Nussbaum, Petermann (deux énormes trous et un petit pan de mur enlevé), la maison vis-à-vis et la maison Rothfrisch.

« Rue Traversière : n° 1, la toiture et une partie du premier étage complétement abîmées, un pignon en partie renversé ; n°s 5, 7, 11, très-maltraités ; généralement, cette rue a beaucoup souffert, elle est jonchée de débris ; le toit du n° 20 est presque entièrement détruit.

« Le quartier (caserne) des Pêcheurs est un des rares établissements militaires qui aient été atteints.

« Sur l'Ill, deux bateaux troués et submergés.

« Rue des Juifs : à deux heures du matin, un lance du petit séminaire ; les trois tuées étaient : un abbé, faisant fonctions d'infirmier, une sœur de charité et le réfectorier.

Rien que dans les cours de cet établissement on a recueilli depuis le commencement jusqu'à la fin du bombardement un tiers de mètre cube de ces éclats.

Cette annonce, qui a paru le 15 mars 1871 dans le *Courrier du Bas-Rhin*, peut donner une idée de la quantité de fer lancée sur Strasbourg pendant le même temps :

« VENTE PUBLIQUE

« En vertu d'un jugement du tribunal de commerce de cette ville, en date du 3 mars dernier, le courtier soussigné procédera le lundi 2 mars prochain, à dix heures du matin, rue du Marais-Vert, 25, maison Sengel, à la vente publique aux enchères d'environ *250,000 kilogrammes* de projectiles cassés.

« A. MICHEL. »

obus est entré par une croisée du 3e étage dans la maison n° 19 (maison Bilger); il a fait un trou de 40 centimètres de diamètre dans le plancher; il a brisé une chaise dans une chambre du 2e étage; une dame couchée au 3e, dans la pièce même que le projectile a traversée, n'a pas eu de mal. Une moitié de ce projectile a pu être recueillie : elle pèse 3 kilogrammes.

« Un obus est tombé sur l'ancienne maison Berger-Levrault, vis-à-vis de nos bureaux actuels.

« Un autre, rue des Juifs, 15, dans les combles de nos ateliers.

« Rue de la Nuée-Bleue, n° 14, le toit et la corniche sont endommagés; maison Auscher, 4 obus. Un trou au mur du 2e étage de la maison habitée par M. Gérard, président du tribunal civil.

« La porte du buffet de la gare a été brisée; l'hôtel de l'Esprit a été gravement atteint.

« Le faubourg National a aussi eu beaucoup à souffrir : un obus a abattu une cheminée à *la Ville de Nancy*. A l'auberge *A la Tour Blanche* un obus est entré dans le rez-de-chaussée, a fait un grand trou au mur, près de la porte, brisé les lambris, fracassé une table. La maison Hœrter, n° 14, a été atteinte.

« Mais le plus grand malheur est arrivé dans la maison Stahl, où un obus a tout ravagé et emporté *les deux bras* à la sœur de Mme Stahl; une autre sœur de cette dame a été blessée moins grièvement.

« Rue du Bouclier : maison Kampmann, très maltraitée.

« Grand'rue : un obus a pénétré dans la maison

de M. Bauer, facteur de pianos, a déchiré le plancher et une poutre du plafond du 3ᵉ étage ; les éclats sont tombés sur un lit qui, heureusement, n'était pas occupé ; le globe de la pendule a seul été cassé. D'autres maisons ont encore été atteintes dans la même rue, entre autres *le Grenadier* et la maison habitée par la famille Dambach.

« Au coin de la rue de la Demi-Lune un obus a réduit en morceaux les meubles et les vitres.

« Plusieurs obus sont aussi tombés sur des maisons de la rue des Dentelles, de la rue du Savon et d'un grand nombre d'autres aboutissant à la Grand'rue.

« Au Marché-aux-Vins, un mur de la maison de M. Schwebel, farinier, a été troué.

« Dans la rue de la Mésange, la toiture de la maison n° 4 a été fortement endommagée.

« Des éclats provenant d'un obus tombé dans la rue du Poumon ont été projetés contre la maison du Vieux-Marché-aux-Poissons habitée par M. Lambert, miroitier. M. Lambert a été atteint ; on nous assure qu'il a une main emportée.

« Deux obus sont tombés sur la maison Fritz Lauth, près de Saint-Thomas.

« Un projectile a pénétré dans la maison habitée par M. Hasselmann, directeur du Conservatoire de musique, et y a tout brisé.

« Vers 6 heures et demie du matin, un obus est entré, à travers le plafond du rez-de-chaussée, dans une chambre du premier étage de la maison n° 16 de la rue du Vieux-Marché-aux-Poissons, où loge M. Fritsch, boulanger-pâtissier ; heureusement cette pièce était vide à ce moment.

« A l'*Ambulance des Petites-Sœurs des Pauvres*, un zouave a eu la tête fracassée par un éclat.

« Une femme a été blessée au 3ᵉ étage d'une maison sur la place du Moulin Zorn, elle a été portée par deux hommes à l'ambulance du Consistoire.

« Une autre femme, atteinte presqu'au même endroit, a été également portée là sur un brancard.

« Dans la rue du Bouclier, au coin de la ruelle des Hannetons, la bonne de M. Weiler a été blessée au bras.

« Une femme, dans la rue des Balayeurs, a eu l'épaule fracassée.

« Dans la rue des Maisons-Rouges, deux enfants ont été tués.

« Et nous ne connaissons pas, tant s'en faut! toutes les victimes.

« Plus de 800 obus sont tombés sur la citadelle seule, et il a dû aussi y avoir sur ce point de nombreuses victimes.

« Mais à quoi bon énumérer tous ces malheurs, tous ces désastres? Nos féroces assiégeants n'en continueront pas moins leur œuvre infernale. Cependant nous avons un devoir à remplir, et nous ne cesserons de recueillir tous les faits qui pourront arriver à notre connaissance. Quand on pourra les connaître hors de nos murs, ils serviront à prouver ce que valent nos ennemis : on saura qu'ils ne respectent ni les propriétés, ni les œuvres d'art, ni la vie des habitants, pas même celle des femmes et des enfants, et qu'ils violent brutalement tous les principes du droit des gens en tirant sur les parlementaires et sur les ambulances.

« Le jour de la justice ne viendra-t-il pas bientôt...? » — A.-G. Heinhold.

« *Midi.* — Après un court répit, qui a duré de 9 heures à 11 heures environ, le bombardement a repris ce matin avec une intensité nouvelle. Les efforts de l'ennemi semblent cette fois se concentrer sur la citadelle.

« Un incendie s'est déclaré dans un des bâtiments enclavés dans les ouvrages militaires.

« Des obus et des boulets arrivent encore jusque dans les quartiers du centre de la ville. »

La Halle au blé, qui recevait indirectement les éclaboussures des projectiles destinés aux Ponts-Couverts, et, directement, les obus à l'aide desquels l'ennemi espérait parvenir à incendier ce bâtiment et à tarir ainsi la source la plus abondantes de nos provisions de bouche, fut aussi très rudement atteinte ce jour-là. — Depuis le commencement du bombardement jusqu'à la fin du siége la pluie de projectiles entiers ou d'éclats fut telle sur ce point que l'on a dû, pour réparer la toiture, employer plus de *huit mille tuiles*, et que les seules réparations de la halle vitrée située dans la cour intérieure ont coûté plus de *9,000 fr.*

Le garde-magasin de cet établissement a risqué trois fois au moins être la victime de son active surveillance : — un jour une grosse pierre, détachée du pignon de la maison voisine (maison de correction), et projetée contre une fenêtre de son bureau, le frappa en pleine poitrine et le renversa sur le sol où il resta étendu pendant près d'une heure, sans avoir perdu connaissance, mais sans pouvoir faire un mouvement ni pousser un cri ; la violence de la contusion l'avait momentanément privé de la parole, et le contre-coup de sa tête contre le sol l'avait passagèrement paralysé ; — un autre jour, pendant qu'il traversait la cour, il reçut à la cheville une balle morte, en fer, provenant d'une boite à mitraille ; — quelques jours plus tard un même éclat d'obus enleva un fragment de la visière de sa casquette, cassa en cinq morceaux la chaine de sa montre, et s'enfonça devant lui dans le sol après avoir légèrement éraflé l'extrémité antérieure de la semelle d'une de ses chaussures, mais sans lui faire le moindre mal.

La nuit du 24 au 25. — Incendie du Temple neuf et de la Bibliothèque.

Et cependant toutes ces cruautés n'étaient rien comparativement à celles qui allaient suivre :

« Quelle horrible nuit ! » s'écriait *l'Impartial du Rhin* dans le numéro, de format excessivement réduit, qu'il put faire paraître dans l'après-midi du 25 août (1) : « Quelle horrible nuit!... L'œuvre de

---

(1) *L'Impartial du Rhin* ne publia ce jour-là qu'un quart de feuille, et exposa ainsi les causes de cette réduction de format :

« Il nous est matériellement impossible de publier aujourd'hui une feuille entière.

« Les ateliers de l'imprimerie Berger-Levrault n'ont pas été épargnés ; ils ont été atteints par cinq projectiles ; l'un d'eux, entré à l'étage supérieur, a déterminé un commencement d'incendie qui a pu être éteint presque aussitôt, grâce à l'aide et à l'empressement de la compagnie des veilleurs-sauveteurs du quartier ; mais les débris de pierres, de tuiles et de verre projetés de tous côtés par l'explosion empêchent

destruction a recommencé hier soir à 8 heures, et depuis ce moment jusqu'à 3 heures du matin une pluie de projectiles de toutes sortes, de tout calibre, s'est abattue sur la ville, dans tous les quartiers. Aujourd'hui, nous ne pourrions énumérer les maisons, les établissements publics, les monuments scientifiques et religieux atteints par le bombardement ; il serait plus facile de compter ceux qui ont été épargnés.

« L'incendie déterminé par quelques-uns de ces projectiles, et que les premiers secours n'ont pu étouffer, a détruit en entier le Temple-Neuf (1),

nos machines de fonctionner régulièrement ; elles en sont littéralement couvertes.

« De plus, le personnel de nos compositeurs est excessivement restreint en ce moment.

« Un de nos ouvriers a été tué cette nuit, dans son lit, par un éclat d'obus.

« Parmi les autres, il en est qui ont des femmes, des enfants, de vieux parents ; il est de leur devoir de veiller à leur sécurité.

« Nos lecteurs apprécieront ces motifs et nous excuseront de ne pas leur fournir, pour cette fois, un numéro ordinaire. »

(1) Le *Temple neuf* était anciennement l'église du Couvent des Dominicains et a porté longtemps le nom d'*Église des Frères Prêcheurs*.

Sa construction remontait au XIIIe siècle.

Cette église, qui avait été consacrée en 1260, devint, après la Réformation, ainsi que le couvent, propriété de la ville. Sous Louis XIV, lors de la capitulation de Strasbourg, l'église des Frères Prêcheurs fut donnée aux protestants, en échange de la cathédrale, dont ces derniers s'étaient emparés. Ce fut alors qu'on lui donna le nom de Temple-Neuf.

Ce temple était remarquable par l'originalité de sa construction. Il était partagé, dans toute sa longueur, par une rangée de colonnes et par des arcades surmontées d'un mur supportant des voûtes gothiques. Le

une aile du Gymnase protestant et, de fond en comble, notre précieuse bibliothèque (1). De tant de richesses, de tant de trésors lentement accumulés au prix de tant d'études et d'efforts, il ne reste que des cendres ; les maisons attenantes ne sont plus

chœur était détaché et séparé de la nef par des murs et par une allée couverte entre les deux bâtiments.

Le temple renfermait de superbes orgues, œuvre d'André Silbermann; un monument érigé à la mémoire de Jean-Laurent Blessig, célèbre théologien protestant; la pierre monumentale de J. Tauler, prédicateur dominicain, mort en 1361 ; celle de J. Ortevin, du même ordre, suffragant de l'évêque de Strasbourg à la fin du xv° siècle ; le buste du baron de Turckheim, ancien président du Consistoire de la Confession d'Augsbourg, et celui de Fr. Redstob, inspecteur ecclésiastique et professeur de théologie, ainsi qu'une série de peintures murales (danse des morts) découvertes sous le badigeon en 1824.

(1) La *Bibliothèque publique* de Strasbourg, une des plus riches de France, était installée dans l'ancien chœur du Temple-Neuf, dont la construction avait été commencée en 1307 et terminée en 1315.

Cette bibliothèque était due à l'un des savants les plus distingués de Strasbourg, Schœpflin, l'auteur de l'*Alsatia diplomatica* et de l'*Alsatia illustrata*; en 1675, Schœpflin céda à la ville, moyennant une modique rente viagère (2,400 fr. pour lui et sa sœur), sa bibliothèque particulière et les autres collections qu'il avait réunies pendant ses voyages. Cette bibliothèque avait été successivement enrichie, d'abord par Schœpflin lui-même, puis par d'autres bibliothèques et collections diverses et par les acquisitions faites chaque année par la ville.

Elle se composait d'environ deux cent mille volumes; elle contenait quantité d'ouvrages des plus rares, de magnifiques incunables, et surtout des manuscrits uniques que les souscriptions les plus abondantes et tous les trésors de la Prusse ne parviendraient pas à remplacer. Ces manuscrits formaient un fonds de douze cents volumes provenant des anciens couvents supprimés, et dont les trois quarts appartenaient à l'ancienne commanderie de Saint-Jean-de-Jérusalem.

Les documents renfermés dans la bibliothèque de

que des débris ; celle dont le cercle du Broglie occupait le premier étage est aussi détruite.

« Notre Musée est anéanti ; la maison de l'Aubette (1) où il était installé, n'est maintenant qu'un monceau de décombres.

« A l'Arsenal, les dégâts ne sont pas moins déplorables : un pavillon où étaient déposés, dit-

---

Strasbourg n'intéressaient pas seulement l'histoire politique locale, mais aussi l'histoire générale des villes libres de l'ancien empire germanique.

Parmi ces documents, on remarquait surtout un *Synodicum*, en langue grecque, sommaire des conciles tenus pendant les neuf premiers siècles de l'église chrétienne; les *Pièces relatives au procès entre Gutemberg et le frère de son associé*, donnant des détails du plus haut intérêt sur l'invention de l'imprimerie, la *Collection des mathématiciens grecs* depuis Euclide jusqu'à Théon d'Alexandrie ; les *Ouvrages des mathématiciens arabes*, traduits en latin ; le *Hortus deliciarum* de l'abbesse Herrade de Langsperg, manuscrit du douzième siècle, grand in-folio, orné presque à chaque feuillet de miniatures extrêmement curieuses, et que M. Alexandre Le Noble a fait connaître à la France par une notice inscrée dans le premier volume de *l'Ecole des Chartes*.

Avec la bibliothèque publique ont été détruits le cabinet d'antiquités et la bibliothèque du Séminaire protestant, fondée en 1531 par le *stettmeister* Jacques Sturm de Sturmeck, et qui comptait, dans les derniers temps, environ quatre-vingt mille volumes et sept cents manuscrits. Parmi les incunables de cette dernière bibliothèque on remarquait une *Bible latine*, un *Virgile* et une *Bible allemande* imprimés par Mentelin, de Strasbourg, et par Eggenstein, son successeur. Dans le cabinet d'antiquités on remarquait divers instruments de torture employés autrefois à Strasbourg, et les deux trompes en métal fondu à l'aide desquelles le guetteur de la cathédrale donnait chaque soir, du haut de la plate-forme, le signal indiquant aux Juifs que l'heure prescrite pour leur sortie de la ville venait de sonner.

(1) L'*Aubette* était un grand bâtiment en grès rouge des Vosges. Il occupait presque toute la longueur du

on, 18,000 chassepots, a brûlé avec tout ce qu'il contenait.

« Presque toutes nos rues sont jonchées de débris de murailles éventrées, de toitures défoncées.

« C'est un spectacle hideux, lugubre et qui fait bondir l'âme... Comment ! à notre époque, de telles monstruosités sont encore possibles !...

« Mais si l'ennemi a espéré abattre notre courage par tant d'acharnement contre la population civile, il s'est étrangement trompé ; de tant de ruines, de tant de malheurs, ce n'est pas le découragement qui surgit, c'est une ardeur nouvelle ; les âmes hésitantes se sont raffermies, la colère monte au cerveau, et tous les hommes valides, tous ceux surtout qui ont été militaires et qui savent se servir du fusil, demandent à être pourvus d'armes et de munitions qui leur permettent de prendre utilement part à la défense commune.

« Le temps presse ; les dévouements se multiplient ; qu'on les utilise sans le moindre retard.

« Que le cri : « Aux armes ! citoyens, » ne soit plus un vain refrain.

« Aux armes ! » A cette heure, c'est l'ardent désir de tout homme de cœur; nos volontaires, et ils sont nombreux, ne veulent pas laisser ainsi massacrer des femmes, des enfants, des vieillards ; ils veulent au moins les défendre ; ils demandent à faire des sorties, à marcher contre l'ennemi, à le

côté droit de la place d'Armes, appelée aussi place Kléber ; il appartenait à la ville.

L'état-major de la place, le bureau d'un commissaire de police et le principal corps de garde de la place étaient établis au rez-de-chaussée. Au premier, se trouvait le Musée communal de peinture et de sculpture. Dans l'aile de droite, au même étage, le logement du commandant de place. Le deuxième étage de tout le bâtiment était loué à des particuliers.

combattre face à face, à lui montrer ce dont est capable la nation armée!

« Mais pour cela il leur faut de bonnes armes, au moins égales à celles des assaillants.

« Nous adjurons ceux qui peuvent leur en fournir de ne pas tarder plus longtemps à profiter de ce patriotique élan, qui est peut-être notre planche de salut. » — P. R. S.

Première réunion publique.

Nous avons rendu toute justice, dans les pages précédentes, à l'immense majorité de la population civile de Strasbourg, et nous aurons à signaler encore par la suite son héroïsme et son abnégation; ce récit étant, avant tout, une œuvre d'impartialité et de sincérité, notre devoir est de signaler aussi quelques actes de découragement, d'involontaires défaillances, excusables peut-être en face de tant de dangers et de malheurs, mais qui ont eu le très grave effet de réagir sur les délibérations de la commission municipale et les résolutions dernières du conseil de défense.

Presque chaque jour, depuis le commencement du blocus, un certain nombre de citoyens se rencontraient sur la place Gutenberg ou sur la promenade du Broglie pour se communiquer leurs renseignements, leurs impressions, leurs désirs, leurs idées, leurs projets, et pour disserter sur les sinistres probabilités de l'avenir. Beaucoup étaient d'avis qu'il fallait tenir jusqu'au bout, et ne pas faire la moindre concession à l'ennemi; d'autres soutenaient l'avis contraire, prêchaient la résignation et manifestaient le désir que l'on tentât près de l'autorité militaire une démarche pour la décider à ne pas prolonger la résistance.

Ceux-ci avaient été si vivement impressionnés par les derniers incidents que nous venons de rappeler qu'ils ne parlaient de rien moins, dans les groupes qui se pressaient, très nombreux, le 25 août, sous les arbres du Broglie, que d'aller arrêter le préfet et le général et d'ouvrir ensuite les portes à l'ennemi.

Un des assistants, de sens plus rassis, proposa d'aller plutôt demander au maire d'ouvrir les casemates à la population et d'y mettre en sûreté au moins les femmes et les enfants ; un autre émit l'avis qu'il fallait aller sommer le commandant supérieur d'ouvrir les portes, non pas aux assaillants, mais à la population, afin que tous les hommes capables de porter une arme et de s'en servir pussent faire une sortie en masse : « Mieux vaut », disait ce brave citoyen, « nous faire tuer en essayant au moins de défendre nos familles et nos propriétés, que nous laisser massacrer ainsi en détail, que rester plus longtemps exposés à ces intolérables angoisses ! »

Un officier de la garde nationale ayant opiné qu'au lieu d'aller directement chez le général il valait mieux s'adresser d'abord au maire, intermédiaire naturel entre les citoyens et les autorités supérieures, la réunion délégua vers ce magistrat M. Belley, tailleur, M. Ernest Lehr, rédacteur à *l'Impartial* et lieutenant de la garde nationale sédentaire, M. Auguste Schnéegans, rédacteur au *Courrier* (1), et les accompagna jusqu'à l'Hôtel-de-

(1) Aujourd'hui rédacteur en chef du *Journal de Lyon*.

Ville. — Les trois délégués, immédiatement reçus par M. Théodore Humann, lui exposèrent les désirs de leurs commettants. Le maire qui, au moment où ces messieurs demandèrent à être admis près de lui, se dirigeait vers la salle où était réuni le conseil municipal, alors réduit à 14 ou 15 membres, pria MM. Belley, Ernest Lehr et Auguste Schnéegans d'entrer avec lui ; après avoir présenté ces messieurs à ses collègues, il leur répondit qu'il n'était point possible d'admettre les femmes et les enfants dans les casemates, ces abris étant si restreints et en si petit nombre qu'ils suffisaient à peine aux besoins de la garnison ; mais il leur fit part de la démarche tentée à ce moment même par l'évêque de Strasbourg en faveur de la partie inoffensive de la population, et exprima l'espoir, espoir qui devait être cruellement déçu, qu'elle aurait un bon résultat; M. Humann ajouta qu'il allait immédiatement transmettre au général le vœu, qui venait de lui être exprimé, de laisser effectuer une sortie en masse par la population armée : « Je doute cependant », ajouta-t-il, « que votre demande soit accueillie, car je crois le général déterminé à ne plus tenter aucune opération de ce genre depuis l'insuccès de celle dont il avait confié le commandement au colonel Fiévet. »

M. Humann, suivi des trois délégués et des membres du conseil qui continuaient à siéger avec lui, se rendit chez le général Uhrich, qui reçut immédiatement ces messieurs. Le but de la démarche lui ayant été exposé par le chef de la municipalité, le commandant militaire supérieur répondit en protestant d'abord contre la barbarie du général de

Werder : « Je lui ai écrit », ajouta-t-il, « pour lui exprimer mes sentiments à cet égard, et pour lui demander de laisser sortir les femmes, les enfants et les vieillards : voici comment il a répondu à cette prière : « Vous êtes dans une ville de 80,000 « âmes ; vous n'avez ni casemates, ni refuges ; je « ne puis consentir à laisser sortir les femmes, les « enfants et les vieillards, parce que ce sont eux « qui font votre faiblesse, et que ce qui fait votre « faiblesse fait ma force. »

Le général Uhrich termina en déclarant qu'il refusait absolument de laisser la population tenter une sortie : « Vous n'avez ni armes, ni munitions qui vous permettent de lutter avec quelque chance de succès, et je ne veux pas vous envoyer à la boucherie ; si je ne fais pas faire de sorties par la garnison, c'est qu'elles me coûteraient trop de monde, et que je dois épargner avec soin le sang de vos défenseurs, afin de prolonger la résistance le plus longtemps possible. »

Les délégués déclarèrent explicitement au général qu'ils ne demandaient aucunement la reddition de la place, — et l'on se sépara.

L'incendie de la Cathédrale.

Chaque jour, il semblait que les dégâts, les dévastations ne pourraient plus augmenter, et l'on se prenait parfois à espérer que, découragé par l'insuccès de ses efforts contre l'intérieur même de la ville, le chef de l'armée assiégeante serait enfin pris de pitié ou de remords et donnerait à ses soldats l'ordre de respecter dorénavant la population et les propriétés privées, de n'attaquer que la garnison et les remparts. On avait tort de supposer qu'un général allemand fut capable d'éprouver des sentiments de cette nature : de Werder s'était promis de prendre Strasbourg, et, par tous les moyens, il poursuivait obstinément son œuvre ; aucune considération, aucun obstacle moral n'étaient capables de l'arrêter dans cette voie de ruine et de sang ; à chaque instant, c'étaient de nouveaux accès de rage. Ces quelques lignes, aussi extraites de *l'Impartial du Rhin*, et écrites sous le coup d'une indignation qui n'est certes point tarie, montreront à quel point en était venue, le 26 août, la fureur de l'ennemi :

« L'incendie et l'assassinat, telles sont les armes dont nos ennemis continuent à user contre la population de Strasbourg ; — incendiaire ! assassin ! — telles sont les épithètes infamantes que l'histoire infligera comme un stygmate éternellement ineffaçable au chef qui a donné l'ordre de commencer et de poursuivre cette œuvre de destruction.

« Il ne semblait pas possible que les horreurs de la nuit précédente fussent surpassées ; elles l'ont été cependant, et durant la nuit dernière, les hordes de sauvage qui nous assiégent ont continué à massacrer les femmes, les enfants, les vieillards et tant d'autres citoyens inoffensifs ; il n'est pas un seul quartier de Strasbourg qui ne soit jonché de ruines ; pas un où quelque famille n'ait à déplorer la mort de quelqu'un des siens. Les blessés eux-mêmes ne sont pas à l'abri de leurs coups ; l'ennemi frappa aveuglément, avec un emportement stupide, avec une fureur bestiale : il n'y a plus place dans son cœur pour un sentiment d'humanité.

« Le bombardement a recommencé hier soir plus tôt que les jours précédents, vers 7 heures. A 10 heures et demie, au milieu du fracas des obus et des bombes, des pleurs et des cris de désespoir, une clameur plus sinistre encore a dominé tous ces bruits : — « La cathédrale brûle !... la cathédrale brûle !... »

« Et c'était vrai !

« A ce moment tout l'édifice était enveloppé d'un épais nuage de fumée. Le feu dévorait intérieurement la forêt de charpente qui recouvrait la nef. Vers minuit les flammes se sont frayé un chemin à travers la toiture et ont jailli de tous côtés à la fois, jetant de toutes parts une lueur sinistre, léchant avec furie la base de la flèche, que pourtant elles n'ont pu entamer. L'œuvre immense, — dégradée, mais non anéantie, — subsiste pour attester les horreurs de ce siège, horreurs auxquelles l'Europe ne voudra pas croire lorsqu'il sera possible d'en donner les détails.

« En même temps d'autres incendies éclataient sur tant d'autres points qu'il n'est pas possible de les énumérer. Le plus grand nombre a pu être maîtrisé dès le début, grâce au dévouement, à l'abnégation au-dessus de tout éloge de nos veilleurs-sauveteurs et des sapeurs-pompiers ; d'autres ont malheureusement résisté à leurs efforts, ont grandi et ont abattu plusieurs édifices publics et quantité de propriétés particulières. Dans certains quartiers, les maisons qui ont pu éviter l'incendie ont été éventrées ou en partie démolies par les projectiles de toute espèce qui, sans relâche, sans répit, pendant neuf heures consécutives, ont été lancés sur tous les points de la ville.

« Et cependant nous ne désespérons pas ; tant de hideux efforts ne parviennent pas à réduire notre courage, à nous faire capituler ; des moyens humains y auraient peut-être réussi ; ces sauvages attaques exaspèrent au contraire la population de Strasbourg et font hâtivement germer en elle un ardent désir de vengeance et de haine contre ses agresseurs. Ceux-là même qui d'abord avaient parlé de se rendre refuseraient aujourd'hui.

« C'est que de telles abominations prouvent bien ce qu'il fallait croire des promesses cauteleuses, des proclamations hypocrites des chefs ennemis ; elles montrent quel serait notre sort à tous si, confiants dans leurs engagements, nous leur livrions la ville ; nos conditions seraient acceptées, peut-être, et puis foulées aux pieds.

» Qu'attendre d'un gouvernement qui a si souvent trahi la foi jurée, et qui fait la guerre à l'aide de tels moyens ?

« Comme au premier jour : « Vivre libres ou mourir » telle doit être notre suprême résolution. »
— P. R. S.

Pendant cette même nuit les divers corps de bâtiment de l'établissement des sœurs de la Providence occupés par des religieuses institutrices reçurent quantité d'obus, tous du calibre de 24, à en juger par leurs fragments trouvés dans les décombres : deux toitures furent broyées en entier, plusieurs plafonds fracassés jusqu'au deuxième étage. Dans une pièce inhabitée où il éclata, un obus réduisit en menues miettes tout ce que contenait cette salle et une partie des cloisons.

Prière infructueuse.

Par un hasard singulier, ou peut-être par suite d'un raffinement de méchanceté, l'incendie de la cathédrale coïncida avec la démarche qui avait été faite la veille près du général de Werder par l'évêque de Strasbourg, et qui d'ailleurs, ainsi qu'il était aisé de le prévoir, n'avait eu aucun succès.

M. Rœss, après avoir sollicité une audience du général commandant l'armée de siége, s'était rendu près de lui, sous la protection d'un parlementaire, pour le supplier de ne pas continuer le bombardement de la ville et de limiter l'attaque aux ouvrages militaires ; le prélat n'obtint que des réponses évasives, équivalant à un refus catégorique.

Il avait été d'abord projeté que M. Braun, le président du Consistoire supérieur de la confession d'Augsbourg, accompagnerait M. Rœss à Lampertheim ; mais l'évêque, comptant sans doute sur un tout autre résultat de sa généreuse démarche, avait voulu être seul à la tenter ; il échoua.

Abris et secours aux victimes des incendies.

On conçoit que tant de dévastations matérielles n'avaient pu être accomplies sans que le nombre des victimes augmentât dans des proportions croissantes.

Afin de venir en aide aux familles pauvres chassées de leurs demeures par l'incendie, décimées par les boulets et la mitraille, afin de suppléer, dans la mesure du possible, à l'insuffisance des abris creusés le long des talus intérieurs des remparts, une commission fut organisée par les soins de la municipalité; elle installa une partie de ces malheureux partout où l'on supposait que le tir des ennemis ne pourrait les atteindre : dans le foyer, dans les couloirs et dans le sous-sol du Théâtre, dans les écoles communales, au Château, à la Halle couverte, à l'ancienne et à la nouvelle Douane, à l'Hospice des orphelins (1).

Des soupes et du pain leur furent distribués par les soins du bureau de bienfaisance et d'une commission spéciale chargée d'utiliser les secours en argent et en nature que des gens aisés mettaient généreusement à la disposition des indigents.

L'autorité militaire, de son côté, autorisa aussi

---

(1) MAIRIE DE LA VILLE DE STRASBOURG.
Avis.

Le maire de la ville de Strasbourg a fait informer hier soir à son de cloche ses concitoyens que les familles sans asile seront recueillies au Théâtre, dans les écoles communales, au Château impérial, à la Halle couverte, à l'ancienne et à la nouvelle Douane, à l'Hospice des orphelins.

Les familles ruinées par le bombardement recevront, à partir du mardi 30 août, des secours en pain, au bureau de bienfaisance, rue Saint-Marc.

Une commission est formée pour établir des fours économiques, afin de distribuer des soupes aux indigents.

Un nouvel avis indiquera le jour où cette commission commencera à fonctionner.

Strasbourg, le 29 août 1870.

Le maire, HUMANN.

Avis.

Les personnes ruinées par le bombardement trouvent, dès à présent, des abris à la Grande boucherie, à l'école

la construction de baraques sur le chemin de halage, le long du canal des Faux-Remparts (1), et le lendemain de la capitulation les curieux ont pu voir qu'un grand nombre de familles pauvres avaient largement profité de cette autorisation ; là du moins elles étaient protégées contre le tir direct de l'ennemi par les fortifications même et par les terre-pleins du quai de la rive gauche ; les nuits n'étaient pas encore trop fraîches, et n'eussent été les éclaboussures des bombes ou des obus, qui, après avoir frappé les maisons et les quais de l'autre rive, rebondissaient souvent jusqu'à eux, ces malheureux auraient pu y vivre — si cela peut s'appeler vivre ! — dans une sécurité presque complète. Mais quelles appréhensions, quelles angoisses quand il fallait sortir de ces antres pour aller chercher un pot de soupe ou un morceau de pain, au moment même où le fer et le plomb tombaient dru comme grêle...

Saint-Guillaume, au Magasin des tabacs, rue du Finckwiller (Herrenstall) et au Théâtre.

Elles pourront prendre leur nourriture à l'établissement Saint-Joseph, impasse de l'Ancre, à l'estaminet Piton, rue du Vieux-Marché-aux-Grains, à la Halle-Couverte, chez les diaconesses, rue Saint-Marc, et à l'établissement de Sainte-Marie, rue de l'Ecrevisse.

Strasbourg, le 2 septembre 1870.

Le maire, Humann.

(1)   PLACE DE STRASBOURG.

La population privée de logement par suite des incendies est invitée à se construire des abris sur le chemin de halage du canal des Faux-Remparts, en appuyant des bois contre le mur du quai.

Strasbourg, le 28 août 1870.

Le colonel, commandant de la place,
Ducasse.

Les ramasseurs de fer.

Leur misère était telle, et les moyens de gagner quelques sous leur manquaient à ce point que des familles entières, de celles qui ne pouvaient se résigner sans rougir à accepter le pain de la charité, allaient jusqu'au pied des remparts ramasser les éclats de bombes et d'obus pour tâcher de les vendre comme vieille ferraille ; et ce n'était pas là, on se l'imagine aisément, un commerce facile et sans danger.

Un jour, un père et son fils, âgé de 7 ou 8 ans, étaient occupés à faire leur récolte de fer, lorsqu'un projectile, éclatant auprès d'eux, frappa le petit garçon à la poitrine et le tua sur le coup ; le père avait déjà tant souffert qu'il ne pleura pas : il ramassa les débris déjà recueillis, les glissa dans son sac, qu'il prit d'une main ; de l'autre, il saisit le cadavre de son enfant par un pied, et, le faisant pirouetter au-dessus de sa tête, il le chargea sur ses épaules pour l'emporter jusque dans la tanière improvisée qui depuis quelques jours leur servait de logis, à son fils, à sa femme et à lui...

Et toutes ces misères, toutes ces ruines, tous ces cadavres, toutes ces larmes, tous ces désespoirs, parce que — Français et Allemands — nous en sommes encore là, — en 1870 ! — que nous ne savons pas vider nos différends sans avoir recours à cet argument stupide : la violence !...

Au moins cette leçon si dure, si atroce, et, il faut le dire bien haut, si méritée par la plupart de ceux qui en ont le plus souffert, nous sera-t-elle profitable ? Saurons-nous, à l'avenir, faire un meilleur usage de notre libre-arbitre ? Finirons-nous par nous pénétrer de cette vérité que « les peuples n'ont que « le gouvernement qu'ils méritent ? »

Cette si accablante expérience nous aura-t-elle appris à faire nos affaires nous-mêmes, au lieu d'en confier le soin à de déloyaux aventuriers, à d'hypocrites intrigants, à de malhonnêtes ambitieux, à d'insatiables égoïstes ?...

Guerre à la guerre !... Que les souverains et leurs valets s'égorgent entre eux si tel est leur bon plaisir, mais que les peuples répudient à jamais ces luttes fratricides ! Guerre à la guerre ! guerre à outrance, guerre sans trêve, à la guerre *offensive :* mais, surtout, guerre à la ruse, au mensonge, sous quelques oripeaux qu'il se cachent, quelque brillant, quelque éblouissant que soit le clinquant derrière lequel ils se dissimulent ! Il faut que désormais tous les hommes de cœur et de bon sens emploient toute leur intelligence, toute leur énergie, toute leur activité à défendre et à propager les idées de justice, de probité, de concorde et d'union qui, depuis longtemps déjà, auraient dû avoir rendu impossible le hideux conflit de 1870.

Quand donc l'instruction nous aura-t-elle à ce point pénétrés et révolutionnés que ces monstruosités, qui n'ont, en somme, d'autre cause que l'ignorance du plus grand nombre, ne soient plus possibles?... Fous que nous sommes ! Nous donnons des milliards au budget de la guerre ; donnons donc des milliards à l'instruction, à l'éducation publiques ! et en vingt ans nous aurons pris la bonne, la vrai revanche, nous aurons transformé le vieux monde : en vingt ans, nous aurons, sans secousses, sans bouleversements, « renouvelé la face de la terre », et remis le bien à la place du mal.

Nomination d'une commission municipale.

Nous avons déjà dit que les élections pour le renouvellement du conseil municipal de Strasbourg n'avaient pas eu lieu à l'époque légalement fixée ; les électeurs qui s'étaient présentés dans les salles de vote durant la matinée du 7 août étaient si peu nombreux que plusieurs de ces lieux de réunion furent fermés dans l'après-midi et qu'aucun ne fut ouvert dans la journée du 8. La panique momentanée causée par le signal d'alarme qui, par ordre du général commandant en chef, avait tout à coup retenti, le 6 au soir, dans les rues de Strasbourg, durait encore, et c'est surtout à elle que doit être imputée cette si fâcheuse abstention. Cependant il aurait été prudent et sage de faire preuve de prévoyance, surtout dans cette grave circonstance, et de ne pas renoncer si facilement, en faveur de l'autorité, au soin de désigner ceux à qui incomberait jusqu'à la fin de la guerre le soin de gérer nos intérêts immédiats.

On a invoqué, pour expliquer et excuser la presque unanimité des abstentions, l'impossibilité matérielle de procéder sous le feu de l'ennemi à toute réunion, à toute discussion préparatoire ; — cet argument est précisément, nous semble-t-il, celui qui aurait dû déterminer chaque citoyen vraiment soucieux de ses droits et de ses devoirs à aller au scrutin avec plus d'empressement encore en ce moment qu'à tout autre : les habitants d'une ville de l'importance de Strasbourg ne savent-ils pas, ou du moins ne devraient-ils pas savoir constamment quels sont les plus dignes de les représenter, d'être leurs mandataires ? Devrait-il être besoin, pour établir et démontrer le mérite et la valeur de chaque candidat, de discussions appro fondies ?

Nous aurions donc souhaité voir les Strasbourgeois ne pas s'abandonner eux-mêmes dans ce moment de crise si grave, et ne pas laisser au chef de de l'administration politique le soin de désigner ceux à qui serait confié dorénavant le difficile et périlleux mandat de procéder à l'administration communale, de prendre les mesures exceptionnelles commandées par les circonstances. C'était le moment ou jamais de conserver son sang-froid, sa présence d'esprit, et d'agir avec une mâle résolution.

Malheureusement il n'en fut pas ainsi ; le plus grand nombre des électeurs, si peu habitués à n'agir que sous l'impulsion de leur initiative et de leur conscience, s'abstinrent d'aller exprimer leur vote, et il fallut bien dès lors que, cette fois encore, l'autorité leur vint en aide.

Déjà, par un arrêté préfectoral en date du 15 août, les fonctions de l'ancien conseil municipal normalement constitué avaient été indéfiniment prorogées (1) ; mais cet arrêté n'avait pu combler les

---

(1)   CORPS MUNICIPAL DE STRASBOURG.

Au nom de l'Empereur,
Nous, préfet du Bas-Rhin,
Vu les lois des 5 mai 1855 et 22 juillet 1870 ;
Vu l'état de siége ;
Considérant que les circonstances de la guerre n'ont

vides qui s'étaient produits dans cette assemblée avant l'investissement, ni surtout ceux qui étaient résultés de départs précipités. Le danger, la responsabilité devenaient chaque jour plus pressants, et chaque jour on avait à regretter l'absence d'une autorité librement élue, capable de prendre rapidement, au nom de ses commettants, des mesures énergiques, et de servir d'intermédiaire entre la population et les autorités militaire et gouvernementale.

Les membres encore en exercice de l'ancien conseil le sentaient si bien eux-mêmes que, le 29 août, ils décidèrent de se réunir, afin d'aviser aux moyens à employer pour mettre fin à cette situation provisoire : après une assez longue discussion il fut résolu qu'une démarche serait faite par le maire près du préfet afin d'obtenir de celui-ci qu'il voulût bien adjoindre aux 19 membres du conseil restés fidèlement à leur poste un nombre de leurs concitoyens

permis ni aux citoyens de procéder aux élections municipales de la ville de Strasbourg, ni au gouvernement de réorganiser l'administration ;

Arrêtons :

Art. 1er. — Les pouvoirs du corps municipal de la ville de Strasbourg sont prorogés jusqu'à nouvel ordre;

Art. 2. — M. le maire est chargé de l'exécution du présent arrêté.

Fait à Srasbourg, le 15 août 1870.

Le préfet, baron A. PRON.

Vu et approuvé :
Le général de division commandant supérieur,
UHRICH.

Pour copie conforme :
Le secrétaire général,
comte de MALARTIC.

Pour copie conforme :
Le maire, HUMANN.

tel que les décisions à venir du corps municipal eussent plus de poids et de valeur morale.

Naturellement, M. Pron s'empressa d'accéder à ce désir, et, après s'être concerté avec M. Humann, il prit le même jour, 29 août, un arrêté ainsi conçu :

« Nous, préfet du Bas-Rhin,

« Vu l'état de siége,

« Vu notre arrêté du 16 août, par lequel les pouvoirs du corps municipal de la ville de Strasbourg ont été prorogés ;

« Considérant qu'un certain nombre de conseillers municipaux sont absents ou empêchés ; que dès lors il importe, eu égard à la gravité des circonstances, de réorganiser la représentation de la cité ;

« Arrêtons :

« Article premier. — Le Conseil municipal est dissous.

« Art. 2. — Il est institué, pendant la durée du siége, une commission municipale composée de 47 membres, en vue de gérer et de défendre les intérêts de la ville.

« Art. 3. — Sont nommés membres de la commission :

MM. Charles Bœrsch, doct.-méd., ancien conseiller municipal, rédacteur en chef du *Courrier du Bas-Rhin* ; Jean Burger, brasseur *(A la Ville de Paris)* ; Amédée Caillot, professeur à la Faculté de médecine, ancien conseiller municipal ; René Caillot, propriétaire, ancien conseiller municipal ; Clog, propriétaire, ancien conseiller municipal ; Destrais, professeur à la Faculté, ancien conseiller municipal ; Flach, notaire, ancien conseiller municipal ; Gérard, président honoraire du tribunal civil, ancien conseiller municipal ; Gœrner, entrepreneur, commandant des sapeurs-pompiers ; Charles Grün, négociant ; Hatt, brasseur, ancien conseiller municipal ; Guillaume Hatt, propriétaire, ancien commandant de la garde nationale; Henry fils, pâtissier; Hirtz, professeur à la Faculté de médecine, ancien conseiller municipal; Hœrter, marchand de bois, ancien conseiller municipal; Huck, marchand de bois, ancien conseiller municipal; Théodore Humann, propriétaire, ancien conseiller municipal (maire); Imlin, ancien conseiller municipal; Kablé, agent de la compagnie *le Phénix*; Kampmann, fabricant, ancien conseiller municipal; Klein, pharmacien; Edmond Klose, banquier; Kolb, constructeur-mécanicien; Kratz, ancien notaire, ancien conseiller municipal; Küss, professeur à la Faculté de médecine; Ernest Laut, banquier; Jean-Jacques Lauth, ancien brasseur, ancien conseiller municipal; Lauer fils, entrepreneur; Lemaistre-Chabert, propriétaire, ancien conseiller municipal; Leuret, ancien médecin principal des armées; Lichtenfelder fils, serrurier; Lipp, brasseur; Mallarmé, avocat, ancien conseiller municipal; Momy, notaire, ancien conseiller municipal; Oberlin, professeur à l'Ecole de pharmacie, ancien conseiller municipal; Petiti, entrepreneur, ancien conseiller municipal; Ruhlmann, syndic des jardiniers cultivateurs; Alphonse Saglio, propriétaire; Schott, brasseur, *A la Chaine*; Schmitt, boulanger (quai des Bateliers); Charles Schutzenberger, brasseur; Jules Sengenwald, négociant, ancien conseiller municipal; Silbermann, imprimeur, ancien conseiller municipal; Stæhling, négociant, ancien conseiller municipal; Stoltz, professeur à la Faculté de médecine, ancien conseiller municipal; Strohmeyer, négociant, ancien conseiller municipal; Wenger, entrepreneur, ancien conseiller municipal.

« Art. 4. — M. le maire et MM. les adjoints sont maintenus dans leurs fonctions.

« Art. 5. — M. le maire est chargé de l'exécution du présent arrêté.

« Fait à Strasbourg, le 29 août 1870.

« *Le préfet du Bas-Rhin,*
« Baron PRON.
« Vu et approuvé par nous,
« *Général de division, commandant supérieur,*
« UHRICH. »

Dix des personnes désignées dans cette liste ayant décliné l'honneur qu'on avait voulu leur faire et la responsabilité qui en aurait été la conséquence, MM. Girard, Hatt, G. Hatt, Hirtz, J.-J. Lauth, Petiti, Schmidt, J. Sengenwald, Sterling et Wenger furent remplacées par dix autres, dont les noms suivent, et qui furent désignées au choix du préfet par un scrutin auquel prirent part les trente-sept membres qui avaient tout d'abord accepté leur nomination directe :

MM. Weyer fils, architecte, 31 suffrages ; Eissen fils, marchand de fer, 21 ; A. Schnéegans, rédacteur au *Courrier du Bas-Rhin*, 20 ; Fullhart, ancien boulanger, 20 ; Oscar André, négociant, 19 ; Kreitmann, négociant, 18 ; Wolf, avoué, 18 ; Lips, marchand de draps, 18 ; Belley, marchand-tailleur, 17 (n'a pas accepté) ; Bergmann, négociant, 16.

La candidature de treize autres personnes avait été directement ou indirectement posée ; nous indiquons à la suite de leurs noms, comme pour ceux qui précèdent, le nombre de suffrages attribués par le vote à chacune d'elles :

MM. Schneider, 15 suffrages ; Grouvel, banquier, 12 ; Laugel, serrurier, 12 ; Krafft, ingénieur civil, 12 ; Dubosc, ingénieur des mines, 11 ; Arthur Faes, négociant, 11 ; Heindenreich, pharmacien, 11 ; Schott, brasseur (celui-là même qui, vers le commencement du siège avait été accusé d'entretenir des relations avec l'ennemi, d'avoir fourni à des officiers allemands des costumes de garçon brasseur pour leur permettre de pénétrer dans la ville et de s'en retourner sans être facilement remarqués ; après avoir été retenu assez longtemps en prison, M. Schott et deux ou trois de ses employés furent relâchés faute de preuves établissant nettement leur culpabilité), 10 ; Carré, négociant, 9 ; Masse, avocat, 5 ; Mewer, négociant, 5 ; Ferdinand Schéegans, avoué, 3 ; Seyboth, entrepreneur, 2. Voix perdues, 14.

Le 17 septembre, un arrêté du général Uhrich, rendu sur la demande de la commission municipale, adjoignit quatre membres nouveaux à cette chambre communale ; mais ceux-ci furent désignés au choix de l'autorité par le Conseil des prud'hommes. M. Henry, l'auteur de cette proposition, avait exprimé le désir que « la commission s'adjoignît quelques collègues pris *dans les classes ouvrières* » ; on nomma MM. de Puilhery de Saint-Sauveur, Théodore Schweighœuser, Charles Lehr et Weber (1).

La proclamation du 26 août.

Au lendemain des horribles journées, et des nuits

---

(1)　　« RÉPUBLIQUE FRANÇAISE.
« *6ᵉ division militaire.*
« ÉTAT-MAJOR.

« Nous, général de division, commandant supérieur de la 6ᵉ division militaire ;
« Vu les lois sur l'organisation municipale ;
« Vu les propositions de la commission municipale de Strasbourg, après nous être concerté avec l'administration provisoire,

« Arrêtons :

« Article premier. — MM. Gustave Poquet de Puilhery de Saint-Sauveur, Schweighæuser, Charles Lehr et Weber, sont nommés membres de la commission municipale.
« Art. 2. — M. Bœrsch, administrateur provisoire, est chargé de l'exécution du présent arrêté.
« Fait à Strasbourg, le 17 septembre 1870.

« *Le général commandant supérieur,*
« UHRICH. »

plus horribles encore du 23 au 26 août, la proclamation suivante fut affichée (1) :

6ᵉ DIVISION MILITAIRE.

« Habitants de Strasbourg,

« Depuis trois jours la ville est bombardée à outrance.

« Votre héroïsme, à cette heure, est la patience. C'est pour la France que vous souffrez. La France entière vous dédommagera de vos pertes.

« Nous en prenons l'engagement, au nom du gouvernement que nous représentons.

« Fait au quartier-général, le 26 août 1870, une heure après-midi.

« *Le général de division, commandant supérieur,*
« UHRICH. »
« *Le préfet du Bas-Rhin,* baron PRON.
« *Le maire,* HUMANN. »

Nouveaux abris.

L'affiche suivante fut placardée le 27 :

« Préoccupé de la position qui est faite à la population de Strasbourg par le feu de l'ennemi, le général de division commandant supérieur fait connaître :

« 1° Que des postes de secours pour les blessés sont établis :

« A l'hôpital militaire, — au palais impérial,

---

(1) Le métier d'afficheur n'était pas facile depuis que le bombardement avait commencé, et il n'est que juste de signaler tout particulièrement l'homme qui, chaque jour, à toute heure, était constammemt prêt à placarder les avis et les proclamations des autorités; il s'exposait au danger avec une abnégation vraiment méritoire; c'était un employé de la mairie, qui cumulait cet emploi avec celui, non moins dangereux à cette époque, de crieur public : il se nommait *Nicolas Retler.*

place de la cathédrale, — au lycée, — au grand-séminaire, — au petit-séminaire, — au séminaire protestant, quai Saint-Thomas, — sur le Broglie, à l'ancienne fonderie ;

« Après avoir reçu sur ces points les premiers secours, les blessés seront transportés dans les établissements où ils doivent être soignés ;

« 2° Que des abris destinés aux incendiés vont être construits le long des remparts, de la porte Nationale à la porte de Saverne, de la porte de Saverne à la porte de Pierres, et près de la porte des Pêcheurs pour le quartier Saint-Nicolas (1).

« Les habitants sont engagés à prendre part à ces travaux, qui sont entièrement exécutés dans leur interêt.

« Strasbourg, le 27 août 1870.

« *Le général de division, commandant supérieur,*
« Uhrich. »

Deuxième et troisième réunions publiques.

Le jour où les débris de l'ancienne municipalité devaient se réunir à l'Hôtel-de-Ville pour y tenir

(1) Ces abris étaient formés à l'aide de poutrelles, de troncs d'arbres, ou de grosses branches dont les deux extrémités reposaient, l'une sur le sol, l'autre contre le versant intérieur du talus ; sur cette espèce de charpente étaient posées des branches plus petites ou des débris ramassés dans les ruines d'alentour, et le tout était recouvert d'une couche de gazon et de terre assez épaisse pour faciliter l'écoulement de l'eau, en cas de pluie, et pour amortir au moins le choc des éclats de bombes et d'obus ; des ouvertures, pouvant être obstruées par des pierres ou par des planches, étaient ménagées au ras du sol ; de pauvres familles avaient transporté dans ces réduits tout ce qui leur restait de leur misérable mobilier, jusqu'à leur fourneau de cuisine, et vivaient là sans jamais en sortir.

la séance dont nous avons déjà parlé et à la suite de laquelle fut si facilement effectuée la transformation du conseil élu par la population en une commission nommée par le préfet, on fit circuler le bruit que ces messieurs allaient délibérer pour décider s'il n'y avait pas lieu de faire près du général une démarche qui le déterminerait peut-être à capituler. Ce bruit n'était sans doute rien moins que fondé; cependant, à l'heure indiquée pour la réunion (3 heures après midi), bon nombre de personnes, les unes favorables, les autres opposées à cette aventure, se rendirent dans la cour de la Mairie dans l'intention d'appuyer ou de combattre ce projet. Il s'éleva bientôt entre elles des discussions, même des altercations personnelles que les moins exaltés, les moins timorés eurent beaucoup de peine à calmer.

Pendant ce temps, le conseil délibérait; mais le sujet de la délibération n'étant pas exactement connu et la séance se prolongeant indéfiniment, les groupes qui stationnaient encore dans la cour vers 4 heures et demie commencèrent à se dissiper; quelques-uns des plus patients décidèrent, avant de se séparer, qu'il fallait se réunir de nouveau le lendemain, à 10 heures du matin, sur la place Gutenberg; avis de ce rendez-vous devait être donné de vive voix au plus grand nombre de personnes possible.

Cette troisième réunion eut lieu en effet, et l'on y discuta sommairement, mais très sérieusement, la question de savoir si « oui ou non il était utile de prolonger la défense » ?...

M⁰ Masse, avocat, monté sur une chaise apportée

par un obligeant voisin, prononça une allocution à la suite de laquelle quatre personnes furent déléguées pour dresser un procès-verbal de la délibération et aller le remettre ès-mains de M. le maire. Voici la copie de ce procès-verbal :

« Une assemblée populaire s'est réunie le 30 août, à dix heures du matin, sur la place Gutenberg. Etaient présents environ trois cents électeurs de la ville de Strasbourg.

« L'assemblée a prié Me Masse de prendre la parole.

« Après un exposé du président, l'assemblée, à l'unanimité, a décidé :

« 1° Qu'il y a lieu de s'entendre avec la nouvelle commission municipale afin qu'elle s'enquière :

« *(a)* De la situation des armées belligérantes ;

« *(b)* De la question de savoir si nous avons une garnison suffisante pour tenir contre l'agression des ennemis, et si nous avons suffisamment de munitions pour nous défendre avec efficacité ;

« *(c)* De la question de savoir si nos approvisionnements alimentaires sont en quantité suffisante ;

2° Que la commission municipale sera invitée à faire connaître à la population, au moyen d'affiches, l'état réel des choses ;

« 3e Qu'elle désigne MM. Curré, Eissen fils, le docteur Lévy, Bourlet et Dœrffer à l'effet de veiller à la mise à exécution de ses résolutions. »

Pour couper court à ces démonstrations puériles et toutes d'ostentation, il aurait certainement suffi d'un avertissement affectueux ; le général Uhrich aima mieux avoir recours tout d'abord aux grands moyens, et il prit, le lendemain, cet arrêté :

« Nous, général de division, commandant supérieur,

« Vu l'état de siége ;

« Sur le rapport qui nous a été fait qu'une réunion de 300 personnes aurait été tenue hier matin place Gutenberg, et que des motions illégales y auraient été formulées,

« Arrêtons :

« Article premier. — Tous attroupements ou réunions publiques quelconques sont interdits.

« Art. 2. — Les contrevenants seront déférés au conseil de guerre.

« Fait au quartier-général, le 31 août 1870.
« UHRICH.

Cette décision et cette menace suffirent pour mettre fin à des dissentiments, qui n'avaient à ce moment aucune gravité, mais qui, en se manifestant trop fréquemment sous cette forme, auraient pu, dans ces circonstances critiques, occasionner de douloureux conflits.

Comités municipaux et comités privés. — Cuisines économiques. — Enregistrement des sinistres.

Dès sa première séance, la « commission municipale » nomma quatre sous-commissions chargées de s'occuper : la première, de l'alimentation des personnes nécessiteuses ; la seconde, de fournir des logements à ces malheureux ; la troisième, des subsistances publiques ; la quatrième, de recevoir les déclarations des propriétaires dont les meubles ou les immeubles avaient été ou seraient démolis ou incendiés.

En même temps s'organisait un comité qui, à l'aide de souscriptions directement sollicitées à domicile, parvint à fournir à très-bas prix une nourriture substantielle aux familles plus ou moins aisées dont les ressources étaient, momentanément au moins, des plus restreintes. Ce comité établit à l'estaminet de *l'Ours-Blanc* (place Kléber) une cuisine économique qui mettait à la disposition des consommateurs, tous les jours à 1 heure, un repas composé de *soupe, de légumes, de pain, de vin,* et, quand c'était possible, de *viande* au prix de *cinquante centimes.*

On pouvait se procurer des bons (chaque bon valable pour un repas) tous les jours, à la Halle-Couverte, de 10 heures à midi et de 2 heures à 4 heures. Les personnes charitables pouvaient acheter de ces bons en nombre illimité et les distribuer à leur gré.

Dans sa séance du 30 août, la même commission s'occupa des moyens à employer pour réunir les documents nécessaires à la réalisation de la promesse faite par le général, le préfet et le maire dans leur proclamation du 26, et elle institua une sous-commission spécialement chargée de recevoir les déclarations des personnes dont les propriétés, le mobilier, les vêtements, etc., étaient devenus la proie des flammes ou avaient été détériorés par les projectiles.

Le mois de septembre.

Dans les premiers jours de ce mois, le bombardement ne discontinua pas; il fit encore de nombreuses victimes, et les ruines continuèrent de s'entasser sur les ruines; cependant le tir des ennemis subissait parfois des interruptions prolongées; très vif et très rapide à certaines heures et dans certaines directions, tout à coup il cessait complètement pendant plus ou moins de temps, pour recommencer bientôt avec une nouvelle énergie.

On crut remarquer à cette époque que le plus grand nombre de projectiles n'avaient plus la grosseur ni la puissance destructive de ceux dont les effets avaient pu être précédemment constatés; on prétendit même que, les munitions faisant défaut aux assaillants, ils employaient, au lieu d'obus, de bombes et de boulets, de la vieille ferraille, des morceaux de rails, des fragments de monuments funèbres, etc. Mais on sait qu'un seul coup tiré à l'aide de pareils débris pourrait mettre une pièce hors de service; et d'ailleurs les communications des assiégeants avec leurs arsenaux et leurs fonderies n'étaient point interrompues.

Quoi qu'il en soit, les projectiles réglementaires ou non réglementaires continuaient à pleuvoir de tous côtés et à produire d'horribles blessures, d'affreux dégâts. Certains de ces dégâts étaient comparables à ceux de la foudre : par exemple, un obus qui pénétra, à travers un mur de 70 centimètres d'épaisseur, dans une des chambres de la caserne d'Austerlitz occupées par la garde mobile, coupa les barreaux de quelques lits en fer aussi nettement qu'aurait pu le faire une scie, déchira une paire de bottines en plusieurs morceaux exactement semblables les uns aux autres, arracha toutes les vis de la semelle, et sépara les unes des autres toutes les rondelles de cuir formant le talon. Cinq des lits qui se trouvaient dans la direction du coup furent renversés sens dessus dessous, mais ne furent aucunement endommagés, et l'on n'eut à déplorer la mort d'aucun des soldats de la chambrée; un seul fut légèrement contusionné par un debris de moëllon.

Dans une autre caserne, un obus traversa un placard plein de vaisselle, et, sans rien briser, alla frapper une cheminée à la prussienne, qu'il retourna devant derrière, sans presque l'écorner. L'appui d'une large fenêtre fut coupé diagonalement dans toute sa longueur, et cette section était aussi nette que si elle eût été faite par un habile ouvrier. Sur un autre point, une lanière se détacha de la chemise en plomb qui enveloppait l'obus, s'enroula au tour d'une poutrelle et l'entoura comme d'un anneau fait de mains de maitre.

Un projectile à la mairie.

Le 2 septembre, un projectile arriva à l'Hôtel-de-Ville pendant la reunion de la commission municipale, et produisit parmi ses membres une émotion telle que plusieurs d'entre eux demandèrent que l'assemblée allât siéger dans un autre local. Le maire, M. Humann, combattit d'abord cette proposition. Pourtant, un second projectile ayant succédé au premier, on se décida à ne pas braver plus longtemps et bien inutilement un danger très-réel, et la séance, un moment suspendue, ne fut reprise qu'après l'installation de la commission dans un appartement mieux protégé que la salle ordinaire des délibérations contre les violences aveugles de l'ennemi.

Les premiers saufs-conduits.

Le 3, on reçut un certain nombre de saufs-conduits émanés du quartier général prussien, et plusieurs familles en profitèrent pour s'éloigner. D'autres, plus braves ou plus dévouées, auxquelles fut faite la même proposition, résistèrent à la séduisante perspective dont ces chiffons de papier étaient le gage, et restèrent au milieu de leurs concitoyens afin de les réconforter et de les encourager par leur exemple.

Ces saufs-conduits portaient la signature du général de Werder, commandant du corps de siége. Ils étaient dus à des démarches directement faites auprès du grand-duc de Bade par le pasteur de Mundolsheim.

Le 4 Septembre

Le tir de l'ennemi semble redoubler d'énergie. Dans l'après-midi plusieurs projectiles frappent en plein dans la flèche de la cathédrale, et au bruit des explosions succède celui des débris de pierre dégringolant à l'intérieur et à l'extérieur. Plusieurs colonnettes sont brisées; différentes parties des quatre tourelles angulaires et de la balustrade de la plate-forme sont dégradées. La préfecture et le Luxhof reçoivent aussi de nombreux projectiles. Un de ces derniers contenait au moins 150 balles en plomb : on en ramassa 143 dans l'appartement où il avait éclaté; d'autres restèrent incrustées dans le revêtement des murs.

Le 5 septembre,

Dès le matin, la citadelle fut de nouveau le but principal des efforts des assiégeants : leurs bombes et leurs obus pleuvaient littéralement sur elle.

Un de ces projectiles mit le feu aux bâtiments de la Porte de France.

Un autre coupa les deux cuisses à un homme qui passait sur l'esplanade.

Un autre tua un bourgeois qui passait sur la place d'Austerlitz.

Vers midi, un obus blessa très-grièvement, dans la cour de la mairie, une personne qui sortait d'un bureau de la maison commune.

Les élèves de l'École de santé militaire.

Le même jour, à 7 heures du matin, une bombe, éclatant en dedans des murs, près de la porte de Pierres, blessa trois hommes de garde et frappa à mort deux élèves médecins militaires de service à cette porte : M. Lacour, âgé de 19 ans, fils d'un industriel de Sainte-Marie-aux-Mines, et M. Combier, fils d'un commandant d'artillerie en retraite établi à Mont-de-Marsan. Le premier fut tué sur le coup. Le second avait eu une cuisse fracassée ; il subit sans faiblir l'amputation, qui fut pratiquée vingt heures après environ ; il succomba au moment où l'un des aides de camp du général Uhrich lui apportait la croix d'honneur.

Vers les premiers jours du bombardement, deux autres élèves de la même école, M. Émile Roy, étudiant en pharmacie de première année, et M. Alexis Chesnay, avaient été atteints par des éclats d'obus, au moment où ils passaient devant la pharmacie de M. Hissette, au coin de la rue Mercière et de la place de la Cathédrale, pour se rendre à un poste de secours, conformément à un ordre du général commandant supérieur. La guérison de M. Roy, qui avait été blessé à la partie postérieure du milieu de la jambe gauche semblait prochaine lorsqu'il commit une imprudence : il prit froid et succomba le 12 septembre. M. Chesnay, blessé à la partie postérieure du milieu de la cuisse gauche et sous le pied droit, et dont l'état semblait tout d'abord beaucoup plus grave que celui de son camarade, est aujourd'hui complètement rétabli.

Les élèves de l'École de santé militaire ont d'ailleurs fait preuve depuis le premier jusqu'au dernier jour du siége du plus honorable dévouement : tandis que les anciens, constamment de service aux postes les plus périlleux, prodiguaient leurs soins aux hommes que le feu de l'ennemi abattait autour d'eux, les nouveaux faisaient dans les ambulances ou dans les hôpitaux un service qui, pour être un peu moins dangereux, n'était pas moins pénible.

Nous regrettons de ne pouvoir signaler spécialement tous ceux de ces jeunes gens qui se sont particulièrement distingués par leur zèle et leur intelligence dans les premiers soins à donner aux blessés au moment même où ils venaient d'être frappés ; on ne parviendrait à faire ce relevé qu'en dépouillant les rapports des divers chefs de poste, et nous avons déjà dit que le général Uhrich nous a refusé communication de ces documents. Faute de mieux, nous croyons devoir mentionner au moins M. Paul

Henne (élève de troisième année) qui était presque constamment de service aux ouvrages avancés du côté de la Citadelle, M. Morin (élève de deuxième année), chargé de donner les premiers soins aux blessés de la lunette 44, un des points les plus exposés aux coups des assaillants, et M. Chapuis (même division), qui accompagnait la 2ᵉ compagnie des francs-tireurs chaque fois qu'elle avait à faire une sortie, et qui maniait aussi bien le chassepot que le bistouri (1).

Le 6 septembre,

Après avoir tiré d'abord presque exclusivement sur les propriétés particulières, sans obtenir le résultat qu'il avait espéré, l'ennemi en était venu à s'attaquer plus spécialement à divers établissements militaires. La caserne d'infanterie de la Finckmatt, — celle-là même dans la cour de laquelle avait jadis si misérablement échoué la première équipée de Louis-Napoléon, — était depuis

---

(1) Afin de sauvegarder autant que faire se pourrait l'avenir de ces jeunes gens, avenir fort compromis par la mauvaise organisation et la débile administration de l'École, le général Uhrich, cédant enfin à des démarches instantes et multipliées, prit, le 7 septembre, un arrêté dont voici la teneur :

« SERVICE DE SANTÉ MILITAIRE.

« Le général de division, commandant supérieur,

« Considérant que les élèves des 1ʳᵉ et 2ᵉ années de l'École de santé militaire sont appelés, à raison des circonstances spéciales dans lesquelles se trouve la place de Strasbourg, à rendre des services comme officiers de santé aux postes de secours des portes de la ville et dans les ambulances ;

« Considérant que l'un d'entre eux est mort des suites

quelques jours un de ses principaux points de mire.

Le 6, dès l'aube, un incendie s'y déclara ; les flammes se propagèrent avec rapidité, et, à 2 heures de l'après-midi, la moitié de ces bâtiments était déjà détruite.

Le bombardement de la Finckmatt entraîna la destruction d'un grand nombre de maisons du faubourg de Pierres ; en trois jours, la moitié gauche de cette large et belle rue fut réduite en cendres.

Dans la nuit du 6 au 7, la cathédrale fut encore plusieurs fois atteinte.

Le nombre des victimes de la population inoffensive devenant de plus en plus considérable, un des rédacteurs alsaciens de *l'Impartial du Rhin* protesta encore une fois (numéro du 6 septembre) contre ces inexcusables cruautés :

« Le général ennemi qui commande nos assié-

de blessures reçues à la porte de Pierres dans un service commandé :
« Considérant qu'il y a lieu de donner les plus grandes garanties possibles à leur avenir pour le cas où ils viendraient à être rendus impropres au service militaire par suite de blessures ;

« Arrête :

« Art. 1er. — Les élèves de l'École de santé militaire de 1re et de 2e années sont commissionnés sous-aides, afin qu'ils soient traités, le cas échéant, sous le rapport de la pension, comme sous-lieutenants.

« Art. 2. — Ces élèves, à moins d'ordres spéciaux, continueront à être nourris et logés à l'école et ne toucheront, par suite, ni solde, ni gratification d'entrée en campagne.

« Fait au quartier général, à Strasbourg, le 7 septembre 1870.

« *Le général de division commandant supérieur,*
« Uhrich. »

geants, l'homme sans cœur qui lui a donné des ordres impitoyables ne comprennent-ils donc pas qu'en sévissant avec une telle cruauté, une telle barbarie contre la population civile, ils déposent dans nos âmes les germes d'une haine implacable?

« Strasbourg était comme un pont jeté entre la France et l'Allemagne ; notre ville était le principal lien unissant les deux peuples. Dorénavant, nous ne pourrons plus avoir une étincelle de sympathie pour nos voisins d'outre-Rhin, du moins aussi longtemps qu'ils resteront soumis au gouvernement qui les pousse contre nous avec une si hideuse cruauté.

« Aux Allemands qui vanteront la douceur de leurs mœurs, le respect du foyer domestique, leurs progrès, leur civilisation, nous montrerons nos maisons saccagées, brûlées ou criblées et démolies par les boulets ; nous leur montrerons les tombes de tant de victimes que nous avons déjà et que sans doute nous aurons encore à déplorer ; — à ceux qui invoqueront leur amour des sciences et des lettres, nous rappellerons notre bibliothèque anéantie ; — à ceux qui auront l'audace de nous dire que la nation allemande cultive plus que toute autre les beaux-arts, nous indiquerons du doigt notre magnifique cathédrale, chef-d'œuvre d'un Allemand, Erwin de Steinbach, dégradée et ruinée par des Allemands ». — A. G. Heinhold (1).

(1) Le manuscrit de ces *Souvenirs* était terminé lorsque nous reçûmes, à Strasbourg, un exemplaire d'une brochure sur le même sujet, publiée à Tours le 17 octobre 1870, et intitulée : « *Lettres sur le bombardement de*

Le 7 et le 8 septembre

Les assiégeants dirigèrent plus particulièrement leur feu contre l'hôtel de la Préfecture, la manufacture des tabacs et quatre casernes : celles des Pontonniers, des Pêcheurs, Saint-Nicolas et d'Austerlitz.

Les maisons des particuliers ne furent pas ménagées pour cela. Les faubourgs surtout eurent beaucoup à souffrir : le feu continua à s'y développer, à y accumuler ruines sur ruines, et de

Strasbourg, en 1870, par un témoin oculaire. » M. F. Salles, l'auteur de cette compilation, était en effet à Strasbourg aux mois d'août et de septembre ; il y était venu en qualité de correspondant du journal *la France*, et s'y était, bien involontairement, laissé enfermer par le blocus ; il passait la plus grande partie de son temps sous les Arcades, où il parlait et gesticulait beaucoup, mais n'agissait guère. Sa brochure, qui semble n'avoir été faite que pour mettre en évidence la personnalité de son auteur, ne contient aucun renseignement qui n'ait été recueilli dans les journaux de la localité, et M. Salles a poussé parfois jusqu'à l'excès le sans-gêne de ses emprunts ; par exemple, à la page 31, il a recopié, sans presque y changer un seul mot et sans en indiquer la provenance, l'article de *l'Impartial du Rhin* qu'on vient de lire. Et cet... oubli n'est pas le seul que se soit permis M. Salles : dans les notes qu'il prétend lui avoir été fournies « par un des élèves de l'Ecole de santé chargés du poste d'observation », il a encore copié en entier (p. 97, 98, 99, 100 et 101 de sa brochure) et donné comme étant de lui un article publié le 21 août par *le Moniteur universel du soir*, — numéro arrivé par hasard à Strasbourg le 24 du même mois dans des circonstances que nous avons racontées et que nous reproduisîmes le même jour dans *l'Impartial du Rhin* : c'est dans ce journal que, par mégarde sans doute, M. Salles ou son digne élève aura cueilli cet article.

Le procédé est commode, et à la portée de tous les gens peu scrupuleux.

beaucoup de propriétés il ne resta bientôt plus debout même un pan de mur.

De nombreux obus arrivèrent aussi dans l'intérieur de la ville.

M. Pélissier, âgé de 72 ans, ancien chimiste de la maison Haussmann, du Logelbach, près de Colmar, frère du maréchal duc de Malakoff, le vainqueur de Sébastopol, habitait avec sa fille et son gendre l'hôtel Neuwiller, rue du Vieux-Marché-aux-Vins. Le 7, vers trois heures de l'après-midi, un projectile atteignit ce vieillard pendant qu'il faisait une tournée dans les mansardes de son logement et le tua sur le coup. Au même moment, la fabrique de son gendre, située au faubourg de Pierres, devenait la proie des flammes.

Une sortie du côté de la Montagne-Verte.

Presque chaque jour des sorties étaient faites à cette époque par les francs-tireurs et par les volontaires de la ligne. Un de ces coups de main, exécuté le 8 septembre, mérite d'être tout particulièrement relaté.

On avait remarqué que des soldats ennemis se rendaient fréquemment de la Montagne-Verte à la batterie établie par les assiégeants à Kœnigshoffen, et semblaient y transporter des approvisionnements. On acquit bientôt la certitude qu'effectivement une tannerie située près de la Montagne-Verte et trois maisons voisines leur servaient de dépôt de vivres et de munitions. La tannerie était gardée par une vingtaine d'hommes. On résolut de surprendre cette garde et de faire maison nette.

Huit hommes du 96ᵉ de ligne, sous la conduite d'un sergent et d'un caporal, se chargèrent de cette périlleuse entreprise, qui fut couronnée d'un plein succès.

Dans l'après-midi du 8, ces dix hommes montèrent dans une barque et arrivèrent sans encombres jusqu'aux abords de la Montagne-Verte. Cachés par le feuillage, les broussailles et des piles de planches accumulées depuis longtemps sur le rivage, ils purent s'approcher sans être aperçus. L'un d'eux alla mettre le feu aux écorces accumulées dans les magasins de la tannerie et, en peu de temps, le bâtiment flamba : les vingt renards prussiens étaient délogés de leur tanière.

Reçus à coups de chassepots, quelques-uns tombèrent sous nos balles.

Au moment où l'incendie commençait, on vit arriver un officier prussien à cheval, qui appela, par trois coups de sifflet, un corps auxiliaire. A peine avait-il fait entendre ce signal que plusieurs coups de feu furent tirés sur lui et l'abattirent. Quelques minutes après arrivaient environ 200 hommes de renfort. Mais déjà les dix Français avaient battu en retraite, et grâce à la vigueur de ceux d'entre eux qui maniaient les avirons, ils purent revenir vers la ville sans avoir été atteints ; ils rapportèrent dans leur barque une certaine quantité de vivres et les munitions dont ils avaient pu s'emparer.

La fête du grand-duc de Bade.

Le grand-duc de Bade avait accompagné devant Strasbourg la division allemande formée de ses troupes, et pendant quelque temps son quartier général fut établi à Mundolsheim. Ce prince étant né le 9 septembre 1826, le 44e anniversaire de sa naissance fut l'occasion, le 9 septembre 1870, de nombreuses réjouissances dans le camp ennemi.

Le matin, dès 5 heures, on entendit distinctement de nos remparts la musique et les tambours qui jouaient derrière la brasserie Grüber, à Kœnigshoffen, et les soldats badois qui mêlaient leurs chants et leurs cris d'allégresse aux hurlements des canons; car cette fête n'avait point interrompu le bombardement : sans relâche et de toutes parts, les projectiles continuaient à dévaster la ville et à décimer la population et la garnison.

Des monceaux de cadavres et de ruines, quel bouquet plus digne d'un prince ?

Incendie du « quartier » Saint-Nicolas.

Cette vaste caserne d'artillerie était depuis quelques jours bombardée à outrance.

Le 9 au matin un projectile parvint à mettre le feu à son aile gauche, et pendant quelques heures on put craindre que le bâtiment tout entier devînt la proie des flammes ; mais le dévouement des pompiers strasbourgeois se maintenait à la hauteur du danger ; ces hommes énergiques combattirent les flammes pied à pied et parvinrent à les arrêter avant qu'elles fussent parvenues à se communiquer au bâtiment principal.

Ce même jour, la pluie de fer et de feu continua de s'abattre sur la citadelle, sur l'arsenal, sur la mairie, sur la préfecture, sur l'hôtel de la division, sur la prison et sur nombre d'autres bâtiments civils.

A la prison, quelques personnes furent atteintes ; le gardien-chef fut grièvement blessé dans son lit.

Entre dix et onze heures du matin, la mairie eut horriblement à souffrir ; quatre personnes, parmi lesquelles l'architecte de la ville, furent frappées sur ce point ; un préposé au service de la salubrité publique y fut tué, un autre blessé.

A sept heures, le portier-consigne de la porte des Juifs eut une jambe cassée par un éclat d'obus.

Incendie du Théâtre (1).

Comme la plupart des autres édifices publics, le théâtre de Strasbourg, qui était l'un des plus grands et des plus beaux de province, n'existe

(1) Ce théâtre avait été reconstruit de 1804 à 1821, sur le même emplacement que l'ancienne salle de spectacle, sous la direction de M. Villot, architecte de la ville. Sa longueur était de 68 mètres ; sa largeur, de 31 mètres ; le diamètre de la salle, de 19 mètres 20 cent., l'ouverture de la scène, de 12 mètres 90 cent.

L'ensemble extérieur était un peu massif, écrasé ; mais, à l'intérieur, le péristyle, les escaliers, les couloirs, et surtout le foyer du public étaient largement et commodément disposés.

Le péristyle, qui est resté debout, était à six colonnes d'ordre ionique, répondant à autant de pilastres. Au-dessus de chacune d'elles et par de là le fronton, s'élevait une statue allégorique ; les têtes de deux de ces statues ont été emportées par des obus.

La construction de cet édifice avait coûté à la ville un million 700 mille francs.

Un habitant de Wissembourg, J.-G.-S. Apfell, a légué à la ville de Strasbourg une somme dont le revenu annuel, 55,000 fr., était spécialement affecté à subventionner l'orchestre du théâtre et le conservatoire municipal de musique.

plus. Précédemment, on était parvenu, à force de surveillance et de hardiesse, à y éteindre plusieurs commencements d'incendie lorque, le 10 septembre, vers onze heures du matin, un obus mit le feu dans les combles, et cette fois, malgré des efforts désespérés, les flammes se développèrent et se propagèrent avec une telle rapidité que seuls les gros murs, rongés par le feu, tiennent encore debout. Le reste n'est plus qu'un amas informe de débris.

Les assiégeants ont aussi voulu faire croire que cet incendie avait été involontaire, qu'ils n'avaient pas cherché à mettre le feu au théâtre, mais indistinctement à toutes les constructions du quartier; l'excuse est singulière en vérité, mais, même ainsi formulée, elle n'est pas admissible : leur tir était d'une précision remarquable; ils touchaient seulement ce qu'ils voulaient toucher, ils évitaient ce qu'ils voulaient éviter : le théâtre, pour nous cela ne fait pas le moindre doute, a été visé volontairement, sciemment, et cela non-seulement parce que l'ennemi comptait que cette perte exaspérerait une grande partie de la population, mais aussi et surtout parce qu'il savait que depuis quelques jours ce bâtiment servait d'abri à une partie des familles dont les demeures avaient été détruites par les boulets ou par le feu. Heureusement on put faire sortir tous ces hommes, toutes ces femmes, tous ces enfants du foyer, des couloirs et des dessous avant que la toiture s'effondrât, et nous n'aurions eu à déplorer aucune perte humaine dans ce sinistre si le concierge n'avait voulu essayer de sauver quelques-uns de ses meubles : au moment où il allait rentrer dans sa chambre, un obus l'atteignit à la cuisse et lui fit une blessure dont il mourut peu de jours après.

Quelques flammèches provenant du théâtre déterminèrent un commencement d'incendie dans les combles de la Préfecture et dans les bâtiments du conseil général. Mais après une demi-heure d'efforts, et grâce aux précautions précédemment prises, on parvint à s'en rendre maître.

Parmi les effets singuliers causés par les obus, un de ceux qui se produisit quelques heures avant l'incendie de la salle de spectacle vaut la peine qu'on le mentionne : un éclat pénétra par le tuyau de la cheminée dans la cuisine du 2e étage de la maison n° 7 de la rue du Bouclier, tomba juste dans le pot-au-feu, le défonça, cassa la grille du fourneau, et alla s'amortir dans les cendres, sans causer aucun mal à la ménagère. Le capitaine Wolff, attaché à l'état-major de la place fut obligé, ce jour-là, de se passer de potage.

Autres dévastations.

La gare présentait à ce moment le plus triste aspect : la moitié du bâtiment principal était détruite, les toitures des hangars à marchandises percés à jour comme des écumoires. Toutes les maisons de la rue de la Toussaint et du quai de Paris, l'hôtel de Vienne, l'hôtel d'Angleterre, l'hôtel Neuwiller, où étaient installés, avant la guerre, les bureaux du service télégraphique, eurent, ce même jour, énormément à souffrir.

Une maison de la rue de Sébastopol, divisée en sept appartements, reçut à elle seule, sept obus, et, circonstance singulière, un dans chacun de ces sept logements ; une bombe détruisit l'escalier et pulvérisa les cloisons et les planchers de deux étages, avec tout ce qu'ils contenaient. Cette maison n'était plus habitée que par le concierge, qui ne fut même pas blessé.

Inondation préservatrice.

On aura sans doute remarqué que dans l'énumération de tous ces dommages il n'a été que rarement question des quartiers du sud. C'est qu'en effet les maisons et les édifices publics compris entre l'Ill, la rue des Pêcheurs, la rue des Orphelins, la rue militaire d'Austerlitz et la rue d'Or, aussi bien que la caserne d'Austerlitz elle-même, ont proportionnellement très-peu souffert ; les projectiles lancés par les batteries établies à l'ouest, au nord et à l'est de la place n'arrivaient que rarement jusque-là, et les diverses tentatives faites par l'ennemi pour s'installer à portée de la partie des fortifications comprise entre l'Ill et la route de Kehl sont restées infructueuses grâce à l'inondation entretenue sur toute la surface des abords de la place de ce côté ; le polygone lui-même a été longtemps et entièrement submergé. C'est aussi ce système d'inondation qui a permis de toujours maintenir la profondeur des eaux à 2, et même à 3 mètres de profondeur dans les cunettes. Aux endroits où leur niveau n'atteignait qu'une hauteur de quelques centimètres les pièces de siége s'enfonçaient jusqu'à la gueule ; quelques canons et mortiers amenés dans ces parages n'ont pu servir à rien, et il a fallu que l'ennemi eut recours à de vigoureux et nombreux attelages pour les désembourber.

Si cette inondation avait pu envahir tout le périmètre de la place, à une distance suffisante, nul doute que Strasbourg serait encore au pouvoir de la France.

Il y a dans ce fait de la préservation par l'eau de toute une série des ouvrages de défense de Strasbourg une indication dont il importe de tenir compte ; une place forte dont les approches pourraient être ainsi largement et de toutes parts inondées en quelques heures serait imprenable, malgré l'emploi de l'artillerie à longue portée.

Afin de priver Strasbourg de ce moyen de défense, l'ennemi entreprit de détourner le cours de la Bruche, qui vient se jeter dans l'Ill à un kilomètre à peine des Ponts-Couverts, et pendant quelques jours on put craindre qu'il eut réussi : le niveau des eaux baissa considérablement, et le lit de l'Ill à travers la ville n'était déjà plus qu'un immense égout croupissant lorsqu'on parvint, malgré la fusillade qui pleuvait sur les travailleurs, à terminer, hors de la porte des Pêcheurs, un barrage complet grâce auquel les fossés extérieurs et intérieurs purent être de nouveau largement emplis et les approches méridionales des glacis rendues impraticables.

Pour mener à bien la construction de ce barrage et quelques autres travaux de terrassement, le génie militaire avait adressé un appel à la classe ouvrière. 8 à 900 de ces braves gens allèrent lui offrir leur services et, sous la protection des canons des remparts et de quelques tirailleurs des plus exercés, exécutèrent rapidement ces travaux malgré les dangers incessants auxquels ils les exposaient. Du 15 août au 7 septembre, 6 de ces travailleurs furent tués et 13 blessés.

Les délégués suisses.

Après avoir énuméré les malheurs, les sinistres, les épouvantables catastrophes qui ont signalé l'affreux bombardement de Strasbourg, on est heureux de pouvoir un instant se détourner de ce spectacle navrant pour porter ses regards sur un acte d'humanité dont le souvenir vivra éternellement dans la mémoire des Strasbourgeois.

Si les Allemands, sous prétexte de reconquérir une cité qu'ils abandonnèrent à son sort, il y a bientôt deux siècles, sans faire la moindre tentative pour la secourir, n'ont pas hésité à massacrer la population civile et à brûler ses demeures, les Suisses, au contraire, se sont rappelé les liens de franche et cordiale amitié qui longtemps les ont unis aux Alsaciens et surtout aux malheureux descendants de leurs anciens alliés de l'antique ville libre de Strasbourg.

En apprenant que le général de Werder avait catégoriquement refusé de laisser sortir la partie inoffensive de la population, même les malades et les infirmes, les généreux enfants de l'Helvétie s'émurent de tant de barbarie et se mirent hardiment à l'œuvre pour essayer de porter quelques secours aux malheureux Strasbourgeois. Contre toute attente, leur démarche fut couronnée de succès; nous disons « contre toute attente », car on a vu que le général prussien considérait la présence dans la place des femmes, des enfants et des vieillards comme le moyen le plus efficace qu'il pût mettre en œuvre pour hâter la reddition.

Le samedi, 10 septembre, le bruit se répandit en ville que trois délégués suisses allaient arriver pour offrir un asile dans leur patrie à ceux qui désireraient se mettre à l'abri des brutalités du bombardement. Cette rumeur fut bientôt confirmée par cette note communiquée aux journaux :

MAIRIE DE LA VILLE DE STRASBOURG

« Le maire de Strasbourg a l'honneur de prévenir ses concitoyens qu'une commission composée de trois membres de la Confédération suisse, où une société vient de se former dans le but d'offrir aux femmes, aux enfants et, en général, aux habitans de Strasbourg hors d'état de se défendre un asile sur le territoire neutre de la Suisse, arrivera à Strasbourg demain, dimanche, à 11 heures 1/2, par la porte Nationale.

« Cette œuvre d'humanité est bien digne du peuple suisse, auquel la ville de Strasbourg est unie par d'anciens et beaux souvenirs ; elle inspirera à la cité tout entière la plus vive reconnaissance.

« *Le maire*, HUMANN. »

Le lendemain, en effet, à 11 heures et demie du matin, ces trois délégués : M. le docteur Rhœmer, président de Zurich, M. le colonel de Büren, président de la commune de Berne, et le secrétaire d'État à Bâle, M. le docteur Biechoff, accompagnés par un parlementaire français, arrivèrent à la porte Nationale, où les attendait la commission municipale. Le maire, M. Humann, leur adressa cette ferme et éloquente allocution, qu'interrompait de temps à autre le bruit de la canonnade :

« Messieurs,

« L'humanité, la charité chrétienne, vous amènent au milieu d'une population ravagée au nom d'un prétendu droit de la guerre.

« Soyez les bienvenus, et recevez par ma voix l'expression de notre profonde reconnaissance.

« Bien des souvenirs historiques nous rattachent à la Suisse ; vous venez les resserrer encore, et nous retrouvons toujours des amis dévoués dans les nobles citoyens de la République Helvétique, qui jadis était l'alliée de la ville libre et indépendante de Strasbourg, et qui plus tard, sous nos rois, n'a jamais cessé d'être avec la France dans les termes d'une étroite alliance.

« Oui, messieurs, soyez les bienvenus dans ces jours si douloureux pour notre cité, vous qui venez pour sauver des femmes, des enfants, des vieillards, que ni le général gouverneur de la place, ni l'évêque vénéré du diocèse n'avaient pu soustraire aux horreurs de ce siége. Mais rapportez aussi à l'Europe l'odieux et affligeant spectacle dont vous allez être les témoins, et dites-lui comment l'Allemagne ose faire la guerre, au dix-neuvième siècle. Ce n'est plus contre des remparts, contre des soldats que le feu est dirigé ; cela coûteraient trop d'hommes ! a-t-on osé dire ; on préfère immoler, mutiler, autour du foyer de la famille, des femmes, des jeunes filles, des enfants, des vieillards ; cela coûtera moins et produira plus d'effet sur la population ! a-t-on osé espérer.

« En effet, vous le voyez, nos remparts sont intacts ; mais vous allez voir nos demeures incendiées, démolies, et une grande partie de notre héroïque population déjà sans asile. Nos églises, monuments séculaires et historiques, sont mutilées ou détruites, et notre précieuse bibliothèque est à jamais anéantie. Et c'est sous l'autorité d'un prince qui se dit roi de droit divin et qui invoque sans cesse le nom de Dieu, c'est au nom de l'Allemagne, qui se prétend la nation savante au-dessus de toutes les autres, que se commettent ces actes sacriléges et ces sauvages dévastations !

« La conscience de l'Europe du xix⁰ siècle admettra-t-elle que la civilisation recule ainsi jusqu'au vandalisme !

« Veuillez dire tout cela à l'Europe : mais dites-lui aussi que ces irréparables mais inutiles dévastations, ces actes sauvages renouvelés des barbares de la Germanie ou des Musulmans du vii⁰ siècle sont des attentats contre la civilisation, indignes de notre époque ; qu'au lieu de dompter notre courage ils accroissent notre résistance et notre haine, et que, quoi qu'il advienne, nous resterons toujours de fermes et courageux Français, et comme vous, messieurs, des citoyens dévoués et énergiques, et jusqu'à la mort fidèles à leur chère patrie » (1).

L'un des délégués répondit à ces vaillantes paroles, au nom de la députation, par quelques mots

---

(1) Ce texte de l'allocution du maire de Strasbourg aux délégués suisses n'est pas exactement conforme à celui, beaucoup moins accentué, qui fut publié le 12 septembre par les journaux de la localité : la copie qui leur fut transmise à tous deux avait été singulièrement attiédie ; nous devons à une obligeante communication de pouvoir donner ici ce document complet, tel qu'il a été réellement prononcé.

qui témoignèrent une fois de plus de l'antique et cordiale sympathie des Suisses pour les Strasbourgeois. Puis le cortége se mit en marche, à pied, à travers les ruines du faubourg National accompagné par la population reconnaissante qui se pressait sur son passage en criant : *Vive la Suisse!*

Même à ce moment, le bruit de l'artillerie mêlait son lugubre accompagnement aux chaleureuses acclamations de la population, et plusieurs projectiles tombèrent dans le quartier pendant que les représentants d'une puissance neutre le parcouraient pour accomplir leur charitable mission.

Arrivés à l'hôtel du Commerce, MM. les délégués suisses et le corps municipal se réunirent dans la salle des séances pour y délibérer sur les mesures à prendre.

Les députés suisses ont publié une relation détaillée de leur passage à Strasbourg ; voici les paragraphes de ce récit qui peignent le mieux la situation dans laquelle se trouvait alors notre patriotique cité

« A la porte Nationale nous attendait tout le conseil municipal de Strasbourg, en habits noirs, le maire et son adjoint en tête, avec l'écharpe tricolore. Plus loin, de nombreux groupes d'habitants. Nous fûmes accueillis par des cris de : *vive la Suisse!* Des larmes d'émotion coulaient sur toutes les joues. C'était la première fois, depuis le commencement du siége, depuis les jours et les nuits terribles du bombardement, que du dehors des amis pénétraient dans la ville si rigoureusement éprouvée, lui apportant leur sympathie et leur aide. Quel cœur n'eut été profondément touché ! Et que vîmes-nous tout aux alentours ? Une affreuse destruction : le quartier à travers lequel passait la rue était en grande partie brûlé, et le spectacle que nous avions sous les yeux nous a rappelé les ruines de Glaris.

« Nous arrivâmes après cela par le pont sur l'Ill dans l'intérieur de la ville.

« .... Ce qui frappait, c'est que, se sachant dans une ville populeuse, on ne voyait que des magasins fermés, des fenêtres en partie barricadées, des soupiraux de caves bouchés. Mais une grande foule de peuple étroitement pressée nous attendait au passage.

« Fait singulier! On avait à peine un soupçon, dans la forteresse, des terribles revers qui avaient frappé l'armée française durant ces derniers temps, ou bien l'on ne pouvait ou ne voulait pas croire aux nouvelles contenues dans les journaux et les dépêches d'Allemagne que, de temps à autre, les assiégeants communiquaient au commandant de Strasbourg.... »

« Les habitants supposaient que, pendant notre présence, le feu serait interrompu et qu'ils pourraient respirer pendant quelque temps; il n'en a rien été.... »

Les délégués suisses quittèrent la ville à 5 heures du soir, et l'administration fit aussitôt après afficher un avis (1) invitant les personnes désireuses d'ob-

(1) MAIRIE DE STRASBOURG.
Avis.
Les personnes qui désirent obtenir pour elles et pour leurs familles un sauf-conduit pour quitter la ville sous les auspices des délégués de la Confédération suisse sont invitées à se faire inscrire au bureau qui sera établi à l'hôtel du Commerce (local de la Bourse, rue des Serruriers), à partir du lundi, 12 septembre courant, à 8 heures du matin.
Strasbourg, le 11 septembre 1870.
Le maire, HUMANN.

tenir des sauf-conduits pour elles et leurs familles à aller se faire inscrire au bureau ouvert dans ce but à l'hôtel du Commerce, où étaient installés depuis quelques jours tous les services de la mairie ; l'Hôtel-de-Ville n'était plus tenable ; l'état-major de la place a seul persisté à rester jusqu'au bout dans les pièces du rez-de-chaussée de cet hôtel, mises à sa disposition après l'incendie de l'Aubette.

Dès le jeudi 15, à 10 heures du matin, un premier convoi d'émigrants, composé d'environ cinq cents femmes, enfants et vieillards, les uns à pied, les autres en voiture, put enfin partir. A mesure qu'ils défilaient par la porte d'Austerlitz, M. le capitaine Wolf, attaché à l'état-major de la place, procédait à la vérification des saufs-conduits ; hors de la porte de la deuxième enceinte se tenaient le général Uhrich, le colonel Ducasse, les délégués suisses et un officier de l'état-major du général de Werder, accompagné d'un détachement de gendarmes badois ; ce dernier procédait à une seconde vérification des saufs-conduits ; il refusa impitoyablement le passage à quelques hommes valétudinaires qui dûrent abandonner leurs familles, et rentrer en ville.

Voici comment les délégués suisses ont raconté eux-mêmes ce premier départ :

« En deçà des barricades de la porte attendaient 60 chars bourrés de paille... Quel coup d'œil lorsqu'on vit s'ébranler lentement cette longue file de voitures, d'omnibus d'hôtels et de chemins de fer, tous chargés d'autant de personnes qu'il était possible d'y en entasser, et suivis d'une foule de femmes et d'enfants à pied ! Quant aux hommes, on n'en avait point laissé sortir, sauf quelques vieillards. Tous ces visages rayonnaient de joie et de gratitude, et le soleil lui-même semblait prendre plaisir à éclairer cette scène de bonheur au milieu de tant de sombres tristesses. Pour laisser passer les voitures sortant de Strasbourg, une partie des barricades établies dans les campagnes par les avant-postes badois durent être démolies par ceux-ci, ce qui ne fut pas fait sans une certaine humeur par les officiers allemands, attendu que ce ne devait pas être une tâche agréable de les rétablir plus tard sous le feu de la place. Mais le général Uhrich s'empressa de leur accorder le temps nécessaire pour cela.

« Lorsque tout fut emballé et que chaque char eut été pourvu d'une garde militaire, la colonne se mit en route avec une escorte de cavalerie vers Rhinau... »

De Rhinau, les émigrants strasbourgeois gagnèrent Dinglingen, où ils prirent le chemin de fer jusqu'à Bâle.

D'autres colonnes se mirent en route les jours suivants, au fur et à mesure que les sauf-conduits furent transmis à la municipalité.

L'accueil le plus sympathique, le plus cordial les attendait sur le territoire suisse. On se les disputait; on les entourait de soins, de prévenances; on avait pour chacun les attentions les plus délicates. C'était à qui les hébergerait, à qui aurait le plaisir de les voir s'asseoir à sa table. On s'ingéniait à trouver des moyens de leur faire oublier les terribles angoisses du bombardement.

La population strasbourgeoise conservera éternellement le souvenir reconnaissant de ces témoignages de franche et sincère amitié (1).

Un affreux accident

fut causé le 12 septembre, vers midi, dans la cour de la maison n° 6 de la rue de la Demi-Lune, par un obus qui n'avait pas éclaté et qui avait été laissé à l'abandon. Un enfant, prenant sans doute ce bloc de fer pour un morceau de bois, voulut essayer de le fendre en frappant dessus avec une hache ; un coup ayant porté sur le bouton, l'obus éclata, et lorsque les voisins, attirés par le bruit et les cris, pénétrèrent dans cette cour, ils y trouvèrent, gisant sur le pavé, le cadavre d'un garçon de 11 à 12 ans ; sa sœur, âgée de 8 ans environ, à l'agonie ; une jeune fille de 18 ans, dont les pieds

---

(1) Les membres du Comité à l'instigation duquel furent accomplies par le Conseil fédéral les démarches qui aboutirent à un si heureux résultat étaient MM. de Buren, Acbi, Hahn, Beck, Brunner, Pétion, Block, Schmidt et Muntzinger.

La légation de France en Suisse a adressé, le 5 mars 1871, la lettre suivante au président de la Confédération :

« Monsieur le président,

» Je suis chargé de porter officiellement à votre connaissance et à celle du gouvernement fédéral le vote suivant, qui a été émis à l'unanimité par l'Assemblée nationale de France dans sa séance du 4 de ce mois :

« L'Assemblée nationale est profondément touchée de « la noble conduite du peuple suisse envers les soldats « de la France et la population de Strasbourg. Elle en- « voie à la Confédération helvétique l'expression de sa « reconnaissance. »

« Je me permettrai d'ajouter que les populations françaises manifestent de toutes parts les mêmes sentiments, et qu'elles s'associent chaleureusement au vote solennel de leurs représentants.

« Veuillez agréer, etc.   » CHATEAURENARD. »

et les mains avaient été emportés et dont les vêtements étaient en lambeaux ; plus trois autres enfants, deux garçons de 12 et de 14 ans, et une fillette de 10 ans, grièvement blessés.

Proclamation de la République.

On a vu que, depuis le commencement du blocus, nous étions privés de nouvelles positives du dehors. Nous en étions réduits à des conjectures, à des bruits plus ou moins vagues et arriérés qui d'ailleurs ne présentaient pas la moindre garantie d'authenticité. A de rares intervalles, il est vrai, quelques journaux allemands ou français avaient été introduits en ville ; mais ces journaux étaient souvent de vieille date et ne relataient que des faits qui s'étaient passés huit ou quinze jours avant le moment où ces feuilles nous parvenaient. Nous étions loin de supposer les accablants revers de l'armée française, et nous espérions toujours que des renforts viendraient dégager la place. Nous ignorions aussi complètement ce qui s'était passé à Paris le 4 septembre ; nous ne savions de l'effondrement de l'Empire que ce qu'en avaient dit des rumeurs dont l'origine était ignorée du plus grand nombre, ou des journaux allemands dont les informations ne pouvaient être accueillies qu'avec une excessive méfiance. — Le jour de l'arrivée des délégués suisses on commença à parler, en termes plus précis, plus affirmatifs, des graves échecs subis par nos troupes et de la déchéance de l'empereur ; mais on avait été trompé si souvent que l'on doutait encore, que l'on supposait ces bruits au moins exagérés. On se refusait surtout à croire que la défaite de nos soldats eût été si complète.

Ces doutes furent en partie levés dès le lendemain. Ce jour-là en effet M. le baron Pron se rendit à la séance de la commission municipale, convoquée extraordinairement, pour lui donner communication de dépêches qu'il venait de recevoir du sous-préfet de Schlestadt et qui confirmaient pleinement les rumeurs de la veille.

La proclamation de la République fut accueillie avec enthousiasme par le plus grand nombre des habitants, qui se reprirent à espérer que le terme de leurs souffrances était proche. Le nouveau ministre des affaires étrangères, M. Jules Favre, s'était, dès l'origine, prononcé énergiquement contre la guerre qui devait avoir pour notre pays de si terribles conséquences, et l'on s'était empressé, à Berlin, de reproduire et de propager à profusion le discours du célèbre orateur de l'opposition ; il était donc permis de croire que son avénement au pouvoir contribuerait puissamment à aplanir la voie à un arrangement pacifique. Aussi beaucoup de maisons furent-elles pavoisées en signe de réjouissance, malgré que depuis la veille le bombardement n'eût pas été interrompu un seul instant.

Le lendemain matin, 13 septembre, deux proclamations furent affichées; l'une émanait du préfet, l'autre du général ; les voici toute deux :

« PRÉFECTURE DU BAS-RHIN.

« *Habitants de Strasbourg,*

« Pour la première fois, après douze jours d'angoisses, je reçois des nouvelles de Paris, nouvelles que j'ai lieu de croire officielles, malgré la voie détournée par laquelle elles m'arrivent de Schlestadt.

« Ces nouvelles, les voici :

« Paris, 4 septembre 1870, 6 heures du soir.

« *A MM. les Préfets, Sous-Préfets, au gouverneur général de l'Algérie et à toutes les stations télégraphiques de France.*

« RÉPUBLIQUE FRANÇAISE.

« MINISTÈRE DE L'INTÉRIEUR.

« La déchéance est prononcée au Corps législatif; la République a été proclamée à l'Hôtel-de-Ville. Un gouvernement de défense nationale, composé de onze membres, tous députés de Paris, a été constitué et ratifié par l'acclamation populaire.

« Les noms sont : Emmanuel Arago, Crémieux, Jules Favre, Ferry, Gambetta, Garnier-Pagès, Glais-Bizoin, Pelletan, Picard, Rochefort, Jules Simon.

« Le général Trochu est à la fois maintenu dans ses pouvoirs de gouverneur de Paris et nommé ministre de la guerre en remplacement du général Palikao.

« Veuillez faire afficher immédiatement et, au besoin, proclamer la présente déclaration.

« Pour le gouvernement de la défense nationale.

« *Le ministre de l'intérieur,*
« Léon GAMBETTA.

« Pour copie conforme :
« *Le chef de service,*
« WECK. »

« Sans attendre cette dépêche, et sur le bruit, apporté hier dans la ville par des étrangers honorables, que la République était proclamée à Paris, je me suis empressé d'écrire à MM. les membres du gouvernement provisoire que je résigne mon mandat et me borne désormais, en attendant, soit la levée du siége, soit l'arrivée de mon successeur, à assurer la tranquillité publique et à garantir devant l'ennemi la dignité du drapeau national.

« Habitants de Strasbourg, je vous devais la vérité ; je vous l'apporte dès qu'elle m'est parvenue.

« J'ajoute que d'une lettre particulière il résulte que le Corps législatif a déclaré que « *Strasbourg, ses habitants et ses autorités ont bien mérité de la patrie.* »

« Dans ces heures de souffrances patriotiques, laissez-moi vous donner le conseil de rester calmes, de respecter les autorités, et de soutenir noblement le drapeau de la France.

« En vous quittant, j'emporterai le souvenir de vos nobles et solides qualités, de vos bons sentiments à mon égard. Je n'oublierai jamais votre excellente ville, ni ce beau département qu'il m'a été doux d'administrer pendant cinq années.

« Strasbourg, le 12 septembre 1870, 4 heures du soir.

« A. Pron. »

6ᵉ DIVISION MILITAIRE.

« *Habitants de Strasbourg, officiers, sous-officiers et soldats de la garnison!*

« La République a été proclamée à Paris. Un gouvernement de défense nationale s'est constitué. En tête de son programme il a mis l'expulsion de l'étranger du sol français. Nous nous rallions tous à lui, nous, chargés de la défense de Strasbourg, chargés de conserver à la France cette noble et importante cité.

« Unissons donc nos volontés et nos forces pour atteindre ce but et pour concourir ainsi au salut de la patrie.

« Habitants de Strasbourg,

« Par vos souffrances, par votre résignation, par le courage de ceux d'entre vous qui prennent part à la défense de la ville, par votre patriotisme, vous avez secondé l'armée dans les efforts qu'elle a eus à accomplir. Vous resterez dignes de vous-mêmes.

« Et vous, soldats,

« Votre passé répond de l'avenir ; je compte sur vous, comptez sur moi.

« Au quartier-général, à Strasbourg, le 12 septembre 1870.
« *Le général de division, commandant supérieur,*
« Uhrich. »

M. le commissaire central de police Aymard, accusé d'être, sinon l'auteur, au moins le propagateur le plus actif de bon nombre des nouvelles inexactes auxquelles nous avons précédemment fait allusion, suivit M. le baron Pron dans sa retraite.

Le 13 septembre

Un incendie dévora diverses constructions et des chantiers de bois et de houille situés hors de la porte des Pêcheurs ; il avait été allumé par nos soldats afin de dégager la place de ce côté.

Les délégués suisses revinrent aussi le 13 septembre ; c'était leur seconde visite. Afin de mieux se rendre compte de la situation des habitants ils résolurent d'observer le plus strict incognito. Après leur retour en Suisse, ces messieurs racontèrent en détail leurs impressions durant cette journée. Nous

nous bornons à reproduire les passages suivants de leur récit :

« Nous employâmes le reste du temps dont nous pouvions disposer à quelques visites, en particulier dans les caves transformées en habitations ; leur aspect et leur arrangement seraient dignes du pinceau d'un peintre ; il est d'ailleurs difficile de s'en faire une idée sans les avoir vues de ses yeux.

« Des tonneaux, des provisions, des caisses fermées renfermant quelques objets précieux, des lits, des meubles, tout y est entassé, tout s'y condense ; un peu plus loin, c'est un foyer provisoire pour la cuisson des aliments, et l'escalier sert à la fois de cheminée et de ventilateur pour les odeurs de cette cuisine souterraine, attendu que tous les soupiraux, pour plus de sûreté, ont été fermés avec des pierres et garnis de fumier au dehors. Et dans ces trous, combien de malheureux habitants de Strasbourg ont déjà passé de longues et terribles semaines ! Il n'y aurait rien d'étonnant à ce que beaucoup d'entre eux dussent, au moment d'en sortir, habituer de nouveau leurs regards à la lumière du soleil.

« Un autre spectacle étrange était celui que présentaient les fenêtres de toutes les façades des maisons exposées au feu de l'ennemi, avec leur véritable armement de matelas, de sacs, de paille, etc., destiné à arrêter autant que possible les boulets ou à en amortir le choc. Bref, tout portait la trace d'un siége, et d'un siége rigoureux. »

Dans la séance du 13 septembre, la commission municipale, sur la proposition du maire, exprima sa vive et profonde gratitude au Conseil fédéral helvétique pour la bonne pensée qu'il avait eue de nous envoyer ces délégués libérateurs et pour les efforts qu'il avait dû faire pour en obtenir l'autorisation.

Élection d'un nouveau maire.

La commission municipale s'occupa aussi, dans le cours de cette même séance, d'opérer dans le personnel administratif les remplacements que devaient entraîner les événements survenus à Paris le 4 septembre, entr'autres ceux du préfet et du maire.

On sait que la commission municipale ne tenait pas son mandat des électeurs ; elle ne représentait donc point véritablement la population strasbourgeoise. Ce fut un des membres nouvellement adjoints aux anciens conseillers restés en exercice, M. Klein, pharmacien, qui saisit ses collègues de la question de savoir si le préfet, qui d'ailleurs avait donné sa démission, devait cesser immédiatement ses fonctions, ou les continuer jusqu'à l'arrivée de son successeur.

M. Bœrsch, rédacteur en chef du *Courrier du Bas-Rhin*, insista de son côté pour qu'il fût procédé, sans désemparer, au remplacement de M. Pron ; d'après lui le maintien de ce fonctionnaire devait être une cause de trouble et *un affaiblissement de la défense.*

On a été fort surpris d'apprendre depuis que ce même membre de la commission municipale a été l'un des plus empressés à demander la reddition de la ville. Comment concilier cette conduite avec la crainte de voir *la défense de la place affaiblie* par le maintien de M. Pron à la préfecture jusqu'à l'arrivée de son remplaçant ?

Il est d'ailleurs bien certain, pour tous ceux qui n'ont d'autre préoccupation que de savoir et de dire la vérité, que M. Pron a constamment insisté pour que l'autorité militaire ne consentit point à capituler tant qu'il subsisterait une lueur d'espoir ; et c'est surtout à lui que Strasbourg doit de n'avoir pas été livrée aux allemands le 18 septembre : si ce jour-là M. Pron avait joint ses instances à celles de la majorité de la commission municipale, il aurait certainement obtenu que la capitulation fut immédiatement consentie.

A la fin de la séance, le maire, M. Humann, déclara à la commission qu'étant orléaniste, et le gouvernement impérial ayant cessé d'exister, il ne croyait plus être l'homme de la situation, et qu'il avait conséquemment pris la résolution de se démettre de ses fonctions... Plusieurs conseillers, notamment M. Mallarmé, adjoint, l'un des deux seuls membres qui, plus tard, votèrent contre la capitulation, firent de vains efforts pour décider M. Humann à revenir sur cette détermination.

M. Auguste Schnéegans, rédacteur au *Courrier du Bas-Rhin*, qui était aussi l'un des membres nouvellement adjoints à l'ancien conseil, s'empressa de combattre l'opinion de M. Mallarmé, qui insistait pour que l'ancienne administration municipale restât tout entière à son poste jusqu'au moment où les élections pourraient se faire régulièrement.

M. A. Schnéegans conclut en ces termes : « La situation nous domine ; on ne peut pas ne point le reconnaître. Or, puisque nous sommes en République, il faut que l'administration soit républicaine. »

Le maire démissionnaire n'était pas précisément impérialiste ; ses sympathies étaient plutôt acquises, comme il venait de l'avouer, à la famille d'Orléans. Cela se comprend : son père avait été ministre des finances sous Louis-Philippe ; lui-même avait accepté sous le gouvernement de Juillet les fonctions de receveur général du Bas-Rhin, plus tard le mandat de député de Strasbourg, et ce ne fut qu'après s'être longtemps tenu à l'écart qu'il consentit, il y a quelques années, à accepter les fonctions de maire de l'Empire.

Malgré les observations et les objections, très-fondées cependant, de plusieurs de ses collégues, M. Humann, prévoyant sans doute ce qui allait advenir, et craignant d'être trahi par ses forces au moment où elles lui seraient le plus nécessaires, persista, à la grande satisfaction de ses adversaires, dans la résolution de se retirer, et, dans sa séance du lendemain, 14 septembre, la commission municipale procéda à l'élection d'un nouveau maire. Elle nomma à ces fonctions M. le docteur Küss, professeur à la Faculté de médecine. Ce choix fut très favorablement accueilli par l'opinion publique. On savait que M. Küss était d'un caractère très calme mais très énergique, et on avait grande confiance en lui.

Les quatre adjoints s'étant également démis de leurs fonctions, la commission eut aussi à pourvoir à leur remplacement. Deux d'entre eux, MM. Leuret et Zopff, furent réélus. Avant et depuis son entrée en fonctions ce dernier n'avait cessé de rendre d'excellents services : il s'était surtout activement occupé de procurer aux incendiés des abris et des vivres; par la suite il paya encore largement de sa personne pour l'organisation et la conduite des convois d'émigrants.

Avant la fin de la séance, le même M. Klein qui avait si instamment demandé que l'on n'attendît pas l'arrivée du nouveau préfet pour suppléer à la démission de M. Pron, proposa de confier la direction de l'administration départementale à M. Bœrsch dont l'appui chaleureux, comme on l'a vu plus haut, n'avait pas fait défaut la veille à M. Klein. La discussion de cette proposition fut renvoyée au lendemain. Dans la séance du 15, le rédacteur en chef du *Courrier du Bas-Rhin* fut en effet délégué pour la gestion des affaires du département (1). Mais quelques jours plus tard l'arrivée inopinée

(1) RÉPUBLIQUE FRANÇAISE.
6° *division militaire.*
ÉTAT-MAJOR.

Nous, général de division, commandant supérieur de la 6ᵉ division militaire;

Vu la lettre par laquelle M. le baron Pron, préfet du Bas-Rhin, s'est démis de ses fonctions;

Vu la lettre qui nous a été adressée au sujet de son remplacement par M. le président de la commission municipale;

Procédant en vertu des pouvoirs extraordinaires qui nous sont conférés par l'état de siége,

Avons arrêté ce qui suit :

Article premier.—M. Charles Bœrsch, conseiller général, est délégué pour l'administration du département du Bas-Rhin.

Article 2. — M. le président de la commission municipale est chargé de l'exécution du présent arrêté.

Le présent arrêté sera publié par voie d'affiches. Expédition en sera adressée à M. Bœrsch.

Fait à Strasbourg, le 17 septembre 1870.

UHRICH.

d'un préfet nommé par le gouvernement du 4 septembre dispensa l'élu de la commission municipale de faire ses preuves et l'empêcha de montrer si vraiment il était capable de s'acquitter convenablement de ces difficiles fonctions, auxquelles il aspirait depuis si longtemps, et si inutilement, avec tant d'ardeur.

Le 15 septembre

la canonnade continue avec un acharnement incessant : un coup n'attend pas l'autre, et ces coups sont toujours dirigés aussi bien contre l'intérieur de la ville que contre les fortifications. Détruire les monuments et les habitations privées aussi bien que les ouvrages de défense ; décimer les habitants aussi bien que la garnison ; démolir, incendier, ruiner, tuer, n'importe qui, n'importe quoi, n'importe comment, sans un instant de pitié, sans une minute de répit, tel semble être le mot d'ordre donné aux assaillants.

Un des résultats atteints le 15 septembre par leur artillerie le démontre surabondamment ; vers midi, un obus écorne largement la base de la croix en pierre qui surmonte la flèche de la cathédrale, à 138 mètres au dessus du pavé de l'église. Jusqu'au moment où cette cassure a pu être réparée, la partie supérieure de cette croix, dont la longueur totale est d'environ 3 mètres, n'a plus été retenue que par les armatures du paratonnerre. (1).

(1) Les dégats occasionnés par cet acte de vandalisme et les difficiles opérations architecturales auxquelles il a fallu procéder pour y rémédier sont minutieusement et techniquement exposés dans un rapport adressé, le 31

Pendant la matinée de ce même jour, les dernières maisons du quai des pêcheurs, vers la porte, furent tellement criblées que les façades de deux d'entre elles ne tardèrent pas à s'écrouler.

Dans l'après-midi, un commencement d'incendie se déclara dans une autre de ces maisons; grâce à la vigilance des habitants et aux efforts des pompiers et de quelques personnes immédiatement accourues, il put être bientôt maîtrisé.

L'église protestante de Saint-Guillaume, ainsi que les habitations voisines, furent aussi nombre de fois atteintes ce jour-là par des projectiles ou par des éclats.

Vers 4 heures du soir, au moment où nos ouvriers imprimeurs et nos distributeurs préparaient le tirage

---

janvier 1871, par l'architecte de l'œuvre Notre-Dame, l'habile et savant M. Klotz, à M. Küss, maire de Strasbourg. Ce rapport, accompagné de quatre belles planches gravées sur pierre, d'après des photographies de M. Ch. Winther, a été édité à Strasbourg dans le courant du mois de mai 1871 (Broch. de 24 p. in-8°. — Imprimerie Berger-Levrault.)

L'ensemble des dommages matériels causés par l'artillerie allemande au *münster* (cathédrale) de Strasbourg ont été évalués par M. Klotz ainsi qu'il suit :

Ouvrages en pierre (300 dégats)............	240,000 fr.
Toiture (986 mètres carrés, dont 75,000 mètres carrés de bois et 50,000 mètres carrés de cuivre)........................	187,000
Vitraux..................................	143,128
Réparations diverses et provisoires.........	27,872
	593,000

M. Klotz demande trois années au moins pour terminer toutes ces réparations.

Voici un autre chiffre qui pourra aussi donner une idée approximative des mutilations subies par cet édifice : les décombres de toute espèce provenant de ces dégats ont empli 300 tombereaux.

et l'expédition en ville de *l'Impartial*, et tandis que trois ou quatre personnes, réunies a côté de la presse, causaient des événements de la journée et des probabilités de la nuit et du lendemain, un fragment d'ardoise très aigu vint, de son angle le plus acéré, frapper M. Oscar Berger à la hauteur du cœur, fit à sa jacquette un trou gros comme une lentille, et, en même temps, une balle, qui mourut aussitôt qu'elle eut touché le sol, lui enleva, sans lui occasionner le moindre mal et sans même froisser le tissu de son vêtement, sa décoration, qui fut projetée dans les engrenages.

Presque à la même heure, un affreux malheur survenait à la place Kléber : un jeune négociant de ce quartier, M. Herbin, âgé de 28 ans, revenait de faire son service au restaurant populaire de la Halle-Couverte ; au moment où il passait devant la rue de l'Outre, un obus à mitraille tomba et éclata à ses pieds ; le malheureux jeune homme fut atteint, dans diverses parties du corps, par huit balles de diverses grosseurs. — Son agonie, — et quelle agonie ! — dura jusqu'au 4 octobre.....

« Strasbourg a bien mérité de la Patrie. »
La statue de Strasbourg.

A diverses reprises, dans le courant de cette narration, nous avons eu à constater le courage dont a fait preuve l'immense majorité de la population civile de Strasbourg depuis la première jusqu'à la dernière heure de cette horrible crise. C'est avec une intime satisfaction que nous constatons, à l'éternel honneur de nos concitoyens, l'insuccès complet des tentatives sournoisement essayées pour les déterminer à subordonner leurs devoirs à leurs intérêts. Pendant toute la durée du siége, aux heures les plus périlleuses, les plus accablantes du bombardement, durant ces moments où la vie de chacun de nous, de chacun des nôtres était, à toute minute, menacée, aussi bien au dedans qu'au dehors des habitations, le bon sens public, le sentiment de l'ordre et de la solidarité commune ont constamment et facilement eu raison des excitations contraires.

Les strasbourgeois, et aussi bon nombre de strasbourgeoises, ont subi les horreurs de ce siége avec le plus vaillant stoïcisme et une entière abnégation; ils avaient conscience de leur immense responsabilité; ils comprenaient que livrer Strasbourg à l'ennemi avant d'avoir épuisé tous les moyens de défense c'aurait été pactiser avec lui et trahir la France; et loin de réclamer, loin d'exiger une capitulation indigne, ils parvenaient souvent, aussi bien par leurs actes que par leurs paroles, à raffermir même le courage et la confiance de leurs défenseurs. Certes oui, « *Strasbourg a bien mérité de la Patrie* », et en donnant ce témoignage à notre héroïque cité le Corps législatif n'a fait qu'accomplir un acte de stricte justice (1); il n'a pas dépendu de la majorité de la population civile que la

---

(1) Nous reproduisons, dans *l'appendice* de ce volume, le compte-rendu de la séance (31 août 1870) pendant laquelle cet hommage si bien mérité a été rendu à la population de Strasbourg; nous recommandons tout particulièrement ces quelques pages à l'attention du lecteur; c'est un des plus curieux et des plus accablants chapitres des annales de l'Empire et du ministère Ollivier-~~de Deust~~ Palikao.

place résistât encore plus longtemps aux efforts des assaillants : ceux qui ont assisté aux scènes déchirantes du 28 septembre, ceux qui ont entendu les amers reproches adressés par des citoyens de tout âge, de tout rang, de toutes conditions, aux autorités militaires pendant que la garnison prisonnière défilait à travers nos rues, ceux qui ont vu les civils aider nos soldats à enclouer leurs canons, à briser ou à jeter à l'eau leurs sabres, leurs fusils leurs cartouches, et pleurer de rage en face de cette affreuse humiliation, ceux-là peuvent dire si Strasbourg a volontairement consenti à un sacrifice qui aurait pu tout au moins n'être pas accompli de si tôt.

Cet hommage rendu par le Corps législatif à la vaillance de Strasbourg n'a pas été la seule manifestation de ce genre à laquelle a donné lieu l'abnégation et la ferme attitude du plus grand nombre.

La lettre suivante avait été adressée, le 9 septembre, à tous les journaux de Paris :

« Monsieur le rédacteur,

« A partir de demain, samedi 10 septembre, à midi, au pied de la statue de la ville de Strasbourg, place de la Concorde, un registre sera ouvert sur lequel les citoyens sont invités à venir apposer leurs signatures.

« On lira sur la première page :

« LES PARISIENS

« *Honneur à leurs frères défenseurs de Strasbourg*
« *et à leur brave général Uhrich.* »

« Suivent les signatures des membres du gouvernement de la défense nationale.

« Ce registre, généreusement offert par quelques citoyens, sera relié aux armes de la ville de Strasbourg et envoyé à la municipalité de cette héroïque cité.

« Des citoyens de bonne volonté sont invités à se relayer deux par deux, d'heure en heure, pour garder le registre d'honneur.

« Salut et fraternité.   « LISSAGARAY. »

Dès le 13 septembre, on lisait dans *le Moniteur universel* :

« La statue de la ville de Strasbourg (1) devient de plus en plus le pélerinage des Parisiens.

« Hier, dimanche, plus d'un million de personnes ont défilé devant l'image de pierre de l'héroïque cité.

« La statue disparaît sous les fleurs, les bouquets et les couronnes.

« Le socle est littéralement couvert d'inscriptions en l'honneur du général Uhrich et des braves Strasbourgeois.

« Le registre se couvre de signatures du matin au soir.

« Avant-hier, Victor Hugo est allé signer sur ce registre.

« La foule l'ayant reconnu, il a été vivement acclamé. Victor Hugo, très ému, à répondu à cette ovation par un discours qui a été criblé d'applaudissements.

« Hier, plusieurs bataillons de la garde nationale et des francs-tireurs s'y sont rendus à leur tour pour apposer leurs noms sur ce livre, où la recon-

(1) On sait que cette statue est l'œuvre de Pradier.

naissance des Parisiens sera incrustée en caractères ineffaçables.

« Un citoyen ayant pris la plume pour signer, l'essuya tranquillement, retroussa la manche de son habit et enfonça la plume dans son bras. Le sang jaillit. Il trempa le bout de la plume dans le liquide rouge, signa, — et disparut dans la foule.

« Dès que la nuit a été venue, on a commencé l'illumination de la statue.

« Vers neuf heures, deux gardes mobiles de province ont déposé aux pieds de la statue deux énormes couronnes et une prodigieuse lanterne vénitienne.

« La foule, qui était immense sur la place de la Concorde, applaudissait à chaque offrande analogue, et ces offrandes se sont renouvelées toute la soirée. »

Quelques jours plus tard, quand le douloureux sacrifice fut consommé, quand, malgré ces encouragements, dont l'écho même n'arrivait pas jusqu'à elle, la forteresse dut subir la loi du plus fort, le gouvernement de la défense nationale jeta encore quelques fleurs sur sa tombe :

« Le gouvernement de la Défense nationale,

« Considérant que la noble cité de Strasbourg, par son héroïque résistance à l'ennemi pendant un siége meurtrier de plus de cinquante jours, a resserré les liens indissolubles qui rattachent l'Alsace à la France ;

« Considérant que, depuis le commencement du siége de Strasbourg, la piété nationale de la population parisienne n'a cessé de prodiguer autour de l'image de la capitale de l'Alsace les témoignages du patriotisme le plus touchant et de la plus ardente reconnaissance pour le grand exemple que Strasbourg et les villes assiégées de l'Est ont donné à la France ;

« Voulant tout à la fois perpétuer le souvenir du glorieux dévouement de Strasbourg et des villes de l'Est à l'indivisibilité de la République et du généreux sentiment du peuple de Paris.

« Décrète :

« Art. 1ᵉʳ. La statue de la ville de Strasbourg, qui se trouve actuellement sur la place de la Concorde, sera coulée en bronze et maintenue sur le même emplacement, avec inscription commémorative des hauts faits de la résistance des départements de l'Est.

« Art. 2. Le ministre de l'instruction publique est chargé de l'exécution du présent décret (1).

« Fait à Paris, à l'Hôtel-de-Ville, le 2 octobre 1870.

« *Les membres du gouvernement de la défense nationale :*
« Général TROCHU, JULES FAVRE, EMMANUEL ARAGO, JULES FERRY, GAMBETTA, GARNIER-PAGÈS, PELLETAN, E. PICARD, ROCHEFORT, JULES SIMON. »

A l'occasion de ce décret, le journal que nous citions tout à l'heure, *le Moniteur universel*, après avoir raconté ce qu'on savait au dehors de nos

---

(1) Jusqu'à présent, cette promesse n'a pas été réalisée. A notre avis, et malgré l'opinion si mal fondée du conseil d'enquête sur les capitulations, ce serait faire un acte de bonne justice que de perpétuer par l'exécution de ce projet le souvenir de la résistance opposée par la capitale de l'Alsace à l'invasion de 1870.

épreuves et des incessantes tortures auxquelles nous avions été soumis, manifestait en ces termes son admiration :

« Strasbourg est prise, ou pour mieux dire, ce qui fut Strasbourg ; c'est seulement sur des entassements de ruines, sur des monceaux de pierres pulvérisées par le fer ou calcinées par l'incendie que le pied prussien a pu se poser.

« Que les barbares contemplent leur œuvre ! Plus d'un, parmi ces soldats qui, machines aveugles d'un roi fou de conquêtes, n'ont, après tout, que fait leur devoir, aurait, j'en suis sûr, voulu troquer sa place de vainqueur contre l'honneur de ces héroïques vaincus. Plus d'un s'est dit sans doute qu'un peuple qui lutte avec un tel désespoir, une telle abnégation, une telle rage de dévouement à la patrie, peut être vaincu un jour, mais jamais soumis.

« En effet, de cette cité-tombeau s'élèvent deux cris de victoire bien différents :

« L'un hurle le triomphe de la dévastation, la brutale victoire de la force matérielle, le renversement de plusieurs siècles de travaux de la paix par quelques heures de barbarie ; c'est la victoire des vainqueurs :

« L'autre chante au contraire la victoire de la force morale, le triomphe de l'amour de la patrie et du devoir sur les terreurs de la mort et sur les angoisses de la faim : c'est la victoire des vaincus.

« A folies égales, qui ne préférerait la seconde?...

« Aujourd'hui encore, c'est le patriotisme qui est fatalement à l'ordre du jour par le caprice des ambitions prussiennes ; c'est à ce sentiment qu'ont obéi les Strasbourgeois ; aussi leur dirons-nous :

« Honneur à vous, héroïques Strasbourgeois ! Votre ville n'est plus, mais la France vous offre dans sa reconnaissance un asile inexpugnable : Vos noms sont gravés dans son cœur ; une gloire comme la vôtre est impérissable ; c'est celle des martyrs. » — Paul Dalloz.

A la suite de ces paroles si sympathiques, *le Moniteur universel* exprimait encore ce désir, qui sans aucun doute sera réalisé lorsque l'Alsace et la Lorraine auront reconquis leur liberté :

« A propos de l'admirable défense de Strasbourg et de Phalsbourg, nous avons entendu émettre une idée qui nous a séduit, et qui serait certainement accueillie par la France entière.

« On décore les hommes qui se distinguent par leur courage ;

« On décore les drapeaux des corps qui se sont distingués par leur valeur ;

« Pourquoi ne décorerait-on pas les villes de Strasbourg et de Phalsbourg ?

« La croix d'honneur, placée au franc-quartier de l'écusson de ces deux villes, immortaliserait visiblement aux yeux de leurs enfants et de la postérité un héroïsme dont Paris se dispose à suivre le prodigieux exemple. »

Une feuille — allemande — a osé prétendre que la population de Strasbourg n'a fait que se résigner à subir la volonté de l'autorité militaire ; qu'elle a été tout d'abord épouvantée, stupéfiée, démoralisée ;

et que si elle n'avait craint d'être décimée par le général Uhrich, elle aurait, immédiatement après avoir vu tomber les premières victimes du bombardement, demandé, exigé la capitulation. C'est là une accusation d'autant plus odieuse qu'à défaut des faits un instant de réflexion suffit pour en démontrer la fausseté :

Si, une fois, deux fois, dix fois, un millier de femmes, de tout âge et de toute condition, étaient allées, portant leurs enfants sur leurs bras, pleurer et crier grâce dans la cour de l'hôtel de la division, le général les aurait-il fait chasser ou décimer par ses soldats ?

Non, car ç'eût été agir plus cruellement encore que le général de Werder, et le général Uhrich en était incapable ; il aurait cédé, même au risque d'être blâmé et condamné par un conseil de guerre.

Sans l'énergique patriotisme de la population, le dénouement du 28 septembre serait très probablement survenu beaucoup plus tôt : ce n'est pas l'autorité militaire qui a subi la pression de la population ; c'est la population qui s'est résignée à subir la volonté de l'autorité militaire : déjà un mois avant la capitulation le général Uhrich considérait la situation comme désespérée et songeait à se rendre ; cette dépêche, adressée par lui le 26 août au général Douai, remise le 28 par un douanier au commandant supérieur de Belfort, et transmise par ce dernier, le même jour, à 9 heures 25 minutes du soir, au sous-préfet de Belfort et aux ministres de la guerre et de l'intérieur, le démontre surabondamment :

« *Au général Douai,*

« Strasbourg est perdu si vous ne venez immédiatement à son secours.

« Faites ce que pourrez.
                                        « *Général* UHRICH. »

La population a voulu la résistance, et elle a énergiquement contribué à la prolonger jusqu'à l'heure où quelques égoïstes sont parvenus à faire prédominer leurs énervants conseils.

Déclaration d'indignité.

Pourquoi faut-il qu'après avoir eu à constater cette admirable attitude de l'immense majorité de la population, nous ayons à signaler aussi des actes de défection, heureusement isolés ? Dès les premiers jours du mois d'août, quelques-uns de nos concitoyens, très peu nombreux du reste, mais jusque-là des plus considérés, ne prenant conseil que de leur égoïsme et ne se rendant probablement pas compte des conséquences inévitables de leur faiblesse, s'empressèrent, aussitôt qu'il ne fut plus possible de douter que la ville allait être assiégée, de passer en pays neutre pour se mettre à l'abri de tout danger ; cette panique partielle n'aurait pas excité une bien vive émotion si elle ne s'était produite que parmi ceux qui n'exerçaient aucune fonction publique ; mais on comptait parmi ces fuyards des hommes auxquels leur situation imposait le devoir de rester. Bientôt leurs noms circulèrent de bouche en bouche ; on les accusa d'abord tout bas (1) ; puis le blâme prit de telles proportions que l'un des deux journaux de Strasbourg ne crut pas pouvoir garder plus longtemps le silence ; le 13 août, *l'Impartial du Rhin* appréciait ainsi leur conduite :

« Quelques-uns de ceux de nos concitoyens sur l'autorité morale et le dévouement desquels on croyait pouvoir compter dans les circonstances critiques ont profité des heures où il était encore loisible de s'éloigner facilement pour déserter les postes que leur assignait leur âge, leur vigueur physique, leurs aptitudes, leur savoir, et surtout leur position sociale et leur ambition.

« Ils reviendront sans doute — quand il n'y aura plus aucun danger ; — mais à l'accueil qui leur sera fait ils comprendront bien vite qu'à dater du jour de leur fuite ils ont cessé d'être dignes du titre de citoyens de Strasbourg.

« Combien d'autres auraient pu invoquer les mêmes motifs, et de plus fondés que les leurs, pour imiter leur détestable exemple ! Ceux-ci sont restés et ils ont bien fait : car, en tout temps, mais

---

(1) On fit même des *mots* sur quelques-uns de ces messieurs ; entre autres celui-ci, qui a au moins le mérite de l'à-propos, et qui indique bien les rares qualités de l'ancien officier d'artillerie auquel il s'appliquait : — « Pendant la paix, il brodait ; après la déclaration de guerre, il faisait de la charpie ; l'heure du danger sonnée, il file. » — Et cependant, le 6 août tandis qu'on battait la générale dans les rues, ce même personnage accourait, tout ému, chez le commandant supérieur, et, prenant une pose théâtrale, frappant de la main sur son cœur, lui disait, sur un ton des plus pathétiques : — « Vous savez, général : si vous avez besoin d'un dévouement à toute épreuve, je suis là !... »

surtout dans le temps où nous sommes, le courage civil n'est pas moins nécessaire que le courage militaire, et peut exercer sur l'esprit public la meilleure influence ». — P. R. S.

Un mois après la publication de cet article, pendant la séance qui fut tenue le 14 septembre par la commission municipale, un de ses membres, M. A. Schnéegans, rédacteur au *Courrier du Bas-Rhin*, manifesta à son tour son indignation contre ces défaillances si regrettables, et soumit à l'approbation de ses collègues une proposition ainsi conçue :

« La commission municipale de Strasbourg ;

« Considérant que, dans les circonstances critiques où se trouve la cité de Strasbourg, le poste de chaque citoyen est à Strasbourg ;

« Considérant que, depuis le commencement de la guerre, et plus particulièrement depuis la bataille de Frœschwiller, un certain nombre de citoyens, que leur position devait faire rester à Strasbourg ont lâchement abandonné leurs concitoyens pour mettre en sécurité leur personne ;

« Considérant que des exemples doivent être statués ;

« Déclare :

« Les individus valides qui, sans raison majeure, ont quitté Strasbourg depuis l'ouverture de la guerre sont déclarés indignes de remplir aucune fonction publique. »

Malgré quelques objections fort sensées produites par deux membres de la commission, MM. Saglio et Lemaistre-Chabert, cette proposition fut adoptée, et la déclaration d'indignité, telle que l'avait formulée M. A. Schnéegans, affichée le lendemain dans toute la ville.

En prenant cette détermination, en prononçant cette condamnation catégorique, sans aucune réserve, en lui donnant cette publicité exceptionnelle, la commission n'outrepassa-t-elle pas ses pouvoirs ? Et ceux-là qui devaient, à si bref délai, solliciter le commandant supérieur de la place d'en ouvrir les portes aux Prussiens avaient-ils bien le droit moral d'infliger à leurs compatriotes égarés, dont quelques-uns avaient été leurs collègues, une telle flétrissure ?

L'Impartial, qui pourtant n'avait pas hésité, quand il le fallait, à attacher le grelot, alors que *le Courrier* persistait à garder le silence, *l'Impartial* n'approuva pas cette condamnation en masse et sans jugement, et le lendemain il inséra cette protestation, qui ne donna lieu à aucune réplique :

« Nous partageons entièrement la manière de voir de M. A Schnéegans quant à ces coupables défaillances, et déjà *l'Impartial* a flétri ceux qui, à l'heure du danger, ont quitté leur poste de fonctionnaire ou de simple citoyen ; car, à cette heure-là, le simple citoyen lui-même a envers la ville des devoirs précis, et sa désertion ne saurait échapper au blâme.

« Toutefois, nous avons vu avec quelque regret la commission municipale s'ériger en tribunal et, se substituant à l'opinion publique — qui pourtant n'a guère besoin d'aiguillons en semblable matière — prononcer une condamnation en masse, une condamnation officielle contre des hommes qu'elle n'avait pas entendus et qu'elle ne pouvait citer à sa barre.

« Il nous semble qu'une telle déclaration a le double tort d'être inefficace et dénuée de toute sanction.

« Inefficace, car, dans la situation actuelle de la ville, elle ne peut faire revenir à Strasbourg aucun de ceux qui, au premier moment, ont cru devoir et pouvoir partir, aucun de ceux qu'aujourd'hui peut-être le remords, le sentiment du devoir un instant méconnu, ou la connaissance du jugement porté sur leur fuite précipitée presserait de venir reprendre leur place au milieu de nous. Voilà plus de cinq semaines qu'aucun de nos concitoyens n'a pu rentrer en ville, même de ceux qui en étaient sortis dans le louable dessein de porter le secours de leur science à nos pauvres blessés de Frœschwiller, et qui étaient protégés par les stipulations de la convention de Genève.

« Combien, parmi ceux que nous qualifions aujourd'hui de fuyards, y a-t-il peut-être de citoyens dévoués que l'ennemi a surpris hors de Strasbourg et qui, avec la meilleure volonté du monde, n'ont pu traverser les lignes prussiennes ?

« Sans doute, on leur reconnaît le droit de s'expliquer et de se justifier (1) ; mais personne n'ignore combien il est difficile de se laver d'une telle flétrissure ; tout le monde a remarqué l'absence, fort peu de personnes entendent la justification, et moins

(1) Dans le courant de la discussion de la proposition e M. A. Schnéegans, un membre de la commission ayant objecté, à l'encontre de cette condamnation, que plusieurs des personnes incriminées pourraient, sans doute, invoquer des raisons majeures pour expliquer et justifier pleinement leur absence, un autre membre fit remarquer qu'à ceux-là il serait loisible de se justifier, et la commission passa outre les observations de MM. Saglio et Lemaistre-Chabert.

encore y croient. Mieux vaudrait, ce semble, surseoir avant de condamner.

« D'ailleurs, quelle peut être la sanction de cette déclaration d'indignité? Le vrai juge, c'est le public, ce sont les citoyens. S'il convenait à un corps électoral de donner sa confiance à l'un des hommes dont nous blâmons aujourd'hui le départ, comment invaliderait-on son libre choix? Evidemment l'ostracisme ne vaut qu'autant qu'il est prononcé par l'opinion publique, car c'est elle qui est souveraine. La déclaration d'un corps municipal, si haut placé qu'il soit dans l'estime de la cité, ne peut rien contre l'opinion publique. Et si cette déclaration, s'appliquant à tel individu en particulier, ne fait que confirmer cette opinion, à quoi bon l'avoir prononcée? C'est ce que MM. Saglio et Lemaistre-Chabert nous paraissent avoir fait valoir avec beaucoup de raison.

« Ajouterons-nous que, dans les graves circonstances où nous nous trouvons, nous avons quelques doutes sur l'opportunité d'un blâme public et sans débat contradictoire préalable? N'est-il pas à craindre qu'il surexcite les esprits déjà forts en éveil, et les encourage dans ce système de jugements sommaires et souvent injustes auquel on est si enclin dans les temps difficiles? Nous nous bornons à poser la question. Toutefois, il nous semble que notre premier devoir, à l'heure présente, est de poursuivre notre œuvre de défense nationale dans un esprit de fermeté, d'union, de concorde, mais aussi d'indulgence. Soyons courageux et résolus dans l'accomplissement de nos propres devoirs, mais sachons être généreux envers ceux qui, plus faibles de caractère, ont trouvé l'épreuve au-dessus de leurs forces. Louons ceux qui, étant libres de partir, sont restés bravement au poste d'honneur qu'ils avaient accepté ou qu'ils s'étaient donné à eux-mêmes ; mais réservons pour des temps plus calmes, réservons surtout au véritable juge, au public, la préparation du verdict qui frappera inévitablement les vrais lâches et les vrais fuyards ». — Ernest Lehr.

Du 15 au 20 septembre.
Supplique de la commission municipale au général Uhrich.

Le premier départ des émigrants strasbourgeois pour la Suisse avait eu lieu le 15 septembre (1). Un second convoi quitta la ville le 17, à 8 heures du matin. Il se composait de 568 personnes, dont 380 avaient déclaré vouloir voyager à leurs frais ; 78 disposaient de ressources limitées, et 110 étaient

---

(1) Les familles qui firent partie de ce premier convoi avaient été prévenues la veille seulement par ce placard, qui fut aussi communiqué aux journaux :

MAIRIE DE LA VILLE DE STRASBOURG
Sauf-conduits délivrés sous la caution de MM. les hauts délégués suisses.
Avis

« Le maire a l'honneur d'informer les habitants qui se sont fait inscrire *pendant la journée du lundi 12 septembre* pour obtenir des sauf-conduits, que ces titres viennent de lui être transmis par MM. les hauts délégués.

« Ils devront être retirés par les ayants droit *en personne*, demain, jeudi, à 8 heures du matin, à l'hôtel du Commerce, où un bureau spécial de distribution sera établi à cet effet.

« Un nouvel avis (*) fera connaître le jour où les sauf-conduits demandés mardi 13 septembre, et les jours suivants pourront être délivrés.

« Strasbourg, le 14 septembre 1870,
    « *Le maire*, HUMANN. »

(*) Nous ne savons si ce nouvel avis a été affiché : il est certain qu'il n'en a pas été donné communication à la presse locale.

sans ressources. Le 18, 548, et le 19, 393 émigrants purent encore sortir de la place. En tout 2,000 environ. C'étaient autant de victimes arrachées au massacre et aux maladies qui déjà à ce moment faisaient, elles aussi, de larges trouées dans toutes les classes de la population.

Du 15 au 20 les détonations de l'artillerie ne discontinuèrent pas, et de nouveaux incendies éclatèrent dans la citadelle, à la Krutenau, dans les faubourgs, surtout dans celui de Pierres.

Ce fut pendant la nuit du 17 au 18 que le pavillon de construction de l'arsenal devint la proie des flammes. Ce pavillon contenait d'énormes quantités de bois secs destinés aux travaux de l'artillerie et du génie, et qu'il aurait été facile de conserver et d'utiliser, au moins en partie, si l'on s'était préoccupé à temps de les disséminer partout où ils auraient pu servir a remedier aux dégâts que subissait à tout instant l'armement des remparts.

Ce fut à la suite de cette nouvelle accumulation de souffrances physiques et morales que la commission municipale se laissa aller à une démarche qu'elle n'eût garde de faire connaître à la population et qui est restée longtemps ignorée du plus grand nombre des Strasbourgeois : — quand il nous a été possible de commencer à réunir les derniers matériaux de ce récit, nous avons fait et nous avons fait faire des démarches et des recherches pour obtenir communication du procès-verbal de la séance tenue le 18 septembre par le conseil : elles sont restées infructueuses; mais le hasard, ce grand indiscret, a bien voulu nous révéler ce secret si bien gardé :

Le 18 septembre, la commission, qui, au dire

d'un de ses membres, « n'avait qu'un but : rester unie autour du drapeau de la République et maintenir Strasbourg et l'Alsace à la France », la commission, par l'intermédiaire d'une délégation spéciale dont faisait partie celui-là même qui a écrit la phrase que nous venons de reproduire, écrivit au général Uhrich :

« La commission se croit l'organe du sentiment presqu'unanime de la population en exprimant l'avis qu'en l'absence de tout espoir de délivrance par une armée française, en l'absence d'un gouvernement en France qui puisse compter sur l'intervention efficace des puissaces neutres, et dans la perspective de nouvelles catastrophes plus graves que celles qu'elle à subies, et stériles pour la patrie, il y a lieu de prier le général commandant supérieur de s'adresser au général commandant l'armée assiégeante pour traiter avec lui d'une capitulation qui sauvegarde les personnes et les intérêts des habitants de Strasbourg, ainsi que ceux des défenseurs de la place. » (1)

Eh bien ! non ! en écrivant cette supplique la commission n'était pas « l'organe du sentiment

---

(1) Cette délibération fut votée par 43 voix contre 2 ; les deux opposants étaient M. Mallarmé père, avocat, ancien adjoint, et M. Lips, brasseur au faubourg de Pierres ; l'établissement de ce dernier fut incendié trois jours après par les obus prussiens ; le vote de M. Lips fut donc d'autant plus méritoire qu'au moment où il votait « non » ce conseiller ne pouvait se faire la moindre illusion sur le sort réservé à sa propriété.
Nous reproduisons plus loin, à l'*appendice*, une lettre du général Uhrich à M. Théodore Humann, dans laquelle est précisée la part de responsabilité qui incombe à l'ancien maire de Strasbourg et à la majorité de la commission municipale dans la castatrophe du 28 septembre.

presqu'universel de la population », nous l'affirmons hardiment parce que chaque jour, à chaque heure, nous sentions battre sous notre main le cœur de cette population, et que ces pulsations n'accusaient point, à cette date, une pareille défaillance. Et même en admettant qu'il fut vrai, — ce que nous contestons formellement, — que la majorité des Strasbourgeois fût à ce moment résignée à subir la capitulation, le devoir de la commission municipale était, non pas de céder à ce sentiment, mais de lui résister, de le dominer, et de montrer, par sa fermeté, par son inébranlable persévérance, qu'il fallait plutôt mourir tous, jusqu'au dernier, que diminuer la force de la garnison par cette.... reculade. Avant d'accepter le mandat que le préfet leur avait confié le 29 août, les membres de la commission auraient dû envisager toutes les conséquences possibles de leur acceptation, et se récuser s'ils ne se sentaient pas de taille à porter un tel fardeau.

Cette supplique produisit une impression profonde sur le général Uhrich. Pour le préparer à l'accueillir ainsi qu'elle le désirait, la commission avait eu soin d'ailleurs de lui prodiguer les adulations, de l'enivrer d'encens, et de lui décerner, dans cette même séance du 18 septembre, le titre de « citoyen de Strasbourg. » (1) Heureusement M. le baron Pron, quoique préfet de l'empire, et homme de plume et de parole bien plus qu'homme d'épée, exerçait une très grande influence sur les résolutions de cet officier ; il assistait à presque toutes les réunions du conseil de défense, et comme il était très brave,

(1) Voir à l'*appendice*.

(2) Voir errata p. 274

très déterminé, comme il se rendait bien compte du résultat inévitable d'une capitulation précipitée, il maintint énergiquement qu'il fallait résister tant qu'il resterait une lueur d'espoir ; et il parvint, non sans peine, à décider le général Uhrich à rester fidèle pendant quelques jours encore à sa promesse du 10 août : « Strasbourg se défendra tant qu'il restera un soldat, un biscuit, une cartouche. » (1)

Les restaurants populaires.

Nous avons précédemment constaté que déjà vers la fin d'août il était devenu très difficile de pourvoir à l'alimentation d'une grande partie de la population. Très peu d'entre nous s'étaient rendu compte dès l'abord de la gravité de la situation ; tout au plus avait-on supposé que le blocus durerait une huitaine de jours, le temps de donner à une de nos armées victorieuses la possibilité de prendre à son tour l'offensive et de rejeter au-delà du Rhin ces hordes sauvages qui avaient osé nous cerner de tous les côtés à la fois.

Pour se rendre compte de notre état moral à cette époque, il faut d'ailleurs considérer que nous ne recevions plus de nouvelles, absolument aucune ; qu'à dater de Frœschwiller, nous n'avions plus rien appris de ce qui se passait hors de l'enceinte de nos fortifications. La France vaincue, abattue, écrasée, réduite à merci!... Nul Strasbourgeois n'avait même le pressentiment d'une si effroyable catas-

(1) Cette proclamation du 10 août, et toutes celles qui portent à la fois les signatures de MM. Uhrich, Pron et Humann ont été rédigées par M. Pron.

trophe. Les gens les plus prévoyants avaient à peine fait quelques provisions ; et d'ailleurs, pour faire des provisions, faut-il en avoir les moyens pécuniaires. Les familles peu aisées étaient donc presque toutes dépourvues. Cette pénurie pouvant devenir une cause de troubles, il fallut aviser à procurer à la population ouvrière, gratuitement, ou tout au moins à très bas prix, une nourriture suffisamment abondante.

Ce difficile problème fut résolu par l'initiative privée, qui parvint rapidement à organiser des restaurants populaires dont le nombre s'éleva bientôt à sept.

Le premier fut créé, le 27 août, par MM. Belley et Piton. Il fut d'abord exclusivement soutenu par le produit d'une souscription ouverte au siége de la Société internationale de secours aux blessés militaires. Les pauvres gens qui allaient y prendre leur nourriture étaient servis par des dames et des demoiselles du voisinage. On y distribuait environ 1,200 rations par jour (1). A la Halle couverte, plus de 2,000 rations étaient délivrées journellement. 1,800 étaient débitées par les fourneaux de Sainte-Marie et de Saint-Joseph créés par la société de Saint-Vincent de Paul. L'instituteur de l'école de la rue des Tanneurs organisa un autre restaurant fournissant 2,500 rations par vingt-quatre heures. Enfin, deux réfectoires installés dans les brasseries *A l'Eléphant d'or* et *Au Soleil* distri-

(1) Ce restaurant, installé dans la salle de l'estaminet Piton, rue du Vieux-Marché-au-Blé, cessa de fonctionner le 29 septembre. En 34 jours, il avait fourni 34,800 portions de soupe et 34,800 verres de vin.

buaient, le premier 500, le second, plus de 1,400 rations. Environ 10,000 rations étaient ainsi mises chaque jour à la disposition des personnes privées des moyens de pourvoir à leur subsistance.

Et cependant les habitants qui, par leurs cotisations, contribuaient si généreusement à l'alimentation des familles pauvres étaient eux-mêmes obligés de restreindre énormément leur consommation personnelle, tous les objets de première nécessité se vendant à des prix excessifs : le cheval, que l'on pouvait facilement se procurer, dans les premiers temps, à 40 et 60 centimes le kilg., coûtait maintenant 3 et même 4 fr. ; les œufs se vendaient 25 cent. la pièce ; les pommes de terre 50 et 60 fr. l'hectol. ; on ne pouvait plus trouver, à aucun prix, ni sel, ni beurre, ni fromage. Le pain, le vin, le sucre, le café, le riz, les légumes secs étaient seuls à des prix abordables.

Pour parer jusqu'à un certain point à cette cherté et venir en aide aux familles qui, sans être précisément dénuées de tout, ne disposaient cependant que de faibles ressources, on créa, outre les restaurants populaires, où les rations étaient données gratuitement, des *cuisines économiques* offrant, moyennant une légère rétribution, une nourriture un peu plus variée. On parvint ainsi, à la fois, à ménager les susceptibilités de la classe laborieuse, et à ne pas mettre à contribution la caisse de la ville.

Abris dans la cathédrale.

A la suite d'une pressante démarche faite près de lui par le général Uhrich, le maire et l'évêque, le lieutenant-général de Werder, le nouveau commandant des troupes allemandes aux alentours de la place, ayant promis de faire respecter dorénavant par son artillerie la cathédrale (1), le général Uhrich demanda à l'évêque l'autorisation d'y donner asile à une partie de la population.

M. Rœss répondit à cette prière par une lettre qui fut transmise immédiatement à la commission municipale, par l'intermédiaire de la mairie, dans la forme que voici :

» Strasbourg, le 19 septembre 1870.

« Monsieur le maire,

« Mgr l'évêque de Strasbourg vient de m'adresser la lettre suivante :

« Monsieur le général,

« Vous me faites l'honneur de me prévenir que
« M. le lieutenant-général de Werder fera doréna-
« vant respecter notre belle cathédrale par son ar-
« tillerie, et vous me demandez en conséquence l'au-
« torisation d'offrir cet édifice pour asile à la
« partie de la population privée d'abri.

« Je ne puis qu'applaudir à vos sentiments d'hu-
« manité, monsieur le général, et je suis tout prêt
« à les seconder. Toutefois, je dois dire que la ca-
« thédrale, quelque mutilée qu'elle soit, sert jour-
« nellement au culte, et que le service religieux de
« la paroisse Saint-Laurent y continue sans inter-
« ruption. Il sera donc nécessaire de concilier le

(1) Tout officier ou sous-officier convaincu d'avoir *volontairement* fait tirer sur le *münster* fut, à dater de ce moment, passible de... 14 jours d'arrêt. Punition dérisoire, à laquelle ces messieurs pouvaient facilement se soustraire d'ailleurs en déclarant, comme leurs chefs l'avaient tout d'abord déclaré eux-mêmes, que si leurs coups portaient encore sur cet édifice c'était « *involontairement* et contre leur gré ».

« double intérêt de la religion et du malheur, et, à
« mon avis, on le pourra facilement. On abandon-
« nera aux indigents la chapelle Saint-Michel, iso-
« lée et commode, la chapelle Saint-André, le
« transept de l'horloge, et, s'il est nécessaire, la
« chappelle de la Croix, le bas côté du sud et la
« haute nef, c'est-à-dire presque tout l'édifice. On
« ne réservera au culte que le bas côté de la cha-
« pelle Saint-Laurent et les sacristies, qu'on sépare-
« rait par une cloison en planches d'une certaine
« hauteur, capable de parer à tous les inconvé-
« nients.

« Je me permettrai aussi de vous prier, mon-
« sieur le général, de vouloir bien prescrire, dans
« cette église devenue l'asile du malheur, une sur-
« veillance active et constante, afin d'y assurer
« l'ordre, la moralité et, pendant les offices divins,
« le silence.

« Veuillez agréer, etc., « ANDRÉ,
« *Evêque de Strasbourg.* »

« J'ai l'honneur de vous prier de communiquer cette lettre à la Commission municipale, et de vouloir bien donner les instructions nécessaires pour assurer l'exécution des dispositions d'emplacement et des mesures de discipline demandées par Sa Grandeur.

« Veuillez agréer, monsieur le maire, l'assurance de ma considération la plus distinguée.

« *Le général de division commandant
supérieur,* « UHRICH. »

Le nouveau préfet.

Nous avons dit dans quelles circonstances la commission municipale avait procédé à l'élection d'un nouveau maire ; nous avons établi comment elle avait empiété sur les attributions du pouvoir central en s'arrogeant indûment le droit de désigner aussi le chef de l'administration politique, en déléguant, bien inutilement d'ailleurs, les fonctions préfectorales à un de ses membres; bien inutilement, puisque, les communications étant impraticables entre l'intérieur et l'extérieur de la ville, et le général Uhrich étant momentanément muni de tous les pouvoirs, cette nomination ne donnait à M. Charles Bœrsch qu'une autorité tout à fait illusoire.

M. Bœrsch était préfet depuis six jours, et n'avait encore signalé son avènement par aucune mesure indiquant ce dont il aurait été capable si vraiment l'on avait eu besoin de ses services, lorsque, le 20 septembre, dans la matinée, le bruit se répandit qu'un enfant de Strasbourg, un lieutenant de chasseurs à pied, M. Edmond Valentin, ancien représentant du Bas-Rhin à l'Assemblée de 1849, et qui, en cette qualité, avait, lui aussi, été victime du guet-apens de décembre 1851, avait été nommé préfet du département et venait d'arriver.

Cette nouvelle ne ressemblait pas à tant d'autres à l'aide desquelles on nous avait jusque-là si cruellement abusés; elle était exacte, et elle avait été apportée par M. Valentin lui-même, qui, à travers les plus grands dangers, était parvenu à mettre en défaut la surveillance, pourtant si active, si ombrageuse, des assiégeants, et à pénétrer dans la place.

Les détails de cet épisode de l'arrivée de M. Valentin au poste que lui avait assigné la confiance du Gouvernement de la défense nationale, ont été diversement rapportés; tous ces récits, du moins ceux que nous avons pu lire, sont, ou inexa[cts ou] incomplets.

Sur la demande que nous lui avons ad[ressée] pendant qu'il était encore préfet du Rhône, M[. Ed-] mond Valentin a bien voulu nous raconter lu[i-mê-]me cet épisode du siége de Strasbourg, et [voici,] textuellement, sa narration. On ne peut env[isager] sans frémir tous ces incidents, ni songer san[s ad-]miration à ce qu'il a fallu de calme courage, [d'é-]nergique résolution, d'indomptable bravoure [pour] réussir dans cette entreprise. Si la France ava[it eu] alors, si aujourd'hui encore elle possédait b[eau-]coup d'hommes de cette trempe, assurément [nous] n'en serions pas où nous en sommes.

Voici, en entier, le récit de M. Valentin :

« Lyon, le 2 octobre 18[7...]

. . . .

« Parti de Paris le 5 septembre au soir, avec [la] résolution bien déterminée d'arriver au poste [que] m'avait assigné le Gouvernement de la défense [na-]tionale, je suis entré le 8 au soir dans les lig[nes] prussiennes, à Barr, après diverses courses dans [le] Haut-Rhin, destinées à donner le change aux [es-]pions prussiens mis à mes trousses. Trouvant [les] avant-postes impossibles à franchir de ce côté, je [me] portai sur le canal du Rhône au Rhin, où, le 9, [à] dix heures du soir, je fus arrêté par une reconnai[s-]sance prussienne, retenu prisonnier pendant quin[ze] heures, et relâché grâce à un passe-port américa[in] dont j'étais muni et à ma connaissance parfaite [de] la langue anglaise, aux moyens desquels je réuss[is] à déjouer la vigilance de l'état-major allemand, [à] Benfeld, où l'on m'avait transféré.

« Escorté jusqu'à Lahr (rive droite du Rhin), j[e]

me rendis, dès que je fus débarrassé de mes surveillants, dans les environs d'Achern, d'où je gagnai les bois qui longent le Rhin à hauteur de Marlen, en face de la citadelle de Strasbourg.

« J'étais arrivé sur le bras principal du fleuve et m'apprêtais à le traverser à la nage, quand une patrouille, envoyée sur mes traces du village de Marlen, s'empara de moi de nouveau et me conduisit au quartier général, à Kehl, établi à l'hôtel de la Poste, où je suis bien connu du propriétaire et des gens de la maison, y ayant fait de longs et fréquents séjours à l'époque où l'entrée de la France m'était fermée.

« Fort heureusement, l'élément militaire avait tout envahi ; aucune des personnes de la maison ne se trouva présente, et grâce à mon passe-port et à l'assurance avec laquelle je soutins ma nationalité *yankee*, je fus encore une fois mis en liberté, mais avec injonction péremptoire, inscrite sur le passe-port, de sortir dans les douze heures du rayon d'opérations des armées allemandes.

« Ce passeport me devenait désormais inutile, et, ayant échoué sur trois des quatre points cardinaux, je revins à mon projet primitif de prendre le taureau par les cornes et de percer la ligne d'investissement sur le front d'attaque même, au nord de la ville.

« A cet effet, je descendis le Rhin jusqu'à hauteur de Maximilianau et me rendis à Wissembourg par Landau. J'y trouvai quelques patriotes dévoués, dont je fus reconnu par hasard ; avec leur concours, et accompagné par l'un d'eux et par une vaillante dame alsacienne, fille d'un des plus vieux et dévoués républicains de Strasbourg, je pénétrai jusqu'au quartier-général même du général Werder et passai deux jours entiers dans la maison où il prenait ses repas, l'entendant, à diverses heures du jour et de la nuit, s'enquérir brutalement s'il n'avait pas été observé d'étrangers dans la localité.

« Le 19 au soir, guidé par les renseignements recueillis dans l'intervalle, je me dirigeai sur Schiltigheim, et, averti par la lueur des pipes et des cigares que la tranchée reliant les deux batteries placées à gauche et à droite de *la petite route*, et derrière laquelle je me tenais embusqué depuis la chute du jour, se trouvait momentanément dégarnie, les soldats se rapprochant des batteries pour recevoir une ration de café, je franchis cette tranchée d'un bond et je me jetai à plat-ventre dans les champs de pommes de terre et de maïs qui se trouvaient en avant. Au bout de quelques minutes, je commençai mon voyage à quatre pattes dans la direction du glacis de la place ; mais bientôt le mouvement des tiges dans les champs trahit ma présence, et des batteries, comme de la parallèle, s'ouvrit un feu d'artillerie et de mousqueterie qui m'accompagna jusque sur les bords de l'Aar, où j'arrivai au bout de trois quarts d'heure de cheminement pénible, les boulets, balles et obus continuant à pleuvoir autour de moi. Après un intervalle de repos, je me jetai à la nage dans l'Aar, en avant de la lunette 57 ; mais, arrivé à la rive opposée, je m'embarrassai dans les herbes et roseaux qui la bordent, et me vis obligé de rebrousser chemin et de revenir au point de départ. Un peu plus haut, je parvins à distinguer un endroit dégagé, et, me remettant à la nage, je réussis à aborder et à gagner la place d'armes du chemin couvert, que je trouvai abandonnée, labourée par les bombes, dans les cratères ou entonnoirs desquels je tombai à plusieurs reprises, et d'où je me retirai à grand peine, épuisé comme je l'étais.

« Arrivé au bord du fossé inondé qui couvre la lunette 57, je passai une longue demi-heure à héler la sentinelle et les postes établis à l'extérieur; mais en vain, rien ne parut. Le froid me gagnait, mes dents claquaient, et entre la perspective d'une pleurésie et de quelques balles de plus à affronter (françaises il est vrai) il n'y eut plus à hésiter. Je me rejetai à la nage en face du saillant droit de la lunette, arrivai à l'autre bord, m'élevai péniblement jusqu'à la base du parapet, et, gagnant le sommet, me redressai soudain de toute ma hauteur en criant : « France ! France ! » Une demi-douzaine de coups de fusils partirent au même moment, sans m'atteindre ; un vieux zouave me couchait en joue à bout portant quand le caporal Fauchard, du 78ᵉ de ligne, lui abattit son arme en disant : « Ne tirez plus, vous voyez bien qu'il est « seul ! »

« Je me laissai faire prisonnier et demandai à être conduit au général Uhrich pour lequel j'avais un message. L'heure avancée ne permettant pas de m'introduire dans la ville, je fus enfermé dans un des pavillons du jardin Lips, dont on débusqua à cet effet quelques officiers. Grâce à leurs matelas et à un bon lit de plumes qu'ils me cédèrent je parvins rapidement à me réchauffer, et à m'endormir, malgré les obus qui s'abattaient tout autour de moi, ébranchant les arbres du Contades, avec un bruit épouvantable.

« Le lendemain, à 6 heures du matin, je me fis conduire au général Uhrich et tirai de ma manche, où il était cousu, le décret qui me nommait préfet du Bas-Rhin. Le général, déjà prévenu d'ailleurs, me fit un excellent accueil.

. . . .

« Edm. Valentin. »

— 240 —

On voit que le gouvernement de la défense nationale avait bien jugé de la valeur de M. Valentin et qu'il avait eu raison de s'en rapporter à son énergie et à son patriotisme pour aller occuper son poste.

Quelques heures à peine après son entrée à Strasbourg, le 20 septembre, après midi, le nouveau préfet nous adressa cette proclamation :

« *Habitants de Strasbourg, vaillants compatriotes !*

« Le corps législatif, dans sa séance du 4 septembre courant, a prononcé la déchéance de la dynastie des Bonaparte qui, deux fois arrivée au pouvoir par de criminels attentats contre la représentation nationale, a, trois fois en un demi-siècle, attiré sur la France la honte et les désastres de l'invasion.

« La République a été proclamée ; une Convention nationale est convoquée pour le 16 octobre prochain, et le pouvoirs publics sont confiés, dans l'intervalle, à un gouvernement de la défense nationale composé des onze députés élus par la capitale et placés sous la présidence du général Trochu, soldat vigoureux, à l'intégrité et aux capacités duquel tous les partis, sans distinction, rendent depuis longtemps hommage.

« Une des premières sollicitudes du nouveau gouvernement s'est portée vers la patriotique Alsace, vers sa vaillante capitale, et il s'est préoccupé de lui faire directement parvenir, ainsi qu'à son héroïque garnison, les remerciments émus de la France, de la population de Paris et du gouvernement de la République. (1)

(1) Dans un volume publié à Paris pendant le blocus de cette ville et intitulé *le Siège de Strasbourg* (Joël

« Il a choisi pour cette mission un fils de votre noble cité, auquel, à une époque antérieure, vous aviez, par un vote presqu'unanime, donné le mandat de vous représenter à l'Assemblée nationale, et qui est resté invariablement fidèle au drapeau sous lequel vous l'aviez élu.

« Il vient au milieu de vous s'associer à vos périls, partager vos privations, et tous ensemble nous lutterons jusqu'à la dernière extrémité pour conserver à la glorieuse patrie française un de ses plus nobles et de ses plus formidables boulevards.

« Confiance donc, bon espoir, et vive la République !
    « *Le préfet du Bas-Rhin,*
        « Edmond Valentin. »

Le lendemain, le général Uhrich retirait à M. Bœrsch les fonctions d'administrateur provisoire du département qui lui avaient été dévolues cinq jours auparavant.

Un maire « in partibus ».

En même temps qu'il avait nommé M. Valentin préfet du Bas-Rhin, et par le même décret (1) le

Cherbulliez, éditeur,) un rédacteur du *Temps*, M. Marchand, de son vrai nom *Kauffmann*, raconte qu'avant de pouvoir pénétrer dans Strasbourg, M. Valentin avait essayé à plusieurs reprises de faire arriver à portée de la la ville des convois de vivres et de poudre; « mais », ajoute M. Marchand, « ces convois, dont plusieurs descendirent le Rhin, furent tous pris par les Prussiens ».

(1) Une copie de ce décret fut immédiatement affichée et communiquée aux journaux :

« RÉPUBLIQUE FRANÇAISE.

« Le gouvernement de la défense nationale décrète :
« Article premier. — M. Edmond Valentin est nommé préfet du département du Bas-Rhin, et le gouverne-

gouvernement de la défense nationale avait délégué à un autre alsacien, M. Maurice Engelhard, les fonctions de maire de sa ville natale; il l'avait en outre chargé « d'aller porter aux vaillants Strasbourgeois et à l'héroïque garnison les remerciements de la France, de la population

ment s'en rapporte à son énergie et à son patriotisme pour aller occuper son poste.

« Art. 2. — M. Maurice Engelhard est nommé maire de la ville de Strasbourg et chargé par le gouvernement d'aller porter aux vaillants Strasbourgeois et à l'héroïque garnison les remerciements émus de la France, de la population de Paris et du gouvernement de la République.

« Art. 3. — Le ministre de l'intérieur est chargé de l'exécution du présent décret.

« Fait à l'hôtel de ville de Paris, le 5 septembre 1870.

« Général Trochu, Crémieux, Ferry, Garnier-Pagès, Pelletan, Emmanuel Arago, Jules Favre, Gambetta, Glais-Bizoin, Picard, Rochefort, Jules Simon.

« Pour copie conforme, d'après *le Journal officiel de la République française :*

« *Le secrétaire général de la préfecture,*
« Comte de MALARTIC ». (*)

(*) Outre ses fonctions ordinaires de secrétaire général de la préfecture, M. de Malartic a rempli, pendant le bombardement, celles de trésorier-payeur-général, au lieu et place de M. Percheron, absent. Au commencement d'août, M. Percheron, nommé depuis déjà plusieurs semaines trésorier-payeur-général à Marseille, n'avait pas encore pris possession de son nouvel emploi; nous ne savons s'il était déjà loin de Strasbourg quand la ville fut directement menacée, ou s'il n'en sortit que lorsque le doute sur ce qui allait advenir ne fut plus possible.

M. de Malartic a rendu compte de sa gestion financière, et des soucis, et des tracas, et des dangers dont elle a été pour lui la cause, dans un volume publié à Paris dans le courant de juin dernier sous ce titre : *Le Siége de Strasbourg pendant la campagne de 1870* (Librairie du *Moniteur universel*).

de Paris et du gouvernement de la République ».

M. Engelhard n'essaya même pas d'accomplir cette dernière partie de sa mission ; sa nomination resta lettre morte. Et il vaut mieux qu'il en ait été ainsi, car le nouveau maire se serait heurté à un choix déjà fait, choix consacré par une élection régulière et sanctionné par l'approbation publique. M. Engelhard n'était d'ailleurs pas aimé à Strasbourg, et ses intimes, ceux-là même qui lui reconnaissaient de solides et brillantes qualités, avouaient qu'il avait un « caractère malheureux ». On lui reprochait, en outre, d'être un de ceux qui avaient quitté la ville au moment où tous les hommes publics étaient tenus d'y rester ; à cette époque, M. Engelhard, qui, depuis longtemps, aspirait à jouer un rôle politique dans le Bas-Rhin, à y prendre la direction du parti républicain radical, était bâtonnier de l'ordre des avocats, et, par conséquent, moralement tenu à plaider d'exemple. Malgré les symptômes qui, dès le 4 août, faisaient pressentir à tout esprit perspicace les événements qui allaient bientôt se déchaîner contre nous, il resta jusqu'au jour où il ne fut plus douteux que la place allait être étroitement bloquée. Ce jour-là, le 9 août, M. Engelhard parvint à en sortir pour se rendre auprès de sa femme malade, qui « prenait les bains de mer, en Normandie » ; le 9 août, c'est-à-dire alors que déjà depuis trois fois 24 heures les portes de la ville étaient fermées, le jour comme la nuit ; le lendemain du jour où l'autorité militaire avait fait sauter le tunnel sous lequel le chemin de fer franchissait les remparts ; le lendemain de cette soirée pendant laquelle le major d'Amerungen était venu sommer le colonel Ducasse de lui rendre la place.

A cette date, le service du chemin de fer, la réception et l'expédition des correspondances, la transmission des télégrammes avaient complétement cessé.

De retour des bains de mer à Paris, à la fin du mois d'août, M. Engelhard avait bien pris part aux efforts tentés à cette époque par les alsaciens habitant la capitale en vue d'envoyer des secours militaires à leurs compatriotes ; mais, à la fin de septembre, ces vaines tentatives n'étaient point connues à Strasbourg, et il est probable qu'à moins d'un profond revirement de l'opinion publique, si M. Engelhard était parvenu à arriver jusqu'à nous, il aurait eu à lutter contre une hostilité déclarée ; sa présence et sa prise de possession des fonctions de premier magistrat municipal auraient pu donner lieu à de regrettables conflits ; il est donc très heureux, et pour lui et pour les Strasbourgeois, qu'il n'ait pas cru devoir s'exposer à courir les mêmes dangers que M. Valentin (1).

(1) M. Engelhard fut délégué à Schlestadt par le nouveau préfet du Bas-Rhin, alors que celui-ci n'était pas encore entré dans Strasbourg. Le 5 octobre, il fut, sur sa demande, nommé « commissaire à la défense dans les trois départements du Bas-Rhin, du Haut-Rhin et des Vosges » ; mais la délégation du gouvernement de la Défense nationale « ayant insisté auprès de lui pour lui faire accepter la préfecture de Maine-et-Loire », et cela quelques jours avant l'investissement et le bombardement de Schlestadt, M. Engelhard partit pour Angers, où il se signala surtout par des actes d'intolérance et des coups d'autorité.

Incendie de l'hôtel de la Préfecture (1).

Depuis plusieurs jours, l'ennemi tirait sans relâche sur la préfecture, et déjà six commencements d'incendie, qui avaient éclaté dans divers appartements, avaient pu être éteints, non sans grand péril (pendant un de ces sauvetages un pompier fut tué par un obus), lorsque, le 20 septembre, dans l'après-midi, le jour même de l'installation du nouveau préfet, les flammes se développèrent avec une telle rapidité que, malgré les précautions prises à l'avance, malgré les pompes installées à demeure et dont les tuyaux étaient constamment en charge, malgré la surveillance du poste spécial de pompiers abrité dans une salle du rez-de-chaussée, on ne parvint pas à les maîtriser ; l'hôtel fut entièrement détruit ; on ne put préserver que le bâtiment latéral où se trouvaient les bureaux,

Cet hôtel, dont la façade et la cour principale étaient cachés dans un coin de la rue Brûlée, était incontestablement le plus beau de Strasbourg.

Comment les Allemands ménageaient la ville de Strasbourg.

On est en droit d'adresser bien des reproches

(1) L'hôtel de la préfecture avait été bâti par le préteur royal Klinglin, deuxième de ce nom, en 1730 et années suivantes. La ville l'acheta du préteur en 1744, et l'affecta à l'habitation de ce fonctionnaire, qui était, avant 1789, le principal représentant civil du roi de France à Strasbourg. Plus tard, cet hôtel fut affecté à l'intendant de la province. Il fut ensuite occupé par les préfets. La ville l'avait loué au département pour 99 années. L'hôtel proprement dit a été entièrement consumé. Le bâtiment latéral, dans lequel les bureaux étaient établis, et qui a seul pu être préservé, a été construit en 1758.

à nombre de journaux français à l'occasion de la guerre de 1870 ; jamais cependant ils n'ont aussi indignement altéré la vérité que la presse d'outre-Rhin. Pour n'en citer qu'un exemple, nous rappellerons qu'au moment même où Strasbourg était bombardée à outrance, où la quantité des victimes civiles augmentait d'heure en heure, *la Gazette d'Augsbourg* osa attribuer la durée du siége au désir qu'avaient les chefs de l'armée allemande de *ménager les habitants de la ville* ».

Dès que cet odieux mensonge fut connu à Strasbourg, il y souleva la plus grande indignation, et *l'Impartial du Rhin* se fit l'interprète du sentiment public dans les lignes suivantes :

« Comment ! on nous ménage !...

« Mais n'a-t-on pas refusé, avant que la place fut complétement investie, avant que les opérations du siége fussent sérieusement commencées, de laisser sortir les vieillards, les femmes, les enfants, les malades, les infirmes ? — Si, dans ces derniers temps, beaucoup de personnes ont pu quitter la ville, nous ne le devons qu'à la généreuse intervention des Suisses.

« Au lieu d'attaquer la forteresse d'après les règles militaires, on tire de préférence sur les quartiers les plus populeux. On dégrade et l'on brûle nos monuments et nos édifices publics ; on crible de boulets et l'on incendie nos habitations particulières ; l'humble maisonnette de l'homme peu aisé qui, à force de travail, de privations, d'économies péniblement amassées, est parvenu à acquérir une petite propriété qui doit l'abriter dans sa vieillesse n'échappe pas plus à la destruction que l'opulente demeure du riche. Le modeste mobilier du pauvre ouvrier devient, comme le reste, la proie des flammes Des centaines de pères de famille, qui sont obligés de vaquer à leurs occupations pour gagner le pain de chaque jour, des femmes, des enfants sont tués ou estropiés. On porte le deuil et la désolation dans la ville entière, dont l'ennemi voudrait faire un monceau de ruines, — et on a l'audace de dire qu'on veut *ménager les habitants !*

« Nous sommes plus ou moins de race allemande. Pendant des siècles, notre province a fait partie de l'empire germanique. La bannière de l'ancienne ville libre était autrefois portée immédiatement après celle des empereurs d'Allemagne. Alors déjà, dirons-nous aux Allemands, vous étiez obligés de rendre hommage à notre courage, à notre bravoure, à notre inébranlable fidélité à la foi jurée.

« Si, il a deux cents ans, nous sommes devenus Français, c'est que vous nous aviez lâchement abandonnés. Même lorsque l'Alsace était déjà réunie à la France, Strasbourg faisait encore des efforts surhumains pour maintenir son ancienne indépendance.

« Mais quand nos aïeux eurent vu s'évanouir la dernière lueur d'espoir, quand ils eurent acquis la certitude que l'Allemagne ne pouvait ou ne voulait rien faire pour eux, ils se jetèrent résolûment dans les bras de la France.

« Nous étions comme l'enfant qui se voit injustement repoussé, renié par les siens, et qui, rencontrant une famille nouvelle qui lui tend une main amie, accepte ardemment cette affectueuse étreinte.

« Depuis ce moment, nous avons suivi la bonne comme la mauvaise fortune de notre famille adoptive, et le sang de nos enfants a rougi tous les champs de bataille sur lesquels les soldats français ont combattu.

« Aujourd'hui, vous avez la prétention de nous reconquérir, et, pour nous donner un avant-goût de vos sentiments fraternels, vous nous massacrez, vous nous incendiez, vous nous ruinez, et vous osez ensuite pousser l'hypocrisie jusqu'à dire : *Nous voulions ménager la population de Strasbourg !* » — A.-G. Heinhold.

Les derniers jours avant la capitulation.

Du 21 au 28 septembre, la situation resta à peu près la même. L'ennemi bombarda sans relâche la ville et les remparts.

Des obus et des bombes, pesant 50 et même 75 kilogrammes, arrivèrent jusqu'au centre de la Grand'Rue.

L'Hôtel du Commerce, que l'on croyait à l'abri de toute atteinte, fut aussi écorné par quelques *shrapnels*.

Le 21, un biscaïen, provenant sans doute d'une boîte à mitraille, entra par une fenêtre dans la salle n° 4 de l'Hôpital civil, et atteignit un blessé dans son lit; le 22, des éclats tombèrent sur plusieurs dépendances de cet hospice, au milieu des malades, heureusement sans en blesser aucun; pendant la nuit du 21 au 22, un obus entier traversa le grenier de la Maternité, au-dessus de la salle d'accouchements; un autre éclata sur les greniers de la pharmacie.

Il ne se passait plus guère de nuit sans que l'on entendit à proximité des remparts une fusillade plus ou moins vive. Nos soldats et nos mobiles ripostaient vigoureusement au feu des tirailleurs ennemis. Le canon aboyait à tout instant. Presque chaque matin, à la pointe du jour, les francs-tireurs et les chasseurs-tirailleurs faisaient des sorties pour essayer de surprendre quelque détachement isolé.

Le 25, une vingtaine de ces volontaires trouvèrent un poste de Badois installé dans l'Alcazar (bal public) hors de la porte d'Austerlitz, où ils faisaient chère-lie avec des prostituées ; ils en tuèrent ou blessèrent une dizaine, et rentrèrent en ville n'ayant eu que deux blessés.

Chacune de ces escarmouches coûtait la vie à quelqu'un de nos défenseurs ; de temps à autre, on apprenait la mort d'un enfant de Strasbourg, mort en combattant pour la défense de ses foyers, de sa famille, de ses concitoyens. Pourtant la garnison et la très grande majorité de la population civile persévéraient, et continuaient vaillament à faire leur devoir, ne se doutant guère que le dénouement était si proche, ni surtout quel allait être ce dénouement.

La Capitulation.

Depuis quelques jours le secret de la délibération votée le 18 septembre par la commission municipale transpirait lentement, et le bruit circulait que ceux d'entre nous qui avaient constamment et énergiquement encouragé leurs concitoyens à résister jusqu'à la dernière extrémité étaient débordés ; on allait jusqu'à citer le nom d'un officier supérieur de la garde nationale qui usait de son influence personnelle, de ses relations de famille, de la considération que lui avaient valu ses antécédents pour peser sur les résolutions publiques et préparer l'opinion à subir sans révolte l'humiliation prochaine.

On ajoutait que la démarche faite près du général Uhrich pour le déterminer à se rendre n'avait pas été catégoriquement repoussée.

La plus grande partie de la population, celle qui avait jusque là donné le bon exemple, celle qui soutenait, au nom de la France, surtout au nom de l'Alsace, que, logiquement, Strasbourg ne devait pas se rendre, que le devoir de la place était, comme elle l'avait résolu d'abord, de se défendre « tant qu'il lui resterait *un soldat*, *un biscuit*, *une cartouche*, » celle-là protestait énergiquement, hautement, contre ces rumeurs qui lui semblaient être, ou une calomnie, ou une simple manœuvre de ces quelques poltrons qu'on appelait familièrement « les Prussiens de l'intérieur ».

Ses derniers efforts furent infructueux, et le 27 septembre, après avoir pris l'avis du conseil de défense, le général Uhrich, demanda au commandant de l'armée de siège à traiter d'une capitulation.

C'était un mardi.

Vers 4 heures du soir, ordre fut donné à l'un des officiers attachés à l'état-major de la place, le capitaine Wolff, de faire arborer un drapeau blanc au sommet d'une des quatre tourelles du clocher de la cathédrale.

Ce drapeau devait être assez grand pour être distinctement vu de tous les côtés à la fois ; on n'en avait pas de cette taille ; on en fabriqua un avec un morceau de toile cousu à la hampe d'une lance.

Lorsque M. Wolff arriva chez le concierge de la

cathédrale et donna à l'un des gardiens, Charles Lambrecht, l'ordre d'aller hisser ce signal, il se heurta à un refus formel et indigné :

« Qu'est-ce que c'est que ce drapeau ? » s'écria ce brave homme ; « un drapeau blanc, ça veut dire que vous voulez vous rendre ; je ne veux pas ! je ne veux pas ! Non ! non !.... Personne ne peut monter sans la permission du directeur, et il ne vous la donnera pas !.... Personne ne montera avec ça ! »

Voyant qu'il ne pouvait avoir rapidement raison de cette indignation, le capitaine Wolff alla au poste voisin des pompiers et requit un sergent d'exécuter ou de faire exécuter par un de ses hommes l'ordre du général. Pendant ce temps le concierge était allé prévenir le directeur de l'OEuvre Notre-Dame, et malgré l'insistance de M. Wolff, le gardien refusait toujours de laisser monter les pompiers dans le clocher : « On est allé chercher le directeur », disait-il avec animation, « et personne ne montera sans sa permission, pas même le général !... Non ! non ! Et il ne vous la donnera pas ! »

Le directeur arrive ; M. Wolff lui explique de quelle mission il est chargé ; il lui affirme qu'il a reçu un ordre et qu'il faut que cet ordre soit exécuté ; il donne sa parole d'honneur que son afirmation n'est que l'exacte expression de la vérité. Le directeur doute encore et déclare qu'il va s'informer près du général lui-même.

Il y va en effet. Pendant ce temps M. Wolff tâche de calmer la surexcitation du gardien ; il lui démontre doucement, sans acrimonie, par de bonnes paroles, qu'il est, lui aussi, esclave de sa consigne, qu'il n'a pas à discuter les ordres de son supérieur, mais simplement à les exécuter où à les faire exécuter...

« Donnez !... » s'écrie tout à coup le gardien ; il saisit le drapeau des mains de M. Wolff, s'élance en courant dans l'escalier... et moins de trois minutes après le signe de paix flottait dans les airs, tout en haut de la tourelle de l'est, dans la direction de Mundolsheim, village où était installé le quartier général de l'armée de siége.

Les coups pressés de l'artillerie retentirent encore pendant quelques minutes, puis le vacarme cessa complétement.

Rien ne peut donner une idée de l'impression que nous éprouvâmes tous à n'entendre plus que les bruits ordinaires des allées, des venues, des paroles de la population d'une grande ville au lieu de l'horrible fracas qui, presque sans interruption, tonnait autour de nous et sur nos têtes depuis 43 jours et 43 nuits. Les mourants doivent ressentir une impression pareille lorsque, la maladie ayant dominé toutes les forces vitales, l'agonie va les étreindre...

La circulation dans les rues recommença presqu'aussitôt ; les enfants, les femmes, les vieillards, tous ceux qui depuis longtemps n'avaient éprouvé d'autre sentiment que l'épouvante, respiré d'autre atmosphère que celle des caves, se montraient timidement sur les portes de leurs maisons. Il semblait qu'ils craignissent encore d'entendre siffler ou tonner quelque bombe retardataire. Comme ils étaient livides et débiles, tous ces malheureux ! combien ils avaient dû souffrir ! quelles anxiétés ! quelles alarmes ! quelles angoisses !

A cette heure cependant bien peu de personnes savaient que le sacrifice était consommé, et généralement on croyait qu'il ne s'agissait que d'une suspension d'armes ; d'aucuns affirmaient voir sur le drapeau blanc la croix rouge de Genève, et disaient à qui voulait les entendre que « depuis deux jours nous avions tué tant de prussiens que le général de Werder avait demandé un armistice de quelques heures pour les ramasser, et les enterrer »... Mais dès qu'on allait aux informations il n'était plus possible de conserver le moindre doute ; le chef de la défense avait bien réellement perdu tout espoir, et il allait ouvrir à l'ennemi les portes de la forteresse. La triste nouvelle fut officiellement confirmée par le secrétaire général de la préfecture aux personnes qui s'étaient portées de ce côté pour demander des explications à l'autorité ; elle excita, non-seulement dans la population valide, mais aussi et surtout dans la garnison, une indignation qui fut bien près de provoquer une révolte. Cette fois encore quelques exaltés crièrent bien fort qu'il fallait aller s'emparer du général Uhrich pour l'empêcher de donner suite à sa détermination ; mais, comme précédemment, ils se gardèrent bien d'essayer de mettre leurs criailleries à exécution.

Des officiers, qui avaient pu se rendre compte du véritable état des remparts, aux points mêmes où l'on disait que de larges brèches avaient été creusées par les assaillants, suppliaient le commandant de venir s'assurer par lui-même que l'on pouvait résister encore ; d'autres l'insultaient et le menaçaient....

Un officier de lanciers, qui allait transmettre des

ordres aux chefs des divers arrondissements militaires, et qui, interpellé par la foule, lui répondit tout joyeux : « Armistice! armistice! » fut, lui aussi, hué et insulté : s'il n'avait mis son cheval au galop, peut-être eût-il été maltraité. Dans la cour de l'hôtel de la division, devant la mairie, devant la préfecture, un grand nombre de gardes nationaux, sédentaires et mobiles, protestaient énergiquement, bruyamment, contre le projet d'une capitulation.

Cependant cette capitulation, qui livrait enfin à de Werder cette proie si ardemment convoitée, si patiemment et si vaillamment défendue, fut conclue à Kœnigshoffen, pendant la nuit du 27 au 28 septembre, à 2 heures du matin. En voici la teneur :

« Le lieutenant-général prussien de Werder, commandant du corps de siége devant Strasbourg, invité par le général de division français Uhrich, gouverneur de Strasbourg, à cesser les hostilités contre la place, est tombé d'accord avec celui-ci, eu égard à l'honorable et valeureuse défense de cette place, de conclure la capitulation suivante :

« Article premier. — Le 28 septembre 1870, à
« 8 heures du matin, le général de division
« Uhrich évacue la citadelle, les portes d'Austerlitz,
« Nationale et des Pêcheurs ; en même temps les
« troupes allemandes occupent ces points.

« Art. 2. — Le même jour, à 11 heures, la gar-
« nison française, y compris la garde mobile, quitte
« la place par la porte Nationale, défile entre la
« lunette 44 et la redoute 37, et dépose là les ar-
« mes ; les officiers conservent leurs armes, leurs
« bagages et les chevaux qui sont leur propriété.
« Tous les autres chevaux ou mulets sont remis
« à l'armée allemande.

« Art. 3. — Les troupes de ligne et les gardes
« mobiles sont prisonniers de guerre et partent
« avec leurs bagages. Les gardes nationaux et
« les francs-tireurs sont libres sur *revers* et ont à
« déposer leurs armes avant 11 heures du matin à
« la mairie.

« Les listes des officiers de ces troupes seront
« remises, à la même heure, au général de Werder.

« Art. 4. — Les officiers et les employés ayant
« rang d'officier des diverses troupes de la garnison
« française de Strasbourg peuvent partir pour un
« lieu de séjour choisi par eux s'ils donnent un
« *revers* sur parole d'honneur. Le formulaire de ce
« *revers* est joint à cette convention (1). Ceux des
« officiers qui ne veulent pas signer ce *revers* par-
« tent comme prisonniers de guerre pour l'Allema-
« gne avec la garnison (2). Les différents médecins

(1) Voici, textuellement, la grotesque traduction de ces *revers* (engagements), telle qu'elle fût transmise, sous forme lithographiée, à l'imprimeur chargé de faire, le jour même, un tirage de *dix mille exemplaires* de ces formules, en français et en allemand :

« Je soussigné, m'engage *sur ma parole d'honneur* à ne plus prendre les armes dans cette guerre, de suite à ne pas commettre des actions ou faire correspondances qui pourraient être nuisibles aux armées allemandes.

« On m'a déclaré que, en violant cet engagement, commis avec ceci, je serai puni d'après la loi de guerre dans toute sa rigueur.

« L'on m'a communiqué que je puis prendre domicile à

« .... le .... 1870 ».

(2) Tous les officiers sans troupes ont, comme de raison, profité de la clause stipulée dans le premier paragraphe de cet article. Parmi les officiers avec troupes, il en est très peu au contraire qui aient osé consentir à en bénéficier, et à suivre l'exemple des généraux Uhrich et Barral; le plus grand nombre n'ont pas voulu ne pas partager le sort de leurs soldats; empêchés, dans les

« militaires français conservent provisoirement
« leurs fonctions.

« Art. 5. — Le général de division Uhrich s'en-
« gage à faire remettre, immédiatement après que
« les armes auront été déposées, avec ordre, les di-
« vers établissements militaires, les caisses publi-
« ques, etc., par les employés titulaires français aux
« employés allemands.

« Les officiers et les employés qui, des deux
« côtés, sont chargés de cette opération, se trouve-
« ront, le 28 septembre, à midi, sur le Broglie, à
« Strasbourg.

« Cette capitulation a été faite et signée par les plénipotentiaires ci-après : le chef-d'état major général du corps de siége, lieutenant-colonel de Leczynski, et le capitaine de cavalerie et aide de camp, comte Henkel de Donnesmarck, du côté allemand ; le colonel Ducasse, commandant de place de Strasbourg, et le lieutenant-colonel Mengin, sous-directeur d'artillerie, du côté français.

« Lue, acceptée et signée.

« L. MENGIN, DUCASSE,
« HENCKEL DE DONNESMARK, LECZYNSKI.
« *Le secrétaire*, baron LARROCHE.

« Pour copie conforme :
« *Le général commandant supérieur,*
« UHRICH ».

Le colonel Ducasse (1) qui avait simplement reçu

deux cas, de concourir militairement à la défense de la patrie, ils ont refusé de se séparer de ceux de leurs compagnons d'armes que la volonté de leur chef contraignait à se constituer prisonniers.

(1) Aujourd'hui général de brigade (à Ajaccio).

mission de signer le texte de la capitulation qui lui serait présentée, prit sur lui de demander aux plénipotentiaires allemands quelques avantages, auxquels le général commandant supérieur n'avait probablement pas pensé, et il obtint la promesse *verbale* que la ville ne serait frappée d'aucune contribution de guerre, et que les fonds appartenant à la Banque de France, à la caisse municipale et à la caisse d'épargne ne seraient pas saisis....

Voici comment fut tenue une partie de ces engagements : — aucune contribution de guerre ne fut directement réclamée à la ville ; mais presque chaque jour, par la suite, on exigea d'elle, par voie de réquisition, et sous menace d'augmenter du double le nombre des garnisaires, de si nombreuses fournitures qu'en cinq mois on épuisa presque ses ressources. Pour la nourriture et le logement du général commandant militaire, elle eut à payer, chaque jour, près de 2,000 fr. Ce reitre aimait à être bien logé, et il ne savait manger et boire comme il convient à un soldat victorieux, que s'il pouvait inviter à sa table vingt ou trente de ses complices.

Dès l'entrée des troupes prussiennes à Strasbourg, et sous prétexte qu'à la Banque devait être déposée une somme de douze millions appartenant à l'Etat, l'autorité allemande fit militairement occuper cet établissement ; n'ayant pu obtenir, ni de M. de Malartic, secrétaire général de la préfecture, momentanément chargé des fonctions de trésorier-payeur-général, ni de M. Winter, caissier de la Trésorerie, ni de M. Garat, directeur de la succursale de la Banque, ni de M. Ott, son caissier, ni de M. Clément, contrôleur, une déclaration écrite ou verbale reconnaissant que les deux ou trois millions restés dans les caisses, étaient, non point la propriété même de cet établissement, mais des fonds publics ; n'ayant pu obtenir que ces messieurs lui indiquassent la cachette où l'on avait dû enfermer les douze millions qu'elle convoitait, elle emprisonna ces fonctionnaires dans les appartements même de la succursale, les mit au secret, et leur interdit, — sous peine de mort, — toute communication avec l'extérieur. Plus tard, quand elle eut fini par comprendre que par ces duretés elle n'aurait point raison de leur probité, elle permit à leurs parents et à leurs amis de venir de temps à autre leur faire quelques visites ; et encore n'arrivait-on jusqu'à eux que moyennant une autorisation personnelle de l'officier commandant les hommes de garde, et à travers quatre sentinelles ; enfin, lorsqu'après avoir profondément défoncé et bouleversé les moindres recoins du jardin de la Banque, tâté tous les placards, sondé tous les murs, depuis le sol de la cave jusqu'aux solives des mansardes, les Prussiens en furent réduits à s'avouer à eux-mêmes qu'ils s'étaient trompés, ils donnèrent à ces messieurs la clé des champs. Leur détention avait duré quarante jours environ.

Si les policiers allemands avaient été mieux informés ils auraient su que, le 12 août, à midi, deux fourgons du Trésor, lourdement chargés et protégés par une forte escorte, étaient sortis de Strasbourg par la porte de Saverne, et que deux jours après, le 14, l'administration de la Banque avait brûlé sa réserve de six millions en billets.

La sortie de la garnison.

La copie du texte de la capitulation qui nous fut remise dans la matinée du 28 reproduisait aussi cet ordre du jour, adressé par le général Uhrich à la garnison :

« Le commandant de place est chargé de désigner à chaque corps son lieu de réunion et sa place pour le défilé.

« Aussitôt le présent ordre reçu, on fera décharger toutes les armes avec la baguette ; les cartouches seront versées à l'artillerie.

« Le général recommande à MM. les trésoriers et officiers payeurs de se trouver bien exactement à midi au Broglie.

« La garnison de Strasbourg comprendra qu'il est de sa dignité de conserver le plus grand ordre pendant les dernières heures qu'elle a à passer dans la ville qu'elle a si vaillamment défendue.

« Le général commandant supérieur remercie tous ceux qu'il a eu l'honneur de commander du concours dévoué qu'ils lui ont donné, concours qui lui a permis d'accomplir la tâche qui lui avait été confiée.

« Il sera heureux de pouvoir faire obtenir à la brave garnison de Strasbourg les récompenses qu'elle a si noblement méritées.

« Fait au quartier général, à Strasbourg, le 28 septembre 1870.

« *Le général de division, commandant supérieur,*
« Uhrich.

« Pour copie conforme :
« *Le chef d'état-major,*
« Lesueur ».

Ces remerciements et ces promesses n'eurent pas

la moindre efficacité ; et cela se comprend aisément si l'on considère l'excessive précipitation qui présida à ce dénouement du siége : l'ordre qu'on vient de lire ne fut écrit et signé que le 28 au matin ; lecture ne put en être donnée à la garnison que vers 5 ou 6 heures au plutôt ; le temps fit donc matériellement défaut, non-seulement pour préparer les troupes à subir avec dignité la loi du plus fort, mais même pour la prévenir en temps utile des décisions conclues entre les deux commandants supérieurs.

Le 28 septembre, à 9 heures du matin, il y avait, dans un ouvrage avancé, des officiers qui n'avaient point reçu notification directe de la capitulation ; ils en avaient seulement « entendu parler », et à l'heure ou déjà l'ennemi avait pris possession d'une partie de la ville, ces officiers faisaient encore travailler leurs hommes à une mine destinée à contrebattre les travaux d'approche ; vers 9 heures et demie seulement un ordre authentique les détermina à cesser toute résistance.....

Comment s'étonner dès lors de la sourde révolte de la garnison contre la décision du général Uhrich et de son conseil de défense ? Comment oser blâmer quelques actes de désespoir, qui produisirent sur les troupes ennemies elles-mêmes une si douloureuse impression ?

L'évacuation de la forteresse alsacienne devait avoir lieu suivant un programme fixé à l'avance et destiné à donner au général de Werder, a son état-major et à une partie de ses troupes le plaisir de savourer l'humiliation des vaincus.

Ce programme portait que la garnison défilerait

devant le commandant supérieur ennemi dans l'ordre suivant :

Gendarmerie; — 5ᵉ d'artillerie; — 9ᵉ d'artillerie; — 16ᵉ d'artillerie; — 20ᵉ d'artillerie; — 3ᵉ compagnie d'ouvriers; — 1ᵉʳ régiment du train; — 2ᵉ régiment du train; — génie; — 10ᵉ bataillon de chasseurs; — 13ᵉ bataillon de chasseurs; — 18ᵉ de ligne; — 87ᵉ de ligne; — 96ᵉ de ligne; — régiment de marche, infanterie; — garde nationale mobile, artillerie; — garde nationale mobile, infanterie; — marins; — 5ᵉ section d'infirmiers; — 6ᵉ section d'infirmiers; — 8ᵉ section d'infirmiers; — petits dépôts; — douane; — régiment de marche, cavalerie; — détachement du train des équipages.

Mais le spectacle fut tout autre que les Prussiens se l'étaient promis : à mesure que nos soldats se rendaient de leurs points de ralliement à la place d'Armes pour gagner ensuite le faubourg national, et de là le passage désigné, entre la lunette 44 et la redoute 37, ils devenaient de plus en plus rebelles à la voix de leurs chefs; ils rompaient leurs rangs, juraient et blasphémaient à grands cris, maudissaient leur général, vidaient leurs cartouchières et lançaient leurs armes à l'eau ou les brisaient avec rage sur le pavé, qui bientôt fut jonché de leurs débris; — et ceux qui, pendant le siége, ne s'étaient pas montrés les plus courageux n'étaient pas ceux qui vociféraient le moins !

La population qui se pressait sur le chemin de ces malheureux, depuis la porte d'Austerlitz jusqu'au delà de la place Gutenberg, à travers la place et le pont du Corbeau et la rue du Vieux-Marché-aux-Vins, les excitait à parfaire cette œuvre de destruction, qui privait l'ennemi de la plus belle part du butin.

Beaucoup même d'entre nous les aidaient à casser leurs fusils et leurs sabres, à lacérer leurs baudriers, leurs ceinturons, leurs gibernes, à disperser et à noyer dans la boue des ruisseaux le restant de leurs munitions; c'était autant de moins livré aux Allemands....

Lorsque ces malheureux passèrent devant le général de Werder (1), beaucoup le défièrent du regard ou du geste. Il était affreusement pâle ; ses traits, crispés par une sourde colère, ne présageaient rien de bon ; le général Uhrich invoqua cependant une promesse verbale faite par le lieutenant-colonel Leczynski au colonel Ducasse, et aux termes de laquelle les douaniers devaient être autorisés à rentrer en ville après le défilé; le chef allemand fit la sourde oreille.

— Ceux-là ne vous ont pas fait grand mal... insista le général français; ce sont tous des pères de famille.... tous de braves gens....

— Oh ! oh ! les douaniers, répondit de Werder, c'est comme les pompiers : dans les villages ils nous ont fait, au contraire, beaucoup de mal ; laissez-les passer... J'y réfléchirai.

Une fois passés, les douaniers furent, comme le reste de la garnison, emmenés en Allemagne ; comme aux autres prisonniers, on leur fit faire, ce jour là, une étape de *33 kilomètres*, sans leur don-

(1) A ce moment, on ne l'appelait déjà plus, à Strasbourg, que le général Mœrder ; *mœrder*, en allemand, veut dire *assassin*.

ner *aucune nourriture* ; et quand la colonne traversait un village, si les habitants voulaient leur offrir un morceau de pain, un verre d'eau ou de vin, les soldats de l'escorte les repoussaient de la voix et du geste ; parfois même ils les frappaient à coups de crosse....

Il avait été aussi stipulé entre MM. Leczynski et Ducasse qu'après avoir défilé les gardes mobiles de la garnison de Strasbourg, tous originaires du Bas-Rhin, seraient également autorisés à rentrer dans leurs foyers s'ils s'engageaient, par *revers*, à ne plus combattre contre l'Allemagne. Mais, comme leurs camarades de l'armée, ceux-ci avaient brisé leurs armes au lieu d'en faire hommage au vainqueur, et de Werder argua de ce prétexte, qui cependant n'avait pas été réservé dans les promesses faites par son plénipotentiaire, pour manquer à la parole donnée.

Le colonel Ducasse avait en outre obtenu que les gardes nationaux sédentaires et même les francs-tireurs qui signeraient des *revers* ne seraient pas astreints à subir le défilé, et seraient laissés en liberté ; heureusement ceux-ci avaient, dès le matin, déposé leurs fusils et leurs briquets à la mairie, sans quoi l'on aurait assurément trouvé encore quelque échappatoire pour les emmener également et augmenter d'autant le nombre des victimes de la capitulation.

Aux termes des conditions arrêtées, les vainqueurs ne devaient pénétrer dans la ville qu'après-midi, et cependant dès 8 heures et demie du matin ils avaient pris possession des portes et de plusieurs ponts ; quelques-uns de leurs régiments entrèrent en outre dans la place bien avant qu'elle eut été évacuée par nos soldats ; il en résulta ceci, par exemple, que ,dans le faubourg National, ces derniers, se croisant avec les envahisseurs, ne cessaient de les accabler d'injures et de les menacer du poing. Menaces vaines, bravades inutiles, c'est bien évident! mais qui trahissaient une douleur profonde et une indignation que quelques heures de répit auraient pu au moins atténuer.

Vers 2 heures après-midi, un soldat français, un zouave, qui prétendait défier, à lui seul, toute l'armée ennemie, qui n'avait pas voulu sortir de la ville avec ses camarades, — et qui était allé boire, — ayant, au sortir du cabaret, rencontré trois soldats allemands qui cherchaient leur logis, les injuria d'abord, puis les menaça ; comme ils paraissaient ne pas se préoccuper suffisamment, à son gré, de ses bravades, il dégaina et blessa légèrement l'un d'eux. Le *schwaub*, aidé de ses deux compagnons, eut bien vite maîtrisé ce malheureux ; il lui attacha les mains derrière le dos avec son mouchoir, et l'adossa dans l'encoignure de la grande porte cochère de la maison de la rue de la Madeleine qui fait face à la place des Orphelins. Puis, les trois allemands s'éloignèrent de quelques pas, ajustèrent et firent feu. Le pauvre diable fut frappé à mort par une seule balle ; les deux autres, qui, à cinq ou six mètres de distance à peine, avaient porté trop à droite d'un mètre au moins, sifflèrent aux oreilles de deux cuisinières qui causaient dans l'allée, derrière la porte, sans même se douter de ce qui se passait dans la rue.

Sur d'autres points de la ville, aux abords des casernes encore habitables et des logements où l'on avait provisoirement abrité, durant la dernière période du siége, une partie de la garnison, au *Kuppelhoff*, par exemple, se passaient des scènes d'un autre genre, mais non moins navrantes :

Dès que les soldats les eurent évacués, ces « quartiers » furent envahis et complétement dévastés par cette partie de la population que le bombardement avait réduite à la plus affreuse misère : malles des officiers, objets de literie, ustensiles de cuisine, vestes, capotes, bonnets de police, souliers, guêtres, approvisionnements des dépôts, bibliothèques des régiments, tout fut pillé en quelques heures ; rien de ce qui peut être emporté ne resta en place ; hommes, femmes, enfants, tous prenaient, et prenaient sans vergogne : c'était autant de moins pour les Prussiens !

Ceux-ci ont bien essayé, par la suite, de récupérer au moins une partie de ces objets, et ils ont menacé des peines les plus sévères ceux qui ne leur restitueraient pas leur part du butin ; mais rien ne leur a été livré, ou bien peu de chose.

Eh bien ! avec un peu de prévoyance et de sang-froid, on aurait pu éviter aussi ce pillage, auquel les plus nécessiteux n'ont assurément pas eu la plus large part, et faire un excellent usage de ces ressources. — Puisque l'administration militaire ne pouvait ni les emporter, ni songer à les réclamer plus tard, n'aurait-elle pas dû les offrir au comité de secours pour les victimes du bombardement et au comité Strasbourgeois de la société de secours aux blessés ? Si, dès le jour où le général avait entrevu la nécessité d'une capitulation prochaine, il avait fait remettre à ces deux comités les matelas, et surtout les vêtements et les inombrables pièces de toile et de drap accumulés dans les dépôts, ces objets auraient servi plus tard à soulager largement d'affreuses misères et d'horribles souffrances.

Combien nos soldats prisonniers auraient été heureux d'avoir de bonnes vestes, de chaudes capotes, neuves et propres, pour remplacer leurs lambeaux d'uniforme, pour se garantir contre les si douloureuses morsures du froid!...

Le général Uhrich s'était préoccupé cependant des besoins de la population pauvre de Strasbourg; cet avis, qui fut communiqué aux journaux dans la soirée du 27 septembre, trop tard pour pouvoir être publié ce jour-là, en est la preuve :

« MAIRIE DE STRASBOURG.

« Strasbourg, le 27 septembre 1870.

« M. le général de division, commandant supérieur de la place, vient de porter à deux mille le nombre de rations qu'il met à la disposition des indigents de la ville, pendant 15 jours, à partir du 24 de ce mois ». *(Pas de signature)*.

Mais cette mesure était insuffisante, et trop tardive d'ailleurs ; car, comment le général pouvait-il disposer, au moment où il allait faire ouvrir les portes à l'ennemi, de 2,000 rations par jour pendant 9 jours encore après la signature de la capitulation ?

Et ce qui restait dans les caisses publiques de l'Etat, pourquoi, la veille de la capitulation, ne pas le donner définitivement aux sociétés de secours, aux établissements de bienfaisance ? ou, mieux necore, en faire des parts et les confier à des hommes sûrs, d'une probité éprouvée, dont la parole aurait été une garantie suffisante, et qui les auraient remboursées plus tard à l'Etat? Ç'aurait été encore autant de moins pour les Prussiens !

Cette capitulation a donné lieu à un autre grave reproche : comment a-t-on pu oublier d'y introduire des stipulations précises, formelles, relativement à la population civile? De Werder avait bien promis, du bout des lèvres, de traiter les habitants avec certains égards; on lui a même attribué ces mots : « Je n'aurai dorénavant qu'un seul but, panser les plaies de Strasbourg »; mais sa conduite envers nous pendant le bombardement, et le souvenir du traitement infligé à tant d'autres de nos compatriotes qui avaient seulement osé défendre leurs foyers, leurs familles, leurs propriétés contre les violences de l'ennemi, combattre la force par la force, auraient dû conseiller au moins d'énumérer *par écrit* des réserves et des promesses dont la signature de M. de Werder aurait peut-être garanti le strict accomplissement. Si l'on n'avait été si pressé de conclure la capitulation, si l'on s'était donné la peine d'imposer au vainqueur les conditions auxquelles la conduite de la population lui donnait, semble-t-il, quelques droits, elle n'aurait pas eu à subir par la suite de si humiliantes vexations ; on aurait pu lui éviter les charges si dures qui ont si lourdement pesé sur tant de familles dénuées de leurs ressources ordinaires, soit par le bombardement, soit par la stagnation complète des affaires : il aurait suffi, pour l'obtenir, de le vouloir fermement.

Dernières proclamations.

Les troupes ennemies avaient déjà pris possession de Strasbourg, leurs régiments campaient sur nos places et nos promenades intérieures, leurs sentinelles étaient postées de tous côtés, aux portes de la ville, sur les remparts et dans les ouvrages avancés, aux deux extrémités et au milieu de tous les ponts de l'Ill et du canal des Faux-Remparts, lorsque furent placardées ces deux proclamations :

« *Habitants de Strasbourg !*

« Ayant reconnu aujourd'hui que la défense de la place de Strasbourg n'est plus possible, et le conseil de défense ayant unanimement partagé mon avis, j'ai dû recourir à la triste nécessité d'entrer en négociations avec le général commandant l'armée assiégeante.

« Votre mâle attitude pendant ces longs jours de douloureuses épreuves m'a permis de retarder jusqu'à la dernière limite la chute de votre cité. L'honneur civil, l'honneur militaire sont saufs, grâce à vous; merci !

« Merci à vous aussi, préfet du Bas-Rhin et magistrats municipaux, qui, par votre énergie et par votre union, m'avez prêté un concours si précieux, qui avez su venir en aide à la population malheureuse et maintenir haut son attachement à notre patrie commune.

« Merci à vous, chefs militaires et soldats, à vous surtout, membres de mon conseil de défense, qui avez toujours été si unis de vues, si énergiques, si dévoués à la grande mission que nous avions à accomplir ; qui m'avez soutenu dans les instants d'hésitation que faisaient naître la lourde responsabilité qui pesait sur moi et l'aspect des malheurs publics qui m'environnaient.

« Merci à vous, représentants de notre armée de mer, qui avez su faire oublier votre petit nombre par l'énergie de votre action.

« Merci enfin à vous, enfants de l'Alsace ; à vous, gardes nationaux mobiles ; à vous, francs-tireurs et compagnie franche ; à vous aussi, artilleurs de la garde nationale sédentaire, qui avez si noblement payé le tribut de sang à notre grande cause aujourd'hui perdue ; et à vous, douaniers, qui avez aussi donné tant de preuves de courage et de dévouement.

« Je dois les mêmes remerciments à l'intendance pour le zèle avec lequel elle a su parer aux exigences d'une situation difficile, tant pour le service hospitalier que pour celui des vivres.

« Où trouverais-je des expressions suffisantes pour dire à quel point je suis reconnaissant envers les médecins civils et militaires, qui se sont consacrés aux soins de nos blessés et de nos malades militaires ? envers ces nobles jeunes gens de l'Ecole de médecine, qui ont accepté avec tant d'enthousiasme le poste périlleux des ambulances dans les ouvrages avancés et aux portes ?

« Comment remercier assez les personnes charitables, les maisons religieuses, les établissements publics qui ont ouvert des asiles à nos blessés, qui les ont entourés de soins si touchants et qui en ont arraché beaucoup à la mort ?

« Je conserverai jusqu'à mon dernier jour le souvenir des deux mois qui viennent de s'écouler, et le sentiment de gratitude et d'admiration que vous m'avez inspiré ne s'éteindra qu'avec ma vie. (1)

« De votre côté, souvenez-vous sans amertune de votre vieux général, qui aurait été si heureux de vous épargner les malheurs, les souffrances et les dangers qui vous ont frappés ; mais qui a dû fermer son cœur à ce sentiment, pour ne voir devant lui que le devoir, la patrie en deuil de ses enfants.

« Fermons les yeux, si nous le pouvons, sur le triste et douloureux présent, et tournons-les vers l'avenir ; là nous trouverons le soutien des malheureux : l'espérance !

« Vive la France à jamais !

« Fait au quartier général, le 27 septembre 1870.

« *Le général de division commandant supérieur de la 6ᵉ division militaire,* « UHRICH. »

« *Chers concitoyens !*

« Après une résistance héroïque, et qui, dans les fastes militaires, ne compte que de rares exemples le digne général qui a commandé la place de Strasbourg vient, d'accord avec son conseil de défense, de conclure avec le commandant en chef de l'armée assiégeante une convention pour la reddition de la place.

(1) On a reproché au général Uhrich d'avoir oublié, dans cette série de remercîments, les sapeurs-pompiers. Cet oubli est regrettable, en effet, mais il est bien pardonnable, car, assurément, il a été tout à fait involontaire : pendant le bombardement, le général avait, plus d'une fois, dans des entretiens particuliers, témoigné de son admiration pour le dévouement exemplaire de ces braves gens.

« Cédant aux dures nécessités de la guerre, le général a dû prendre cette détermination en présence de l'existence de deux brèches, de l'imminence d'un assaut qui nous eût été fatal, des pertes irréparables subies par la garnison et par ses vaillants chefs. La place n'était plus tenable ; il est entré en pourparlers pour capituler.

« Sa détermination, écartant la loi martiale, qui livre une place prise d'assaut aux plus rudes traitements, vaut à la ville de Strasbourg de ne pas payer de contribution de guerre et d'être traitée avec douceur.

« A onze heures, la garnison sortira avec les honneurs militaires, et aujourd'hui l'armée allemande occupera la ville.

« Vous qui avez supporté avec patience et résignation les horreurs du bombardement, évitez toute démonstration hostile à l'encontre du corps d'armée qui va entrer dans nos murs.

« Rappelez-vous que le moindre acte agressif empirerait notre situation et attirerait sur la population entière de terribles représailles. La loi de la guerre dit que « *toute maison d'où il aurait été tiré un coup de feu sera rasée et ses habitants passés au fil de l'épée.* » Que chacun s'en souvienne, et s'il était parmi vous des hommes assez oublieux de ce qu'ils doivent à leurs concitoyens pour méditer d'impuissantes tentatives de résistance, empêchez-les d'y donner suite. L'heure de la résistance est passée. Résignons-nous à subir ce qui n'a pu être évité.

« Vous, chers concitoyens, qui, durant ce long siège, avez déployé une patience, une énergie que l'histoire admirera, restez dignes de vous-mêmes à cette heure douloureuse.

« Vous tenez dans vos mains le sort de Strasbourg et le vôtre. Ne l'oubliez pas !

« Strasbourg, le 28 septembre 1870.

« *Le maire*, Küss. »

La presse locale après la capitulation.

Dans l'après-midi, vers 3 heures, au moment où les deux journaux de Strasbourg allaient paraître, communication leur fut donnée de cette ordonnance, que nous reproduisons textuellement :

« COMMUNE DE STRASBOURG.

« L'administration municipale porte à la connaissance du public les ordres qui lui ont été transmis par M. le général de Mertens, commandant supérieur de la place :

« I. — L'état de guerre et de siége continue à
« subsister, et *toute espèce de délits et de crimes,*
« *principalement les infractions aux ordres de*
« *M. le général commandant supérieur de la place,*
« *quelle que soit la qualité des contrevenants, sont*
« *justiciables des conseils de guerre et punis en*
« *conformité de la loi martiale.*

« II. — Les habitants de la ville sont tenus de
« livrer au quartier-général toutes les armes ou
« munitions qui sont en leur possession, sans en
« rien excepter. La dénomination d'armes comprend
« les armes de tir, sabres, épées, poignards, cannes
« à épée. Les propriétaires de maison sont respon-
« sables de l'exécution du présent ordre ; dans les
« bâtiments dont les propriétaires sont absents,
« l'administration municipale est chargée de faire
« des visites domiciliaires minutieuses et de requé-

« rir, le cas échéant, l'assistance de l'autorité mi-
« litaire.

« III. — *Sont interdits, jusqu'à nouvel ordre,
« tous journaux, gazettes,* proclamations et, en
« général, *tous imprimés,* à l'exception des dispo-
« sitions qui auront été autorisées par le général
« commandant supérieur de la place.

« IV. — Les habitants sont informés que, dans
« le cas où les troupes allemandes seraient, d'un
« bâtiment quelconque ou d'un lieu quel qu'il soit,
« l'objet d'une agression armée, les troupes sont
« autorisées à entrer dans le bâtiment et à passer
« au fil de l'épée tous les hommes adultes.

« V. — Par contre, les troupes respecteront la
« propriété privée, et les réquisitions n'auront lieu
« qu'avec l'autorisation de M. le général comman-
« dant supérieur de la place.

« VI. — Tous les lieux publics devront être fer-
« més à 9 heures du soir. Toutes les personnes qui
« seront rencontrées dans les rues après 9 heures
« du soir seront arrêtées par les hommes de garde
« ou les patrouilles, et conduites au siège du com-
« mandement. Il n'y a d'exception que pour les
« officiers des troupes allemandes. Des exceptions à
« cette mesure ne peuvent être accordées qu'en fa-
« veur des médecins civils qui ont à visiter d'ur-
« gence des malades, et, même dans ce cas, seule-
« ment à la demande des autorités municipales et
« au vu d'une autorisation écrite qui sera délivrée
« par M. le général commandant supérieur de la
« place.

« VII. — Les autorités municipales ont à soi-
« gner un éclairage suffisant de toutes les rues et
« places pendant l'obscurité. Dans le cas où un
« éclairage convenable ne pourrait être fourni im-
« médiatement, chaque habitant qui circulera dans
« les rues et sur les places, depuis la tombée de la
« nuit jusqu'à 9 heures, est tenu d'être porteur
« d'une lanterne.

« VIII. — Les consignes des portes de la ville

« ont reçu l'ordre de ne laisser entrer ni sortir aucun
« habitant, à partir d'aujourd'hui à midi jusqu'à de-
« main matin à 10 heures, à moins d'une autori-
« sation spéciale et écrite de M. le général com-
« mandant supérieur de la place.

« IX. — A partir de demain à 10 heures, les
« femmes et les enfants de la population civile
« sont seuls admis à passer librement.

« Provisoirement, les magasins pourvoiront à
« l'entretien des troupes allemandes ; les autorités
« municipales auront, dans le plus bref délai pos-
« sible, à prendre des mesures à l'effet de préparer
« des logements, sans nourriture, pour 8,000 hom-
« mes dans les maisons particulières, dans les dé-
« pôts à incendie et dans les casernes encore habi-
« tables.

« MERTENS.

« Pour extrait conforme :

« *Le maire*, Küss. »

Aller à l'encontre de ces prescriptions, de ces menaces, dans un pareil moment, n'aurait servi de
rien ; c'aurait été renouveler, bien inutilement, la
lutte du pot de terre contre le pot de fer. Les deux
journaux, qui allaient être mis sous presse au moment où il leur en fut donné communication ne
purent donc paraître ce jour-là (1), et ils dûrent in-
terrompre leur publication. Les communications de
la nouvelle autorité ne furent plus portées à la
connaissance de la population que par voie d'affiche, et ses actes soustraits à toute discussion publique.

Cependant, quatre jours après la capitulation l'interdiction relative aux publications périodiques fut

(1) Il a été tiré seulement dix exemplaires de *l'Impartial du Rhin* du 28 septembre ; nous reproduirons
quelques extraits de ce numéro dans l'*appendice*.

levée ; l'autorisation de reparaître, adressée par le général de Mertens à la mairie, et transmise par celle-ci aux propriétaires de *l'Impartial* et du *Courrier* était ainsi conçue :

« La mairie est prévenue qu'au sujet des journaux qui ont paru jusqu'à présent dans cette ville je ne m'oppose pas, quant à moi, à leur réapparition.

« Mais je recommande tout particulièrement à la mairie d'informer d'une manière spéciale les rédacteurs de toutes les feuilles et publications que cette mesure ne peut être accordée qu'à la condition *de ne faire paraître dans les journaux aucune discussion politique.*

« Le texte de toutes les publications sera *allemand* ou bien *allemand et français*. Le texte des insertions sera tel que le public le désirera.

« Il sera obligatoirement déposé ici trois numéros de chaque journal aussitôt qu'il paraîtra. *Il ne sera exercé aucune censure. Mais* dans le cas où il paraîtrait des articles hostiles à l'Allemagne ou aux institutions allemandes, le journal qui les aurait publiés *serait supprimé immédiatement, sans avertissement et définitivement.* »

L'imprimerie Berger-Levrault, propriétaire de *l'Impartial*, et les rédacteurs de ce journal refusèrent de subir cette autorisation, qui enlevait d'une main ce qu'elle faisait semblant d'accorder de l'autre. Le propriétaire du *Courrier* (M. Silbermann, imprimeur), ne se laissa pas rebuter par ces conditions draconiennes, et dès le 2 octobre il recommença à faire paraître cette feuille en se conformant avec la plus scrupuleuse condescendance aux prescriptions du vainqueur.

Nous avons hâte d'ajouter qu'aussitôt qu'ils eurent connaissance de la transformation que subissait *le Courrier*, M. Charles Bœrsch, rédacteur en chef, et, quelques jours après, M. Auguste Schnéegans et M. Gustave Fischbach donnèrent leur démission. Bientôt après, *le Courrier du Bas-Rhin* fut vendu par M. Silbermann à un imprimeur de Lahr (duché de Bade), M. Moritz Schaüenburg, et il est depuis lors rédigé — à la prussienne — par le nommé Grün, allemand autrefois condamné à mort dans sa patrie pour affaires politiques, et qui était venu à cette époque demander protection à la France; il s'était fixé à Strasbourg, où il professait, avec quelque succès, la langue de son pays; il témoigne aujourd'hui sa gratitude pour notre généreuse et loyale hospitalité en prêchant que la volonté des peuples doit humblement s'incliner devant celle des souverains et en soutenant cette thèse monstrueuse qu'il n'est pas de meilleur gouvernement que le gouvernement du sabre et du canon, de meilleur régime politique que celui de la violence et de la conquête.

Le Te Deum du 28 septembre.

La municipalité, que l'on s'attendait à voir donner sa démission quelques heures après la signature de la capitulation, continua à fonctionner et fournit ainsi à l'ennemi l'énorme avantage de n'avoir pas à organiser une administration nouvelle; elle lui facilita la voie qu'il aurait fallu, au contraire, lui rendre le plus arduc possible. Quelques-uns de ses membres poussèrent même la condescendance, — c'est incroyable, et pourtant cela est, — jusqu'à assister au *Te Deum* que les Allemands firent célébrer le 28 septembre dans le temple Saint-Thomas, en réjouissance de leur victoire. Ces messieurs ont essayé de s'excuser en alléguant qu'ils nous ont évité ainsi quantité de vexations de tout genre. Eh! justement! ces vexations étaient à souhaiter ; elles auraient excité un mécontentement de tous les instants ; elles auraient provoqué une irritation, une révolte incessantes ; inerte d'abord, cette résistance serait allée grandissant chaque jour, et aurait fini par déterminer une explosion qui aurait aidé peut-être à la délivrance de la patrie !

L'invitation d'assister à ce *Te Deum* fut transmise au maire par le général de Werder, puis par M. Küss à ses adjoints et aux autres membres de la municipalité. Voici les noms des dix-sept membres de la commission qui subirent volontairement cette nouvelle injure :

Le docteur Küss, maire et président de la commission ; — Klein, pharmacien, adjoint ; — Eissen, marchand de fer, adjoint ; — Bürger, brasseur *(A la ville de Paris)* ; — Henry, fabricant de pâtés et capitaine dans la garde nationale sédentaire (1);— Immlin, vétérinaire ; — Edmond Klose,

(1) Dans le courant de l'année dernière ce même M. Henri a été nommé chevalier de la Légion-d'honneur... Pourquoi?... Parce qu'il a assisté à ce *Te Deum?* — Parceque, pendant la réunion publique du 28 août il fut un de ceux qui opinaient qu'il fallait capituler au plus vite ? — Parce qu'après la capitulaiton, ayant eu à loger dans sa maison le sous-préfet prussien, il le reçut souvent à sa table, en compagnie de quelques autres Strasbourgeois, aussi bon patriotes que lui ?

banquier ; — Kratz ; — Ernest Kolb; — Kreittmann, marchand de papiers peints ; — Lauth, négociant ; — Lips, marchand de draps ; — Ruhlmann, syndic des jardiniers ; — Auguste Schnéegans, rédacteur au *Courrier du Bas-Rhin* ; —Silbermann, imprimeur et propriétaire du *Courrier du Bas-Rhin;* — Schott, brasseur *(A la Chaîne d'Or)*.

On nous a assuré que quatre autres membres, MM. Bergmann, de l'Académie, Fulhardt, Kratz et Charles Lehr, sont allés, eux aussi, remercier Dieu d'avoir fait tomber leur ville natale au pouvoir de l'ennemi ; mais, pour ces quatre derniers, nous ne pouvons rien affirmer, nous ne sommes sûrs que des dix-sept précédents.

Les autres conseillers, même ceux qui, peu de jours auparavant, avaient eu la faiblesse de voter pour la reddition, s'abstinrent et ne furent point inquiétés ; car il n'est pas exact, bien qu'on l'ait allegué, qu'il eut été enjoint avec menaces à la commission tout entière d'assister à la cérémonie religieuse du 28 septembre ; le général de Werder avait d'abord demandé que les clés de la ville lui fussent apportées sur un plat d'argent, par le maire ; M. Küss ayant catégoriquement refusé de se soumettre à cette humiliation, le chef allemand fit comme il aurait fait pour d'autres conditions si on avait su les lui refuser : il n'insista pas ; il convoqua la municipalité au *Te Deum*, mais, nous le répétons, sans formuler aucune menace contre ceux qui ne souscriraient pas à ce désir.

Aspect de la ville et des remparts le 28 Septembre.

Il faisait, ce jour-là, un temps magnifique ; la population se répandit en foule sur les remparts et dans les quartiers les plus maltraités par le bombardement. Chacun voulait voir ces dévastations.

Au coin de la rue de la Mésange et de la promenade du Broglie, rien que des ruines, au-dessus desquelles se dressaient pourtant encore quelques murs calcinés. Le magasin qui formait cette encoignure était occupé, avant le bombardement, par un DÉBIT DE TABAC DES MANUFACTURES IMPÉRIALES ; — le feu n'avait dévoré qu'en partie l'enseigne de cette boutique, et, — singulière et poignante ironie du hasard — en avait laissé subsister seulement les dernières lettres :

FACTURES IMPÉRIALES.

Dès l'entrée du faubourg de Pierres, quel navrant spectacle !... Sur la droite, plus une seule maison debout ; sur la gauche, quelques-unes encore, mais dans quel état !.. Plus loin, le regard, habitué à rencontrer au-delà des maisons la teinte si douce du gazon et du feuillage des grands arbres qui faisaient comme une couronne de verdure à la forteresse, ne distinguait plus qu'un amas de terre et de décombres.

Depuis le bas jusques en haut, et dans toute sa largeur, l'intérieur de la porte de Pierres était bourré de sacs à terre à l'aide desquels l'assiégé avait essayé de se préserver contre les incessants efforts de l'assiégeant ; l'habitation qui surmontait cette porte était éventrée de tous côtés ; ce n'était plus, aussi bien que les parapets voisins, qu'un amas de pierres émiettées et de poutres déchiquetées.

Aux alentours, sur le rempart même, le sol est profondément fouillé, bouleversé, sens dessus dessous; aucun des travaux de défense n'a conservé sa forme première. De tous côtés, des trous en forme de larges entonnoirs, produits par l'explosion des bombes, attestent par leur espacement presque symétrique la justesse du tir adverse. Sur quatre ou cinq cents canons, obusiers ou mortiers de tout calibre et de toute qualité, une vingtaine au plus sont encore intacts. En maint endroit, les affûts, réduits en éclats, ont été remplacés par des sacs à terre; quelques-unes de ces pièces, que l'on a dû renoncer à remettre en batterie, sont profondément enfouies dans le sol; d'autres portent la trace d'un, de deux, de cinq, de quatorze coups qui les ont directement ou indirectement atteintes et plus ou moins profondément englouties, labourées, écartelées; toutes sont hors de service; celles qui auraient encore pu aider à nous défendre ont été enclouées la veille, à l'aide d'une baguette de fusil, d'un morceau de vieille ferraille; quand une tige assez dure leur a manqué pour fausser la lumière, les canonniers en ont martelé les bords jusqu'à ce qu'elle fut obstruée par le bronze lui-même.

Au dehors de la première enceinte, les fossés sont pleins d'eau de tous côtés; au delà, quantité d'officiers prussiens se font transporter à l'aide de nacelles jusqu'aux ouvrages avancés, dont ils examinent curieusement les dispositions et le délabrement.

Çà et là, dans les abris voûtés des pièces qui, la veille encore, ripostaient à celles de l'ennemi, des monticules de bombes, d'obus, de boîtes à mitraille prouvent que nous n'en étions pas encore à notre dernière cartouche...

En suivant le rempart vers la gauche nous arrivons près de la porte de Saverne. Là, défense aux Strasbourgeois et aux simples soldats de l'armée ennemie d'aller plus loin ; on ne veut probablement pas les laisser se convaincre *de visu* que les brèches n'étaient pas accessibles. Il faut redescendre jusqu'au bas du talus, dans la rue militaire, et longer ce qui fut l'usine à gaz et la gare pour gagner le faubourg de Saverne, puis le faubourg National, dont les décombres s'étendent au loin, et, par places, fument encore...

Un des rédacteurs du *Journal de Genève*, venu à Strasbourg quelques jours après la capitulation, lui écrivait le 7 octobre :

« Celui qui voudrait se donner une idée de la guerre, et apprécier l'étendue des désastres qui l'accompagnent, devrait passer deux jours dans Strasbourg, et je suis assuré qu'il rapporterait de cette malheureuse ville un profond sentiment d'indignation contre les hommes « au cœur léger » qui ont déchaîné sur leur propre pays le fléau de l'invasion.

« De Kehl, en suivant l'allée d'arbres magnifiques qui couvraient jadis la route de leur ombrage et qui gisent maintenant renversés, nous entrons dans la ville par la porte d'Austerlitz à la suite de l'interminable file de chars en osier qui amènent les flots de la population du grand-duché de Bade tout entier. On ne voit partout que paysans portant le gilet rouge et le bonnet de fourrure, et villageoises coiffées du grand nœud de rubans noirs. C'est une seconde invasion des Germains.....

« Les rues, quoique fort animées, sont paisibles et remplies de soldats prussiens qui, du reste, se comportent partout avec un calme et une tranquillité remarquables.

« Une fois casés et notre logis assuré, logis qui, pour le dire en passant, porte maints témoignages de l'adresse des artilleurs allemands, nous sortons des remparts par la porte de Saverne, quartier naguère populeux et florissant, et qui n'offre plus aujourd'hui que le spectacle de la désolation et de la ruine. De tous côtés, et à perte de vue, des maisons brûlées ou croulantes ; des arbres dont les branches, coupées par les projectiles, balaient tristement le sol ; des charriots brisés ; des monceaux de décombres.

« De la porte, en suivant la direction du dépôt de la gare, nous arrivons sur la troisième parallèle, que nous allons suivre jusqu'au village de Schiltigheim qui formait le centre des travaux de l'attaque du côté ouest. Les tranchées sont creusées très régulièrement ; mais il faut ajouter que la besogne de l'assiégeant a dû être grandement facilitée par la nature du terrain qui, dans toute cette zone du moins, est marneux, compacte, et se laisse creuser aisément sans s'ébouler.

« Chaque coup de pic s'y voit encore.

« La tranchée passe à travers le cimetière ; quel triste coup-d'œil que celui de ces monuments brisés, de ces tombes labourées par les obus, de ces cyprès renversés, de ce champ de repos, enfin, qui ne rappelle plus que des idées de destruction et de sang ! Non moins triste est l'aspect de ces riantes villas, de ces charmantes maisons de campagne naguère asiles de la paix, maintenant ravagées, criblées de boulets, et dont l'incendie n'a respecté que quelques pans de murailles noircies.

.... « Rentrons plutôt dans l'enceinte extérieure et visitons ensemble les deux lunettes 53 et 52 (pour les désigner par ordre chronologique).

« Sur la première flotte encore le drapeau blanc et noir portant les mots « Mit Gott » (avec Dieu) et l'indication du régiment qui a le premier occupé cet ouvrage. Quelques pièces françaises de 12, démontées par le feu des assiégeants, enclouées, sont encore à leur place de combat ; en arrière, au fond du fossé, la transparence de l'eau permet de distinguer un grand nombre de projectiles et de munitions que les Français ont noyés avant leur retraite.

« La lunette 52 offre à peu près les mêmes particularités. Le terre-plein de ces deux ouvrages est labouré, retourné par les obus, et bouleversé par les tranchées que les Prussiens y avaient immédiatement pratiquées, dès qu'ils s'en étaient rendus maîtres.

« Mais le temps presse, et j'ai hâte de vous conduire à la citadelle, située à l'opposite, du côté de Kehl et du Rhin.

« Si l'aspect de Schiltigheim était navrant, que dire de celui qu'offre la citadelle ? C'est l'image de la destruction la plus complète. Exposés au feu terrible des batteries établies auprès de Kehl, et qui ont fait leur œuvre avec une précision foudroyante, tous les bâtiments, corps de gardes, magasins, casernes, ont été détruits.

« Le pied heurte à chaque pas un éclat de projectile ou quelque triste débris abandonné au dernier moment par les soldats français. C'est ainsi que nous découvrons dans la grande cour, auprès d'un parc d'artillerie que les obus allemands ont anéanti, une centaine de fusils, des havres-sacs, des gibernes, des pièces de harnais, des fourreaux de sabre, quelques fragments de lettres et de formulaires, des livres de punitions, le manuel du sous-officier de chasseurs à pied, et une foule de petits objets d'équipement.

« De la citadelle, regagnons la ville par la rue de l'Arsenal et donnons en passant un coup d'œil à cet immense bâtiment brûlé jusqu'au sol.

« D'immenses amas de tubes rougis, tordus, des monceaux de cuirasses noircies entre quatre murailles calcinées, c'est là tout ce qui reste de cet approvisionnement d'armes brillantes, dont on n'a même pas su, ou pu, se servir.

« Dans les cours, quelques centaines de magnifiques pièces d'artillerie, rayées, attendent leur prochain départ pour Rastadt »...

Et tout cela c'est l'œuvre de l'homme ! Ce sont des hommes qui, obéissant à la volonté d'un homme, ont accompli cette œuvre stupide et lamentable.... O sottise humaine !...

Deux lettres du général Uhrich.

Au moment de la capitulation, et depuis cette époque, des accusations excessives et mal fondées ont été articulées contre le général Uhrich; on a été jusqu'à le traiter de « vendu » et jusqu'à prétendre qu'il a trahi la France et livré Strasbourg à l'ennemi ; nous avons déjà réfuté quelques-unes de ces calomnies ; le général lui-même y a répondu deux fois par deux lettres que nous allons reproduire.

Dans la première, l'ancien commandant supérieur de Strasbourg ne se borne pas à faire toucher du doigt l'absurdité des récriminations à l'aide desquelles on s'est efforcé de ternir son honorabilité ; il indique aussi quelle part de responsabilité doit être attribuée à ceux dont le devoir était de pourvoir en temps opportun aux moyens de défense de cette place, et de ne pas abandonner à ses seules ressources l'une des plus importantes de nos forteresses ; à ceux qui, après l'avoir complétement dégarnie de troupes à la veille de la bataille de Wissembourg, n'ont pas réussi, n'ont peut être pas même songé, après leur défaite, à lui envoyer au moins une partie des bataillons qui furent inutilement ramenés vers Saverne ; si 10,000 hommes seulement avaient été laissés à Strasbourg avant le 4 août, ou étaient venus s'y abriter après la bataille de Wœrth, il n'est pas douteux que de vigoureuses sorties auraient pu empêcher l'ennemi de s'établir si rapidement et si solidement autour de nos remparts, et en nous permettant de prolonger indéfiniment la résistance, de rendre infructueuse toute espérance de s'emparer de la ville par un assaut.

Voici, presqu'en entier, la première lettre du général Uhrich :

« Bâle, 14 octobre 1870.

..... « Je sais depuis longtemps qu'il n'y a pas loin du Capitole à la roche Tarpéïenne ; j'en fais la triste expérience.

« Que l'on m'accuse d'insuffisance, d'impéritie, je le comprendrais ; mais de trahison ! voilà qui est infâme. Trahison ! Et envers qui ? Est-ce envers la République et le gouvernement de la défense nationale ? Mais c'est moi qui les ai fait reconnaître l'une et l'autre à Strasbourg.

« On comprendrait une trahison au début d'un investissement; mais après un siége de deux mois, après avoir vu brûler et renverser une ville, tuer ses habitants, décimer sa garnison, où pourrait se glisser la trahison?

« La route de Strasbourg est ouverte; que l'on aille voir sa citadelle détruite, ses remparts labourés, son artillerie anéantie, ses ouvrages avancés intenables et deux de ses bastions en brèche; que l'on s'arrête devant les ruines de ses monuments, devant celles de ses maisons; que l'on se rende compte de la pluie de fer, de plomb, de feu, qui couvrait tous ces terrains militaires; que l'on examine ces projectiles puissants et inconnus jusqu'ici que deux cents pièces de canon nous lançaient, et, loin de dire que la reddition de la ville a été prématurée, on s'étonnera que la résistance ait été si prolongée, que l'on ait pu soutenir pendant trente-huit jours et trente-huit nuits un bombardement sans précédent jusqu'à ce jour.

« La situation s'était compliquée par la perte de 85,000 fusées métaliques incendiées avec l'arsenal de la citadelle, et que rien n'a pu remplacer.

« Malgré cela, nous aurions pu tenir tant que le corps de la place eut été intact; mais, dans les derniers jours, les travaux d'approche de l'ennemi prirent une rapidité extraordinaire; il couronna nos chemins couverts, se fit des abris blindés, pour protéger les troupes destinées à livrer l'assaut, et ouvrit deux brèches: l'une au bastion 12, praticable, et l'autre au bastion 11, que deux heures de feu allaient rendre praticable.

« L'assaut était impossible à soutenir par nous. Les remparts et tous les abords, foudroyés par la puissante artillerie ennemie, n'eussent pas été tenables pour les défenseurs de la brèche, qui, en moins d'une demi-heure, eussent été anéantis, et l'ennemi fût monté à l'assaut sans coup férir.

« Devions-nous — devais-je, plutôt — exposer la malheureuse ville de Strasbourg, qui avait déjà tant souffert, aux horreurs d'une ville prise d'assaut, alors que nous n'avions pas une seule chance favorable pour la résistance ?

« Mon conseil de défense ne le pensa pas (et, certes, celui-là est inattaquable au point de vue de l'énergie). — Consulté par moi, et après délibération étendue, il a déclaré, *à l'unanimité :*

« 1° Que l'assaut ne pouvait pas être supporté avec des chances de succès ;

« 2° Que le moment était venu de capituler.

« Le reste s'en est suivi.

« Attaqué par les braves du lendemain, ou par des personnes qui ont cédé, sans réflexion, à une première impression, j'aurais voulu garder le silence et attendre que la vérité se fît jour d'elle-même ; mais le mot « trahison » m'a créé un devoir, celui de protester de toute l'énergie d'une conscience honnête et longuement éprouvée. Je livre une carrière de cinquante-deux années de services militaires aux investigations les plus minutieuses, carrière que ne sauraient ternir les propos de quelques personnes mal renseignées ou malveillantes.

« J'aurais pu vous parler de l'incurie avec laquelle on a abandonné Strasbourg, sans garnison, sans troupes d'artillerie suffisantes, sans le plus petit détachement du génie ; j'aurais pu vous dire bien d'autres vérités encore, mais il me faudrait sortir du terrain de la défense personnelle où je désire rester.

 « Général UHRICH.

La deuxième lettre du général Uhrich est une protestation contre les accusations articulées, dans *le Salut public* de Lyon, par un capitaine du génie en résidence à Belfort.

De cette deuxième lettre nous extrayons les passages suivants ; ils suppléent, en partie du moins, à quelques lacunes inévitables de notre récit :

« M. le capitaine du génie Thilers me reproche d'avoir borné les sorties de la garnison à des *promenades sur les glacis, sans combat.* Cinq sorties ont eu lieu, dont quatre avec combat. Dans l'une, le colonel des pontonniers, Fiévet, fut blessé mortellement, et nous perdimes 20 hommes et 3 pièces de canon. Dans une autre, 25 hommes et un officier furent tués ou blessés ; enfin, dans la dernière, nous eûmes à regretter la perte de 2 officiers et de 127 hommes du 87e, mon seul régiment fortement constitué.

« La garnison et la population, dit encore M. le capitaine Thilers, *ne songeaient pas à se rendre.*

....« Dans les derniers jours du siége, la commission municipale, composée de 51 membres, demanda au conseil de défense, à l'unanimité moins deux voix, d'admettre une délégation de ses membres en sa présence. Cette délégation, à la tête de laquelle était le maire, exposa la malheureuse situation de Strasbourg ; ses monuments, ses maisons particulières, des quartiers tout entiers détruits par le feu ennemi ou incendiés ; ses habitants tués ou blessés dans leur domicile et dans les rues ; 12,000 hommes, femmes et enfants sans asile, presque nus, à peine nourris, réduits à la plus profonde misère. Et pourquoi? ajoutaient ces messieurs; vous n'avez pas le moindre espoir d'être secourus, et sans secours vous tomberez fatalement, huit jours plus tôt, huit jours plus tard. Epargnez donc la vie de plusieurs centaines de victimes qui seraient sacrifiées sans aucune utilité pour notre patrie commune. Votre devoir militaire est rempli en son entier ; ouvrez vos cœurs à la pitié et aux sentiments d'humanité que nous espérons trouver en vous.

« Ce langage ne devait pas être écouté, et il fut résolu que la défense continuerait. Trois jours plus tard, une nouvelle et semblable démarche fut renouvelée, sans plus de succès.

« Mais les travaux d'approche de l'ennemi marchaient avec une rapidité incompréhensible; nous nous étions vus forcés d'abandonner successivement les ouvrages avancés 44, 52, 53, 54 et 55 ; les autres allaient suivre. Notre système de fortifications s'égrenait, en quelque sorte, comme un collier dont le fil est rompu.

« Les bastions 11 et 12 furent battus en brèche, et le 27 septembre, à 2 heures de l'après-midi, la brèche du bastion 12 était praticable ; celle du bastion 11 devait le devenir après deux heures de canonnade.

« En même temps qu'il battait nos remparts, l'ennemi avait miné la contrescarpe pour la renverser dans le fossé et achever de le combler. Il avait aussi creusé deux vastes excavations blindées et destinées à réunir et à abriter les colonnes d'assaut.

« Informé que l'assaut était imminent, je réunis le conseil de défense (1). La délibération ayant été

(1) Ce conseil était composé de MM. le général Uhrich, président, — le général Barral, — le contre-amiral. Exelmans, — le colonel Ducasse, commandant la place, — le colonel du génie Sabatier, directeur des fortifications, — le colonel Blot, du 87e de ligne.

ouverte, il fut reconnu que la résistance était arrivée à son terme, que notre artillerie était hors de lutte, que les remparts, ainsi que la rue qui passe à leur pied, accablés, foudroyés par des projectiles d'une puissance destructive inconnue jusqu'alors, ne pouvaient pas être occupés par des colonnes destinées à repousser l'assaut sans que ces colonnes fussent détruites, avant le combat, par les 200 pièces qui feraient converger leur feu sur elles, et que l'ennemi arriverait sur nos remparts sans rencontrer de résistance.

« Quant à la citadelle, que le capitaine Thilers a déclaré être intacte (1), il fut constaté que, rasée comme elle l'était, totalement détruite, n'ayant plus d'artillerie, elle ne pouvait servir de réduit à la garnison, qui ne trouverait pas à s'y abriter; que cette garnison y serait écrasée sans aucune défense possible et sans autre résultat qu'une horrible et bien inutile boucherie.

« Ces faits ayant été reconnus vrais, le conseil vota, à *l'unanimité* des voix, les deux résolutions suivantes :

(1) Le capitaine Thilers a dit vrai en ce sens qu'aucun des ouvrages de défense de la citadelle n'a été abattu par les batteries ennemies; mais les casernes, les magasins, les logements des officiers, la chapelle, les portes et les bâtiments qui les surmontaient, tout cela était détruit jusqu'au ras du sol : il n'en restait pas un mur debout. Les obus explosibles avaient pénétré, et à plusieurs reprises, jusque dans les casemates. L'amoncellement de ces décombres était si horriblement beau que ce qui restait de la citadelle fut, longtemps après la capitulation, un des principaux attraits pour les curieux.
L'autorité militaire prussienne fit profiter de cet empressement les victimes civiles : toute personne qui voulait pénétrer dans l'enceinte de ce qui avait été la citadelle et se promener à travers ses débris était tenue de verser 1 thaler (3 fr. 75) à la caisse de secours.

« 1° La défense de Strasbourg ne peut pas se pro-
« longer plus longtemps.

« 2° Il y a lieu d'entrer, dès à présent, en négo-
« ciation pour la capitulation. »

« Le reste s'en est suivi. Et je reconnais le droit de m'attaquer loyalement, moi, le seul chef responsable; mais mon conseil de défense, composé d'hommes énergiques autant que capables, est à l'abri de tout reproche. Il a donné son avis consciencieux et éclairé ; il m'a soutenu dans toutes les phases de ma pénible et souvent bien lourde mission ; je me plais à lui témoigner ici ma reconnaissance.

« M. le capitaine Thilers parle de 60,000 fusils chassepot que l'arsenal de Strasbourg aurait livrés à l'ennemi; il faut réduire ce chiffre à *douze cents* (1). Il en est ainsi de la plupart de ses assertions. Il dit aussi que l'amiral Exelman a été *le seul chef qui ait su partager les peines et les périls de ses soldats.*

« Nul plus que moi n'a apprécié le dévouement chevaleresque avec lequel l'amiral a participé à la défense de la ville et les brillantes qualités dont il a donné tant de preuves ; mais il y a iniquité à le citer seul. Le colonel Blot, du 87°, qui commandait le front d'attaque, qui a été si beau, si énergique, si à la hauteur de l'importante mission qui lui avait été confiée ; le lieutenant-colonel Rollet, du 47°, qui a commandé la citadelle avec

(1) On nous a affirmé d'autre part que les chassepots anéantis par cet incendie étaient au nombre de *dix-huit mille*.—Il est peu probable qu'on n'eut mis en réserve que *douze cents* chassepots dans un arsenal aussi important que celui de Strasbourg. Si cependant le nombre indiqué par le général est le nombre exact c'est une preuve de plus contre l'impardonnable incurie de l'empire et du plus grand nombre de ses agents.

tant de valeur, d'energie et de sang-froid, et tant d'autres qu'il serait trop long de citer, ne le cèdent à aucun pour les services rendus, et il est de mon devoir de leur donner ici la place qu'ils ont dans mon estime et qu'ils doivent occuper dans l'estime publique (1).

. . . .

« UHRICH ».

(Cette lettre ne porte pas de date).

---

(1) Il est regrettable que le général Uhrich n'ait pas cru devoir citer ici les noms d'au moins deux autres de ses collaborateurs : le capitaine de vaisseau Du Petit-Thouars et le colonel Ducasse. Ce dernier, modeste autant que brave, a décliné publiquement les éloges que, pendant le bombardement, un journal de Strasbourg avait cru pouvoir lui donner sans froisser aucune susceptibilité, sans exciter aucune jalousie ; ces éloges était pourtant des mieux mérités : l'âge de cet officier, sa position hiérarchique, ses années de service, ses droits acquis à la retraite (*) l'autorisaient à ne faire que strictement son devoir ; mais il sentait que les chefs devaient prêcher d'exemple, et froidement, sans étalage, sans aucune forfanterie, il s'efforçait, par sa conduite aussi bien que par ses paroles, de surexciter le courage de notre garnison, si peu nombreuse et, en partie, si novice. La rédaction de *la Gazette de Carlsruhe* savait à quoi s'en tenir sur la valeur morale de cet officier, elle qui disait, dans un de ses numéros de septembre 1870, pendant que le bombardement faisait rage : « Le colonel Ducasse doit être l'âme de la défense ».

(*) M. Ducasse avait été admis à faire valoir ses droits à la retraite, à titre d'ancienneté de service, par décision en date du 18 juin 1870 ; par décret en date du 7 novembre de la même année, il a été nommé général de brigade « en récompense de sa belle conduite pendant le siége de Strasbourg. »

Conclusion

Il ne nous est pas possible d'accepter comme entièrement concluantes les explications du général Uhrich :

Evidemment ce n'est pas sur le commandant supérieur de Strasbourg que doit retomber la responsabilité de l'inconcevable abandon de cette forteresse et de l'incurie qui a permis à l'ennemi de couper si rapidement les communications entre cette place et l'intérieur ; mais les arguments invoqués par le général ne le justifient pas à nos yeux de ses hésitations et de ses timidités des premiers jours, non plus que de la capitulation.

Résister jusqu'à la dernière extrémité, « jusqu'au dernier soldat, jusqu'au dernier biscuit, jusqu'à la dernière cartouche, » c'était son devoir, — devoir impérieux, inflexible et supérieur à toute autre considération.

Si cette résistance désespérée n'avait pu servir de rien, si elle avait dû être de tous points inutile, nous admettrions qu'on se fût laissé dominer par les sentiments invoqués dans les lettres qu'on vient de lire ; mais le succès d'un assaut était-il aussi probable qu'on l'a prétendu ?

Ces brèches, que le général n'a pas vues, de ses yeux vues, qu'il n'a pu apprécier que d'après des rapports peut-être un peu trop assombris, nous les avons examinées sept jours après la capitulation, alors qu'on n'y avait pas encore touché ; étaient-elles praticables ? Le général dit : « oui ; » il nous a semblé, à nous, et à quelques hommes du métier, qu'elles ne l'étaient pas (1).

Et même en admettant qu'elles l'eussent été, n'aurait-il pas fallu que, pour arriver jusqu'au pied de l'éboulement, l'ennemi franchit encore au moins un fossé plein d'eau ? (2) Des contre-mines établies à temps n'auraient-elles pas pu faire échouer ses premières tentatives pour pénétrer dans la place ? Si cependant l'assaut avait fini par triompher de votre résistance, et si, dès les premiers jours du siége, on avait eu le soin de faire élever en deçà du canal des Faux-Remparts quelques ouvrages en terre comme doit savoir en improviser tout chef de troupe suffisamment instruit et expérimenté, ce nouvel obstacle n'aurait-il pas suffi, au moment de l'assaut, pour retarder de quelques jours le succès des efforts adverses ?

(1) L'autorité prussienne a autorisé un photographe de Strasbourg à photographier, peu de jours après la capitulation, la brèche du bastion 12, la plus étroite ; elle ne l'a pas autorisé à photographier la plus large, celle du bastion 11. C'est d'autant plus regrettable qu'une photographie bien faite aurait permis d'apprécier mathématiquement, après coup, l'état réel des lieux.

(2) Dans une conférence sur le bombardement de Strasbourg, faite, en février dernier, au Casino militaire de Posen, par le général Von Decker, à qui avait été confié, le 24 août 1870, le commandement en chef de l'artillerie de siége, cet officier a conclu en ces termes :

« La brèche du bastion 11 était complètement réussie ; néanmoins nous avons lieu de nous féliciter que la capitulation inattendue du général Uhrich nous ait épargné l'assaut, et cela d'autant plus que nous eussions dû traverser un fossé de 80 pieds de large et rempli d'eau à une hauteur de 16 pieds. Quels sacrifices en temps, en travail, en forces et en hommes un assaut tenté dans ces conditions ne nous eut-il pas coûtés ! »

Enfin, si vraiment le général de Werder avait mis sa barbare menace à exécution, s'il avait pénétré de vive force jusqu'au cœur de la place, et s'il avait livré « pendant six heures » aux horreurs du pillage cette ville dont le gouvernement prussien désirait tant se concilier les sympathies, oh! alors l'ennemi n'aurait pas eu à faire seulement à la garnison et à la garde nationale; il aurait eu à compter avec toute la population : hommes, femmes, enfants, vieillards même, exaspérés, affolés par une telle barbarie, auraient, rue par rue, maison par maison, défendu leur vie et leurs propriétés; ç'aurait été une lutte corps à corps, une implacable tuerie.

Combien les assaillants auraient-ils perdu de monde dans ce carnage? Beaucoup assurément, et leurs forces auraient été diminuées d'autant; et leurs troupes aguerries par le siége n'auraient pu être si vite employées à poursuivre la conquête, à renforcer les corps d'armée autour de Schlestadt, de Neuf-Brisach, de Belfort, de Metz et de Paris; le correspondant de *la Gazette de Carlsruhe* n'aurait pas pu écrire à ce journal le 5 octobre : « Les troupes qui ont assiégé Strasbourg ont été formées en corps spécial, dont fait partie la division badoise et qui est déjà en marche pour la mission particulière qu'il doit remplir »; *le Moniteur prussien* n'aurait pas pu dire, le 10 novembre : « La capitulation de Toul, puis celle de Strasbourg ont exercé une influence majeure sur les opérations militaires, en ce qu'elles nous ont permis d'emmener les pièces de siége à l'armée d'investissement devant Paris. »

Cet extrait d'une lettre adressée du quartier général prussien (Versailles) au *Times*, le 9 décembre 1870, montrera mieux encore l'influence que peut exercer la résistance, prolongée jusqu'à la dernière extrémité, d'une place forte :

« Plus nous recevons de renseignements sur ce qui se passe aux environs d'Orléans, mieux nous pouvons apprécier la gravité de la position que nous aurions eue ici si Metz ne s'était pas rendue à temps. *Une semaine ou dix jours de plus, et l'armée de la Loire, avec ses 180,000 hommes et plus de 400 canons eût attaqué le prince royal. Il est impossible de dire ce qui serait arrivé.* Le prince royal n'aurait pu accepter la bataille dans sa position actuelle, en faisant tête, d'un côté, au général d'Aurelles, et en tenant en échec, d'un autre côté, les Français commandés par Vinoy et Ducrot. Il aurait dû la quitter, *et l'armée de Paris aurait eu ainsi une chance* dont elle se serait empressé de profiter avant que le prince Frédéric-Charles eût eu le temps d'arriver.

« En fait, l'armée de Paris se serait trouvée pendant quelque temps hors des fortifications, *et le siège eût été levé, l'investissement rompu.....* »

Donc, résister encore, résister quand même, telle aurait dû être la résolution de la dernière heure du conseil de défense et aussi de la commission municipale. Quel effet dissolvant aurait produit un tel sacrifice sur l'armée allemande ! Quel enthousiasme, quel irrésistible élan il aurait excité dans les masses, encore intactes à ce moment, de nos divers corps d'armée !... Il est certain pour nous que Bazaine n'a osé capituler qu'après avoir eu connaissance de la capitulation de Strasbourg.

Si toute résistance doit cesser dès qu'il semble qu'elle ne puisse plus être suivie de succès, autant aurait valu ne mettre tout d'abord aucun obstacle aux prétentions de l'ennemi, et livrer la ville le jour où le major d'Amerungen vint si cavalièrement demander qu'on lui en ouvrit les portes, avant même qu'elle fût investie.

Si Strasbourg avait tenu trois, quatre, cinq jours de plus, et si toutes les villes, fortifiées ou non, si tous les villages, tous les hameaux, avaient résisté le plus longtemps possible ; si un trop grand nombre de ces bourgades n'avaient point lâchement laissé le passage libre à l'ennemi ; si chacune d'elles lui avait, comme Parmain et Châteaudun, obstinément, désespérément barré la route, — et c'était leur devoir, — la somme de toutes ces résistances partielles aurait assurément pu retarder, d'un mois peut-être, la marche de l'ennemi ; pendant ce temps, les forces de l'intérieur auraient pu se mieux organiser, et l'armée de la Loire, l'armée du Nord, l'armée de l'Est, seraient sans doute parvenues à arrêter, puis à refouler le flot de l'invasion.

Nous avons terminé ce douloureux récit ; il nous reste à faire connaître quelques pièces officielles, et bon nombre de documents statistiques, d'informations rétrospectives, de renseignements inédits, que nous avons patiemment recueillis depuis deux ans afin de justifier de notre mieux le titre de notre narration : *Souvenirs du bombardement et de la capitulation de Strasbourg*; nous allons les donner successivement dans les pages qui vont suivre.

APPENDICE

Renseignements complémentaires.

Ces renseignements sont extraits de documents officiels trouvés par hasard à Strasbourg après la capitulation :

13 juillet,— (Quarante-huit heures avant que la guerre fut ouvertement déclarée, le lendemain de l'arrivée du général Frossart, chargé de faire mettre les fortifications « en état de défense » et « d'activer les réparations des remparts »). — A dater de ce jour et jusqu'à nouvel ordre, les lundi, jeudi et vendredi, 50 hommes d'infanterie, sous les ordres d'un sergent et de deux caporaux, sont mis à la disposition du colonel-directeur de l'artillerie, à l'arsenal, pour des mouvements urgents de matériel.

15 juillet. — Le nombre des soldats d'infanterie de service au poste du Grand-Rhin (tête du pont de Kehl) est porté à 50; un brigadier et 4 lanciers leur sont adjoints. Comme il n'existe sur ce point de la rive française *aucun abri pour un si grand nombre d'hommes, ni pour les chevaux*, le receveur de la douane permet de placer les *5 chevaux* des cavaliers dans une dépendance des bâtiments de son administration; une demande est adressée à la direction de la douane, à Strasbourg, pour qu'elle veuille bien permettre de donner place dans ces mêmes bâtiments aux *30 fantassins* qui ne peuvent être abrités dans le corps de garde spécialement affecté au service ordinaire (20 hommes); tandis que la tête du pont de Kehl sur la rive badoise était, depuis la construction de ce pont, défendue par un fort et deux fortins où pouvaient être logés au moins 500 hommes.

15 juillet. — Hier, à onze heures, une portion du pont de bateaux du côté de la rive française a été retirée; pareille mesure avait été prise sur la rive badoise.

A la tombée de la nuit un cordon de sentinelles a été placé sur la rive opposée. Ce matin la circulation est rétablie.

16 juillet. — A dater de ce jour (8 h. du soir et jusqu'à nouvel ordre, 200 hommes d'infanterie sont mis chaque jour, *et jour et nuit,* à la disposition du colonel-directeur de l'artillerie pour l'armement de la place, et 50 hommes d'infanterie sont fournis chaque jour, *aussi jour et nuit,* comme travailleurs supplémentaires à l'arsenal.

Le jour, on fabrique des munitions, la nuit, des affûts et autres appareils pour l'artillerie. Chaque séance dure 4 heures; elles se succèdent, sans interruption, le jour et la nuit. Chaque escouade de travailleurs est composée de fractions constituées avec leurs cadres, et commandée par un chef de bataillon. Les hommes sont en tenue de travail, munis de leurs armes et de leurs cartouchières. Ils sont payés à raison de 40 centimes par jour.

Les premiers soldats qui furent employés à ce travail étaient des hommes du 18e de ligne. Nous avions à ce moment en garnison à Strasbourg trois régiments d'infanterie : le 18e et le 96e de ligne, et le 13e de chasseurs à pied.

16 juillet. — Communication est donnée aux chefs de corps d'une circulaire ministérielle, *en date du 14*, prescrivant le rappel immédiat de tous les hommes en congé.

23 juillet. — Hier, à 3 h. 45 m. du soir, les badois ont fait sauter la culée sur laquelle pivoait le segment mobile de la rive droite du pont du chemin de fer.

28 juillet. — Cette nuit, un coup de feu a été tiré par le factionnaire placé en avant du pont du Petit-Rhin, près du blockhaus (n° 86), sur une personne qui n'a pas répondu au cri : « Qui vive? » répété trois fois.

Un habitant de Strasbourg et une femme ont traversé le Rhin dans une barque ; arrêtés par le poste, ils ont été remis au commissaire de police.

31 juillet. — Hier soir, vers 6 h. 1/2, une pièce d'artillerie, venant de Kehl, et escortée par 8 fantassins et 2 cavaliers, a été mise en position sur la dernière culée (rive badoise) du pont du chemin de fer.

Vers 10 h., en faisant une ronde, l'officier de

garde au poste du Grand-Rhin a entendu le bruit de charriots aux alentours de la gare de Kehl.

A la tombée de la nuit, les douaniers de garde le long de la digue (rive française) avaient remarqué des patrouilles de cavalerie sur la digue badoise.

1ᵉʳ août. — Plusieurs officiers, principalement des officiers de turcos, sont rentrés au camp pendant la nuit, disant qu'ils n'avaient pas connaissance de la consigne contraire.

Cette nuit aussi des hommes du 56ᵉ ont traversé le chemin de fer pour aller en ville.

1ᵉʳ août. — Hier, vers 2 heures, la sentinelle placée près du pont tournant (pont de Kehl, rive française), croit avoir distingué 4 pelotons d'infanterie entrant dans la gare de Kehl.

Les patrouilles à cheval continuent à circuler, le soir, sur la rive badoise.

On n'a plus entendu le bruit des chariots signalé hier.

4 août. — L'officier de garde au poste du Grand-Rhin prévient le maréchal (Mac-Mahon) que, dans la journée d'hier, des soldats allemands, en petit nombre, sont arrivés à Kehl.

6 août (soir). — A 6 heures et demie, le chef du poste de la place d'Armes (place Kléber) reçoit l'ordre de faire battre la générale.

A 9 heures et demie, le nombre des soldats de tous les postes est doublé.

Dix prisonniers allemands, confiés à la surveillance du poste de la place d'Armes, sont, pendant la nuit du 6 au 7 août, conduits, en deux détachements de cinq hommes chacun, à la prison de la citadelle, le premier à 1 heure et demie du matin, le second à 3 heures. Chaque détachement est escorté par 12 soldats sous les ordres d'un sergent et d'un caporal.

7 août. — Un pont-levis du chemin de fer a été levé avant la nuit. — Ce soir, à 10 heures, des pontonniers et un détachement d'infanterie ont commencé à démolir les ponts fixes sur lesquels ce chemin franchit les fossés.

8 août. — Ce matin, à 4 heures, première explosion des mines destinées à faire sauter ces ponts; à 6 heures, deuxième explosion. — Le travail de démolition continue.

8 août. — Ce soir, vers 6 heures, une reconnaissance a été faite par quelques cavaliers ennemis vers la porte de Pierres; accueillie par quelques coups de fusil, elle s'est aussitôt éloignée. Une demi-heure après un parlementaire s'est présenté; il a été reçu suivant l'usage. Dans la soirée, le poste a été augmenté et les crêtes du rempart couronnées de troupes.

Quelques coups de feu sur la gauche de la porte de Saverne.

9 août. — Arrestation, par des habitants, d'un homme ivre qui disait : — « Ce soir nous brûlerons les maisons de la ville. »

11 août. — Le 5ᵉ bataillon de la garde nationale mobile fournit au génie un détachement de 150 hommes sans armes; sorti à 6 heures du soir, ce détachement, qui allait abattre des arbres, est rentré à 11 heures. Des coups de fusil ont été tirés sur ces travailleurs.

11 août. — Le soldat Lanternier, de faction au

poste avancé de la porte de Pierres, a fait feu sur 3 cavaliers badois; il a blessé le cheval de l'un d'eux et s'en est emparé. Ce cheval a été conduit à l'état-major de la place.

12 août. — Deux piquets d'infanterie, munis seulement de leurs instruments de travail et protégés par une compagnie en armes, ont travaillé aujourd'hui encore, pendant toute la journée, à abattre des arbres hors de la porte de Pierres.

13 août. — Une reconnaissance est effectuée par 200 hommes des 74e et 78e de ligne; sortis à 9 heures du matin, ils rentrent à 3 heures après-midi.

Vers 10 h. du soir, des wagons stationnés près des Rotondes sont incendiés.

14 août. — Un détachement de 4 cavaliers du régiment de marche va faire une reconnaissance; sorti à 3 h. il rentre à 6 h.

14 août. — Cette nuit, vers 11 h. 1/2, le général commandant supérieur (Uhrich), le colonel du génie directeur des fortifications (Albert Sabatier), et le préfet (Auguste Pron) sont passés au poste de la porte d'Austerlitz.

Ce soir, vers 5 h., un israélite, nommé Ach, a été arrêté par des soldats de service au poste de la place d'Armes, pour avoir frappé le caporal de garde qui cherchait à arrêter un Prussien.

15 août. — Ce matin, vers 3 h. 1/4, une violente détonation a retenti du côté de la Robertsau; quelques habitants sont venus rendre compte au poste avancé de la Porte des Pêcheurs que l'ennemi a fait sauter le pont à colonnes de l'orangerie.

19 août. — « Les batteries de Kehl ont ouvert leur feu sur la citadelle hier matin, jeudi, à 7 h. 1/4, et continué jusque vers 2 heures; nous avons eu 2 tués et 4 blessés, dont un amputé de la jambe. 30 ou 40 projectiles ont fortement endommagé les bâtiments militaires. »

19 août. — Le couvent du Bon-Pasteur a été complètement incendié cette nuit.

24 août. — La poudrière n° 11 est transformée en logement pour la troupe.

25 août. — Depuis 24 heures le bombardement de la citadelle n'a cessé que pendant 2 heures environ. L'arsenal de la citadelle et le grand bâtiment B ont été complètement incendiés: les pavillons M et L, ainsi que celui situé au-dessus de la porte de France, ne sont plus habitables. La porte de France elle-même est dans le plus iteux état; le poste n'est plus tenable. Le bureau de la place, situé au pavillon L, a été complètement mis hors d'état de servir.

Les cellules du haut de la prison militaire ayant été atteintes par les obus, et le feu de l'arsenal menaçant de se communiquer à la prison, on a dû mettre les prisonniers dans une casemate. — Beaucoup de ces prisonniers ont courageusement travaillé pour aider à éteindre l'incendie; trois ont été légèrement blessés à la tête par des éclats de pierres. — Un civil et un militaire, incarcérés depuis hier seulement, ont disparu.

7 septembre. — Une bombe a traversé tous les planchers et pénétré jusqu'au poste de la porte de secours (citadelle), où elle a éclaté et blessé 8 hommes. — Un obus a pénétré dans le poste de la porte de France, établi dans l'escalier du logement du commandant de la citadelle; il a blessé 4 hommes. — Nuit diabolique.

9 septembre. — Les francs-tireurs sont allés aujourd'hui à la découverte. — Ils ont arrêté un espion badois et l'ont conduit au bureau de la place, puis chez le commissaire central.

Une reconnaissance devait être effectuée au même moment hors de la porte de Pierres; le détachement commandé à cet effet n'est pas sorti, le seul pont qui hier fonctionnait encore n'ayant pu être baissé ce matin. Le poste du corps de place à cette porte est à moitié démoli.

La compagnie franche des tirailleurs volontaires est sortie ce matin à 4 h. 1/2, par la porte des Pêcheurs, pour aller faire une reconnaissance vers le pont des Quatre colonnes et l'Orangerie; elle est rentrée à 7 h.

Deux embuscades ennemies, composées chacune d'environ une vingtaine d'hommes, et stationnées sur la rive gauche du canal, se sont enfuies à son approche.

A 6 h., un petit détachement de cette compagnie, commandé par le sous-lieutenant Boulot, a arrêté un individu étranger, Huber (Joseph), âgé de 36 ans, né à Ringelbach (duché de Bade), journalier au service de M. Michel Sommer, jardinier à la Robertsau, près des constructions de la Société de tir. « Cet individu est un émissaire de Bismark; il faisait l'espion en faveur des Prussiens et les aidait à incendier les maisons situées tant à la Robertsau que dans les environs. » Il a refusé de fournir des renseignements sur les positions de l'ennemi aux alentours de Strasbourg. Il a été conduit à l'état-major de la place pour être mis à la disposition du commandant.

Un détachement de 24 hommes, sous les ordres du sous-lieutenant Boulot, est laissé à la Porte des pêcheurs, à la disposition de l'amiral, pour protéger les travailleurr. (Ces travailleurs *civils* étaient employés à réparer le barrage établi en travers de l'Ill, à la hauteur de la pointe sud-est de l'île Sainte-Hélène).

11 septembre. — La première section d'un détachement de la 1re compagnie franche des tirailleurs volontaires pousse une reconnaissance du côté du Bon-Pasteur, où elle rencontre l'ennemi. Après un petit engagement, les Prussiens sont délogés, et, obligés de céder le terrain, ils s'enfuient en laissant quelques-uns des leurs entre nos mains.

La 2e section, sous les ordres du capitaine, s'était dirigée du même côté, pour soutenir la première. Après avoir tourné le Bon-Pasteur, par la petite route qui conduit au Petit-Rhin, elle se déploie en tirailleurs à travers champs pour se porter vers la tuilerie Acherée et l'auberge Christmann ; là, elle se trouve en face de l'ennemi, posté sur la rive gauche du canal.

Le feu commence immédiatement.

Les tirailleurs se retranchent derrière la digue du canal ; après avoir fait subir de nombreuses pertes à l'ennemi, ils se retirent par le même chemin, et vont rejoindre la 1re section à la hauteur du Bœckenhiesel. — Aucun des nôtres n'a été ni tué, ni même blessé.

18 septembre. — Le pavillon A de la citadelle (logement des officiers), ainsi que toute la rue Militaire où se trouvait l'ancien logement du commandant, ont été complètement incendiées dans la journée d'hier et cette nuit.

22 septembre. — A 5 h. la 1ʳᵉ compagnie des francs-tireurs va faire une reconnaissance hors de la Porte des Pêcheurs.

Une section commandée par le sous-lieutenant Bertinet est attaquée par l'ennemi près du Bæckenhiesel; elle est renforcée aussitôt par la réserve accourue sous le commandement du capitaine Geisen. Les Prussiens sont obligés de repasser le canal, après 1 heure de résistance.

Une autre section, commandée par le lieutenant Treit, explorant le côté droit de l'allée de la Robetstsau, « ne rencontre qu'une maison en « flammes que les Prussiens viennent d'incen- « dier avant de la quitter. »

23 septembre. — Un détachement de 50 hommes de la 1ʳᵉ compagnie des francs-tireurs, commandés par un sous-lieutenant, pousse une reconnaissance vers le Bæckenhiesel. Là il est attaqué par l'ennemi. Après un échange de coups de fusil qui dure une heure environ, ce dernier est obligé de battre en retraite.

Cette fois nous avons à déplorer la mort du sergent Mosser, demeurant rue de Schiltigheim. Il a été atteint au-dessus de la tempe gauche par une balle qui l'a tué sur le coup.

Les quelques dépêches officielles et les extraits de divers journaux qui vont suivre se rattachent étroitement aux souvenirs du bombardement de Strasbourg :

Le préfet du Bas-Rhin au ministre de l'intérieur, à Paris :

« Strasbourg, 18 juillet.
« Je vous prie de m'envoyer 4,000 fr. pour la

police secrète. Depuis huit jours je suis en mesure d'avoir des agents sur les deux rives du Rhin pour surveiller les ennemis. »

Le général Ducrot au ministre de la guerre, à Paris :

« Strasbourg, 20 juillet 1870, 8 h. 30 m. soir.

« Demain il y aura à peine 50 hommes pour garder la place de Neuf-Brisach, et Fort-Mortier, Schlestadt, la Petite-Pierre et Lichtenberg sont également dégarnis. C'est la conséquence des ordres que nous exécutons. Il serait facile de trouver des ressources dans la garde nationale mobile et dans la garde nationale sédentaire, mais je ne me crois pas autorisé à rien faire, puisque Votre Excellence ne m'a donné aucun pouvoir. *Il paraît positif que les Prussiens sont déjà maîtres de tous les défilés de la Forêt-Noire.* »

Le général commandant le 2ᵉ corps d'armée au ministre de la guerre, à Paris.

« Saint-Avold, 21 juillet 1870,
8 h. 55 m. matin.

« Le dépôt nous envoie d'énormes paquets de cartes inutiles pour le moment; *n'avons pas une carte de la frontière de France ;* serait préférable envoyer en plus grand nombre ce qui serait utile *et dont nous manquons complètement.* »

Le préfet du Bas-Rhin au ministre de l'intérieur, à Paris.

« Strasbourg, 8 août 1870, 10 h. 15 matin.

« La panique qui s'est produite hier soir à Strasbourg, par suite des mauvaises nouvelles venues de Haguenau et de l'arrivée de soldats traînards, fuyards et généralement peu blessés, cette panique a cessé. La population demandant des armes, j'ai promis d'organiser, d'armer aujourd'hui 4 ou 500 hommes de garde nationale. Nous n'avons presque pas de troupes, 1,500 à 2,000 hommes; si l'ennemi tente un coup de main sur la ville, nous nous défendrons jusqu'au bout. »

Extrait du *Journal officiel* du 2 septembre 1870 :

« Le préfet du Bas-Rhin annonce que, le 31 août, des francs-tireurs et des douaniers ont enlevé cinq grands bateaux et un petit amarrés sur le territoire badois (1).

« Le général Uhrich, commandant à Strasbourg, fait connaître aujourd'hui même (1er septembre) que, malgré le bombardement, qui continue nuit et jour, la ville tiendra contre toute attaque.

(Communiqué sous toutes réserves.)

« *Le ministre de l'intérieur,*
« Henri CHEVREAU. »

Extrait du *Journal d'Amiens* du 2 septembre 1870 :

« A deux reprises, le général Uhrich a fait

(1) A Strasbourg, personne, que nous sachions n'a eu connaissance de cet incident; en même temps qu'il en envoyait la nouvelle, par nous ne savons quelle voie, au ministère, à Paris, M. le préfet du Bas-Rhin aurait bien dû la faire connaître à la population par l'intermédiaire des journaux; les bonnes nouvelles, — les vraies — étaient si rares à ce moment qu'il n'aurait pas fallu laisser échapper cette bonne occasion de nous réconforter, ne fut-ce qu'un moment, par le récit de ce hardi coup de main.

demander des secours pour débloquer Strasbourg.

« Ordre a été donné à l'armée de Lyon d'y aller, de faire lever le siége et d'occuper ensuite avec les francs-tireurs les défilés des Vosges pour couper la retraite aux Prussiens. »

Extrait du *Temps* du 15 septembre 1870 :

« Schlestadt, 13 septembre, 2 h. 40 m. du soir.

« Urgente. Communiquée par le préfet du Bas-Rhin ; du vendredi 9 septembre, à 2 h. du soir.

« *Le général Uhrich au ministre de la guerre,
à Paris.*

« Situation empirée ; bombardement sans trê-
« ve ; artillerie foudroyante. Je tiendrai jusqu'au
« bout.

« Comment pourrais-je passer le Rhin sans
« pont, sans bateaux ?... Abandonnez cette idée
« impraticable.

« Sortie honorable ce matin, mais chère, et
« sans autre résultat que le respect imposé à
« l'ennemi. »

Ce passage d'un récit du *Siége de Strasbourg*, par M. Alfred Marchand, récit publié *à Paris* au mois de février 1871, alors que depuis cinq mois les communications étaient impossibles entre Strasbourg et Paris, donne l'explication de la dépêche qui précède :

.... « Le général Uhrich avait prévenu le ministre de la guerre (probablement le général Palikao) que Strasbourg était perdu si l'on ne venait immédiatement à son secours. Le minis-

— 342 —

tre s'était contenté de répondre qu'il comptait sur l'énergie de la garnison et de la population, et qu' « *il était de la plus haute importance que « Strasbourg continuât à tenir* ». Il ajoutait que, comme dernière ressource, le général pouvait tenter un coup d'audace, « franchir le Rhin pen« dant la nuit, se jeter dans le duché de Bade, « en plein pays ennemi, repasser le Rhin plus « haut, et se retirer dans l'intérieur de la « France »... (1)

Et c'était à un homme ignorant et incapable à ce point qu'était confiée la direction du ministère de la guerre !... Comment ne pas sombrer avec de tels pilotes ?...

Lettre du général Uhrich à M. Humann.

A l'occasion d'un discours prononcé par M. Humann sur la tombe de M. Küss, à Bordeaux, le général Uhrich adressa le 19 mars 1874, à l'ancien maire de Strasbourg, une lettre qui doit trouver place ici parce quelle détermine exactement l'influence exercée par la majorité de la commission municipale du 29 août et par M. Humann luimême sur les résolutions du commandant supérieur.

Un autre motif nous engage à conserver ce document : il fournit à qui sait lire « entre les lignes » une précieuse indication sur l'origine des fausses bonnes nouvelles qui, de temps à autre, étaient

(1) Voir le 15ᵉ fascicule des *Papiers et correspondances de la famille impériale.* — (Note de M. Marchand).

mises en circulation, et qui, chaque fois, étaient suivies de si pénibles déceptions :

« *A M. Humann, ancien maire de Strasbourg.*

« Paris, le 19 mars 1871.

« Monsieur,

« Je viens de lire dans le journal *l'Helvétie*, du 17 de ce mois, le discours que vous avez prononcé sur la tombe du bien regrettable M. Küss, votre successeur à la mairie de Strasbourg.

« Je m'associe pleinement et cordialement à l'éloge que vous faites de ce beau caractère, car j'avais pour M. Küss, non-seulement une grande affection, mais une grande vénération : l'expression n'est pas exagérée.

« Il vous a plu de me mettre en scène dans deux passages de votre discours, et c'est là l'objet de la lettre que j'ai l'honneur de vous écrire.

« Vous dites : « Je puis bien ajouter que j'étais « aussi froissé de ne pouvoir vous donner au- « cune communication de ce que l'autorité mi- « litaire, qui, *nous l'avons vu depuis, était par- « faitement informée*, se gardait de communi- « quer aux représentants de cette héroïque « population. »

« Vous n'avez pas pu savoir *depuis*, Monsieur, que j'avais été parfaitement renseigné, car je n'ai jamais rien su que ce qui était colporté dans la ville et publié, la plupart du temps, par les journaux de Strasbourg, avec lesquels vous aviez, certes, plus de correspondances que moi, qui ne leur ai jamais demandé que l'insertion de mes arrêtés et de mes proclamations. La chute du gouvernement impérial ne m'a même pas été notifiée. J'ajouterai que j'ai toujours blâmé la propagation de ces fausses bonnes nouvelles qui venaient, périodiquement, leurrer la population d'espérances qui devaient être déçues le lendemain.

« Vous avez assisté, Monsieur, à la séance de la Commission municipale à laquelle j'ai eu, moi-même, l'honneur de prendre part. Vous avez entendu le programme que j'y ai tracé de ma règle de conduite dans mes relations avec l'autorité civile, programme qui se résumait en un seul mot : sincérité. Ce programme, je lui ai été fidèle jusqu'au bout; j'ai dit tout ce que je pouvais dire, et j'ai toujours dit la vérité.

« Plus loin, vous dites : « Ni lui (M. Küss), ni « moi, nous ne pouvions supposer une *catastro-* « *phe* si imminente : douze jours après, le géné- « ral Uhrich capitulait et rendait Strasbourg. »

« Ici, Monsieur, l'intention injurieuse pour moi ressort pleinement. Oui, j'ai capitulé, j'ai rendu Strasbourg; mais alors que deux brèches étaient ouvertes au corps de place et après que le Conseil de défense eut déclaré, *à l'unanimité*, que la résistance ne pouvait pas être prolongée davantage et qu'il y avait lieu d'entrer immédiatement en négociations. Oui, j'ai eu la douleur de capituler et de rendre Strasbourg, après toute satisfaction donnée au devoir et à l'honneur militaire, et j'ai agi ainsi afin d'éviter à cette cité, déjà si à plaindre, les horreurs d'un assaut que la garnison était impuissante à repousser.

« Vous dites que c'est *douze* jours après le 15 septembre (date de l'intronisation du nouveau maire, M. Küss) qu'a eu lieu cette capitulation qui vous a tant surpris et que vous cherchez à flétrir ; mais vous oubliez donc, monsieur, que *trois* jours après cette même date du 15 septembre, vous oubliez que, le 18, la commission municipale, composée de 45 membres, prenait, *à l'unanimité moins deux voix*, une délibération dans laquelle elle m'exposait les malheurs qui avaient frappé la ville de Strasbourg : elle ajoutait que l'honneur militaire était sauf, que le nouveau gouvernement de la France ne pouvait compter sur l'appui d'aucune puissance étrangère, que je ne pouvais moi-même espérer aucun secours extérieur, et qu'elle me priait, au nom de l'humanité, de mettre fin, par une capitulation honorable, aux souffrances de la population strasbourgeoise.

« Mais vous oubliez, monsieur, que vous avez signé, vous-même, cette délibération, et qu'au moment où je vous écris ces lignes j'ai votre signature sous les yeux.

« Ainsi, monsieur, cette catastrophe, que vous ne pouviez pas prévoir pour le 27 septembre, dites-vous, dès le 18 vous la provoquiez officieusement.

« Convenez qu'il eût mieux valu me laisser étranger à votre discours, dans lequel je n'aurais dû figurer, si vous teniez absolument à parler de moi, que pour affirmer les sentiments que j'ai eu pour M. Küss, sentiments que je conserve à sa mémoire.

« En terminant, monsieur, je dirai que je ne devais pas m'attendre à une agression de votre part ; elle a lieu de m'étonner d'autant plus que rien, de mon côté, ne l'avait provoquée.

« J'ai l'honneur de vous saluer.

« Général UHRICH. »

Lettre du grand duc de Bade au général Uhrich et réponse du général.

Le 22 septembre, le grand duc de Bade fit remettre au général Uhrich cette lettre hypocritement sentimentale et menaçante :

« Monsieur,

« En bon voisin de l'Alsace et particulièrement de la ville de Strasbourg, dont les souffrances me causent une vive douleur, je m'adresse à vous en vous priant d'attribuer ma démarche à la nécessité de mettre le plus tôt possible fin aux souffrances d'une malheureuse population soumise aux lois de la guerre.

« Général, vous avez défendu avec vigueur la place que le gouvernement vous a confiée. L'opinion militaire de ceux qui vous assiégent rend pleinement justice à l'énergie et au courage avec lesquels vous avez dirigé la défense de la forteresse.

« Vous savez, monsieur, que vous n'avez rien à attendre du gouvernement auquel vous aviez à rendre compte, ni de l'armée à laquelle vous appartenez.

« Permettez-moi donc de vous faire observer qu'une plus longue défense de Strasbourg ne pourra avoir d'autres suites que d'augmenter les maux des malheureux citoyens de cette ville et de vous priver de la possibilité de stipuler de bonnes conditions, pour vous et la garnison, le jour où l'armée assiégeante prendra la place d'assaut.

« Vous connaissez l'état actuel des travaux de siége et vous ne pouvez pas douter un seul moment que la prise de Strasbourg soit inévitable;

elle coûtera bien cher à la garnison et aura des suites plus désastreuses encore pour la pauvre ville.

« Général, il n'existe plus de gouvernement légal auquel vous ayez à rendre des comptes; vous n'êtes plus responsable que devant Dieu. Votre conscience, votre honneur sont saufs. Vous avez bravement rempli votre devoir en officier dont l'honneur militaire est sans tache

« Vous savez, monsieur, que le roi Guillaume a accordé des conditions très favorables aux officiers compris dans la capitulation de Sedan. Je ne suis pas autorisé à vous faire espérer un traitement pareil, car je ne m'adresse à vous qu'en simple particulier, qui profite d'une position exceptionnelle pour essayer de faire un peu de bien ; mais je ne doute nullement de la grandeur et de la générosité du roi de Prusse envers tout brave militaire.

« Général, puissiez-vous écouter la voix d'un prince allemand qui combat pour la gloire de sa patrie, mais qui néanmoins connaît ses devoirs envers Dieu, devant lequel il n'y a qu'une seule gloire, celle de l'amour fraternel.

« Je vous prie donc de mettre fin à ce drame terrible et de profiter franchement de ce bon moment pour faire vous-même au général en chef des troupes assiégeant Strasbourg, qui vous a donné tant de preuves de son bon vouloir, des propositions acceptables.

Frédéric,
« grand-duc de Bade. »

A ces gérémiades larmoyantes, à ces insinuations toutes confites en réticences et en réserves béatement hypocrites, le général fit une réponse qui donne bien la mesure de son caractère :

« Monseigneur,

« C'est un bien grand honneur que m'a fait Votre Altesse Royale en m'écrivant cette lettre si noble, si sage, si pleine de philanthropie, que je viens de recevoir et qui restera dans ma famille comme un titre de gloire.

« Croyez qu'il me serait bien doux de pouvoir suivre vos conseils et de faire cesser les souffrances de la population si énergique et si fière de Strasbourg ; croyez qu'il m'en coûte beaucoup de résister à tout ce que vous me dites ; nul n'est plus douloureusement impressionné que moi, Monseigneur, par l'aspect des ruines qui m'environnent, par le spectacle de ces hommes inoffensifs, de ces femmes et de ces pauvres petits enfants frappés par les boulets et la mitraille.

« Mais à côté de ces sentiments, qu'il me faut comprimer, s'élève le devoir du soldat et du citoyen. Je sais que ma malheureuse patrie est dans une situation critique que je ne veux pas chercher à nier ; je sais qu'elle n'a pas encore de gouvernement définitif ; mais, permettez-moi de le dire à Votre Altesse Royale, plus la France est malheureuse, plus elle a droit à l'amour et au dévouement de ses enfants.

« Que Votre Altesse Royale daigne croire que je regrette infiniment d'être obligé de résister à mon penchant personnel et aux avis tout empreints de charité chrétienne qu'elle m'a fait l'honneur de me donner ; qu'elle daigne croire que je n'ai aucune prétention à faire parler de moi, mais que je suis simplement un soldat qui obéit aux lois militaires de son pays. « Uhrich. »

Fausses nouvelles.

Strasbourg n'a pas eu, pendant le siége, le monopole des fausses nouvelles; les communications n'étant pas plus possibles entre Strasbourg et l'intérieur qu'entre l'intérieur et Strasbourg, les colporteurs de bruits mensongers avaient beau jeu et ne se faisaient point faute d'exercer leur imagination aux dépens de la vérité.

« On nous affirme », racontait *Paris-Journal* dans son numéro du 13 septembre 1870, « on nous affirme que la population de Strasbourg est désormais à l'abri des obus prussiens :

« Au fond d'une vieille chapelle, abandonnée depuis longues années, on a découvert une crypte longue de plus de 8 kilomètres.

« Quelques personnes y sont descendues, ont reconnu la praticabilité du terrain, et sont arrivées à une issue hors de la portée des ennemis.

« A l'heure qu'il est, vieillards, femmes et enfants ont quitté Strasbourg et sont en sûreté.

« Restent le général Uhrich et ses vaillants frères d'armes.

« Les bras désarmés sont partis. »...

Hélas! ce mirifique souterrain n'existait que dans l'imagination de son inventeur.

Le récit de M. Marchand, intitulé : *Le siége de Strasbourg*, récit que nous avons déjà cité plus haut, contient aussi nombre d'erreurs dont voici les plus saillantes :

Peu de jours après l'incendie de la toiture de la cathédrale « la nef s'est effondrée sous le poids des bombes »; — la solidité de la voûte de la nef n'a pas été compromise par le bombardement.

Les statues de Gütenberg et de Kléber « sont

endommagées; » — ces deux statues sont intactes : une balle a seulement égratigné le socle de celle de Gütenberg.

« Les habitants n'ont réussi à sauver les précieuses archives renfermées dans l'hôtel de la mairie qu'en les répandant dans la rue »; — ces archives, abritées dans des caves de la préfecture, ont été entièrement préservées.

« Pour aller faire sa démarche près du général de Werder en faveur de la population inoffensive, l'évêque s'est présenté devant lui, revêtu de ses ornements *pontificaux*..... Quelques jours après il est mort, succombant sous le poids des douleurs et des chagrins auxquels il n'avait pu remédier »; — M. Rœss est vivant, bien portant, il n'a pas même été indisposé à la suite de son infructueuse tentative, et son nom n'est pas à inscrire sur le martyrologe de la guerre de 1870.

Le musée d'histoire naturelle « a été ravagé par les projectiles »; — il a été à peine endommagé.

L'hôpital militaire « est devenu la proie des flammes »; — cette assertion est tout aussi erronée que celle-ci : « La célèbre horloge astronomique de la cathédrale a été détruite »; — cette horloge n'a pas eu le moindre dommage.

« La Robertsau, où était établie une de nos ambulances, a été couverte d'obus par le général de Werder »; — La Robertsau n'a eu guère à souffrir que de quelques bombes et obus français lancés de Strasbourg dans cette direction pendant que ce village était occupé par les assaillants; aucune de nos ambulances n'y était installée.

« Le pain a manqué à Strasbourg à dater du

5 septembre, et à cette époque déjà les habitants étaient réduits aux légumes secs pour toute nourriture »; — le pain n'a jamais manqué à Strasbourg, et nous avions du blé en quantité.

« Le 13 septembre, le général Uhrich continuait à diriger les opérations de la défense, quoiqu'il eut déjà reçu deux blessures, une à l'épaule, l'autre à la cuisse »; — le général Uhrich n'a pas même été contusionné.

Au moment de la capitulation « la garnison avait perdu 4,000 hommes, et la population civile plus de 3,000 personnes »; nos pertes n'ont pas atteint ces énormes proportions. Les chiffres détaillés que nous donnerons plus loin le démontreront surabondamment.

Si M. Marchand s'était hâté un peu moins, s'il avait attendu, pour raconter le siége de Strasbourg, des renseignements authentiques, il nous aurait évité le déplaisir d'avoir à relever ces regrettables inexactitudes.

M. Marchand a raconté, dans ce même volume, ce qui se passait à Paris, à propos de Strasbourg, pendant que les Allemands nous claquemuraient et nous bombardaient; il a dit, et bien dit, les généreux efforts tentés par la colonie alsacienne de la capitale en faveur de l'Alsace; nous signalons tout particulièrement cette partie de son volume à l'attention et à la reconnaissance des Strasbourgeois.

Nous lisons aussi parmi les renseignements fournis à un journal de Paris (1er septembre 1870) par une personne qui était parvenue, paraît-il, à s'échapper de Strasbourg à la fin d'août, et à se réfugier à Bâle :

« ... La rue du Dôme n'est plus que ruines,

ainsi que la rue de la Nuée-Bleue... Le Gymnase protestant n'existe plus... Deux quartiers de la ville sont détruits : la Krütenau et le Marais Kageneck... L'église Saint-Thomas, avec son fameux mausolée du maréchal de Saxe, est détruite. » — Autant de mots, autant d'erreurs.

En Allemagne, on a surenchéri encore sur ces inventions. : « Tous les caractères d'imprimerie des divers établissements typographiques de Strasbourg ont été employés à fondre des balles », racontait, dans les premiers jours de septembre, un journal du duché de Bade.

Enfin, nous lisons dans le numéro du 1ᵉʳ septembre 1870 des *Basler Nachrichten (Nouvelles de Bâle)* que « le 25 août, M. Humann, maire de Strasbourg, ayant, au nom de la population terrifiée par le bombardement, demandé au général Uhrich de capituler, celui-ci avait, pour toute réponse, brûlé la cervelle à M. le maire »...!

Effectif de la garnison de Strasbourg, le 25 ~~septembre~~ [août] 1870.

Garde nationale sédentaire. — *Artillerie :* 3 officiers, 122 hommes; — *Infanterie :* 4 bataillons, de 750 hommes chacun, commandés chacun par 20 officiers; — *Sapeurs-pompiers :* 10 officiers, 240 hommes.

Totaux : 93 officiers, 3,362 hommes. (Cet effectif n'a jamais été au complet.)

Gendarmerie. — 5 officiers, 116 hommes, 62 chevaux.

Artillerie. — *5ᵉ régiment :* 24 officiers, 756 hommes, 371 chevaux; — *9ᵉ régiment :* 2 officiers, 77 hommes, 4 chevaux; — *16ᵉ régiment (pontonniers) :* 38 officiers, 1,574 hommes, 49 chevaux; — *20ᵉ régiment :* 12 officiers, 629 hommes

294 chevaux; — 3° *compagnie d'ouvriers* (cette compagnie faisait son service aux remparts et dans les ouvrages avancés comme le reste de la garnison) : 4 officiers, 184 hommes.

TRAIN D'ARTILLERIE. — *1er régiment :* 1 officier, 120 hommes, 188 chevaux ; — *2e régiment :* 1 officier, 156 hommes, 310 chevaux.

TRAIN DES ÉQUIPAGES : — *1er régiment* : 1 officier, 135 hommes, 79 chevaux, 43 mulets.

RÉGIMENT DE MARCHE *(cavalerie) :* — 25 officiers, 676 hommes, 391 chevaux.

CHASSEURS A PIED : — *10e bataillon* : 8 officiers, 312 hommes ; — *13e bataillon* : 7 officiers, 185 hommes, 1 cheval.

TROUPES DE LIGNE : — *4e bataillon* du *18e de ligne :* 13 officiers, 638 hommes, 2 chevaux ; dépôt du même régiment : 10 officiers, 636 hommes, 2 chevaux (ensemble 23 officiers, 1,274 hommes, 4 chevaux) ; — *87e de ligne :* 51 officiers, 2,133 hommes, 27 chevaux ; — 4e bataillon du *96e de ligne :* 8 officiers, 390 hommes, 2 chevaux ; dépôt du même régiment : 9 officiers, 338 hommes, 1 cheval ; 11 hommes en subsistance dans le même régiment (ensemble 17 officiers, 739 hommes, 3 chevaux).

RÉGIMENT DE MARCHE *(infanterie) :* — 1er bataillon : 13 officiers, 714 hommes, 8 chevaux ; — 2e et 4e bataillons : 44 officiers, 1,562 hommes, 32 chevaux ; — 3e bataillon : 15 officiers, 1,003 hommes, 15 chevaux ; — 5e bataillon : 14 officiers, 701 hommes, 10 chevaux.

GARDE NATIONALE MOBILE : — *artillerie :* 28 officiers, 741 hommes ; — *infanterie :* 1er bataillon : 23 officiers, 634 hommes ; (pas de 2e bataillon) ; 3e bataillon : 24 officiers, 678 hommes ; 4e bataillon : 22 officiers, 648 hommes ; 5ᵉ bataillon : 23 officiers, 646 hommes.

1ʳᵉ COMPAGNIE FRANCHE : — 3 officiers, 103 hommes.

2ᵉ COMPAGNIE FRANCHE : — 3 officiers, 126 hommes.

INFIRMIERS : — 5ᵉ section : 125 hommes; 6ᵉ section : 2 officiers, 81 hommes.

OUVRIERS D'ADMINISTRATION : — 235 hommes.

PETITS DÉPOTS : — 22 hommes.

DOUANE : — 19 officiers, 404 hommes et 2 chevaux.

PROVENANT DE DIVERS CORPS ET NON CLASSÉS : — 2 officiers, 88 hommes.

TOTAUX : — 454 officiers, 17,577 hommes, 1,873 chevaux.

TOTAUX GÉNÉRAUX, garde nationale sédentaire comprise : — 547 officiers, 20,939 hommes, 1,893 chevaux.

Dans cette nomenclature ne sont pas compris les *marins*, ou plutôt les « ouvriers de marine » arrivés à Strasbourg à la fin d'août pour monter les batteries flottantes destinées à manœuvrer sur le Rhin. Ces matelots, qui ont vaillamment fait le service de canonniers dans les ouvrages avancés du front nord de la place, sous le commandement de l'amiral Exelmans et du capitaine de vaisseau Bergasse du Petit-Thouars, étaient 65, le 14 août. Un mois après, le 14 septembre, ils n'étaient plus que 43.

On aura remarqué sans doute que nous n'avions qu'un seul régiment d'infanterie complet et normalement organisé; il s'en fallut de bien peu que nous fussions privés même de cette ressource : — le 87ᵉ, momentanément campé aux portes de Strasbourg, allait monter en wagons pour être transporté vers Bitche, lorsque le général Uhrich, se voyant abandonné, oublié peut-être par les chefs supérieurs de l'armée du Rhin, donna au colonel Blot l'ordre de rester à sa disposition ; si cet ordre avait été donné une demi-heure, un quart d'heure plus tard, nous n'aurions pas eu même un régiment au complet.

Le *régiment de marche de cavalerie* comptait, au moment de sa formation : 1 officier et 74 hommes du 1er de cuirassiers; 52 hommes du 2e de cuirassiers; 1 officier et 18 hommes du 3e de cuirassiers; 1 officier et 82 hommes du 4e de cuirassiers; 1 officier et 51 hommes du 8e de cuirassiers; 40 hommes du 9e de cuirassiers; 3 officiers et 44 hommes du 10e de dragons; 6 officiers et 171 hommes du 2e de lanciers; 1 officier et 84 hommes du 6e de lanciers; 4 officiers et 112 hommes du 11e de chasseurs; 1 officier et 41 hommes du 3e de hussards; et 31 cavaliers de remonte.

Le *régiment de marche d'infanterie*, comme le régiment de marche de cavalerie, comprenait, outre des fuyards de Wissembourg, de Wœrth et de Frœschwiller, outre ces vauriens qui avaient lâché pied dès le commencement de la bataille, dès que les premiers coups de feu avaient mis la peur à leurs trousses, quelques hommes et quelques débris de régiments qui avaient vaillamment fait leur devoir, qui étaient restés fermes à leur poste jusqu'à la fin de la journée, qui s'étaient battus désespérément jusqu'à la dernière heure, et qui n'avaient songé à battre en retraite, à se rallier au gros de l'armée vaincue, qu'après que l'avalanche prussienne eut passé au-dessus ou à côté d'eux sans les écraser.

Mais comme ils n'étaient pas aussi profonds stratégistes que leurs généraux, ils avaient supposé, les ignorants ! que la première pensée du général en chef serait de couvrir Strasbourg, d'envoyer à cette forteresse un corps suffisant pour lui permettre de tenir tête à l'ennemi et de lui barrer la route de ce côté. Abandonnés à leur instinct, à leur bon sens, aux simples indications de leur raison, ils se dirent qu'ils devaient venir à Strasbourg, et ils y vinrent. C'est grâce à ces quelques renforts, inespérés, que l'ennemi a pu croire longtemps que Strasbourg était aussi bien défendue qu'elle aurait dû l'être.

Ce régiment improvisé était commandé par MM. Rollet, lieutenant-colonel du 47ᵉ de ligne, Bartel, major, De Momigny (du 3ᵉ de ligne), Hulleu (du 21ᵉ de ligne), Potier et Caillard, chefs de bataillon. Il se composait d'un bataillon presqu'entier du 21ᵉ de ligne (656 officiers et soldats) et des isolés dont voici la nomenclature :

Le chef armurier, 5 caporaux et 43 soldats du 1ᵉʳ de zouaves ; — 1 sergent-major, 5 sergents, 2 caporaux, 118 soldats, 1 musicien et 1 cantinière du 2ᵉ de zouaves ; — 1 sergent-major, 1 sergent, 8 caporaux, 100 soldats, 9 musiciens et 1 cantinière du 3ᵉ de zouaves ; — 2 sergents, 10 caporaux, 42 soldats et 7 tambours ou clairons du 1ᵉʳ de tirailleurs algériens ; — 1 sergent-major, 3 sergents, 8 caporaux, 105 soldats, 5 tambours ou clairons et 1 cantinière du 2ᵉ de tirailleurs algériens ; — 5 sergents, 13 caporaux, 205 soldats, 5 tambours ou clairons et 3 cantinières du 3ᵉ de tirailleurs algériens ; — 7 soldats et 1 tambour ou clairon du 1ᵉʳ de génie ; — 1 sergent, 1 caporal et 5 soldats du 2ᵉ de génie ; — 1 sergent, 5 caporaux, 44 soldats, 2 musiciens et 2 tambours ou clairons du 36ᵉ de ligne ; — 1 sergent, 2 caporaux et 12 soldats du 45ᵉ de ligne ; — 4 sergents, 6 caporaux, 73 hommes et 5 tambours ou clairons du 47ᵉ de ligne ; — 1 sergent, 4 caporaux, 50 hommes et 3 musiciens du 48ᵉ de ligne ; — 1 soldat du 86ᵉ de ligne ; — 1 caporal et 1 soldat du 89ᵉ de ligne ; — le chef armurier, 1 sergent-major, 5 sergents, 9 caporaux, 70 soldats, 5 musiciens, 1 tambour ou clairon et 2 cantinières du 99ᵉ de ligne ; — 3 soldats du 17ᵉ de ligne ; — 7 soldats, 1 musicien et 1 tambour ou clairon du 27ᵉ de ligne ; — 1 sergent du 68ᵉ de ligne ; — 3 soldats du 30ᵉ de ligne ; — 1 soldat du 63ᵉ de ligne ; — 1 soldat du 78ᵉ de ligne ; — 1 soldat du 7ᵉ de ligne ; — et, enfin, 1 garde-mobile dont la provenance ne nous est pas connue. — Totaux : 2 chefs armuriers, 4 sergents-major, 30 sergents (ou sergents-fourriers), 74 caporaux, 893 simples soldats, 26 musiciens, 27 tambours ou clairons et 8 cantinières. — Total général : 1,056.

Ce régiment avait à sa disposition 26 chevaux d'officiers, 32 chevaux de trait, 1 mulet et 23 voitures.

La brigade de *gendarmerie* de Strasbourg fournissait 16 hommes de patrouille par 24 heures : — 8 hommes prenaient le service à 6 h. du matin jusqu'à midi, 8 autres de midi à 6 h. du soir; les 8 premiers reprenaient le service à 6 h. du soir jusqu'à minuit, le 8 autres de minuit jusqu'à 6 h. du matin. Ils étaient répartis deux par deux afin qu'il leur fut possible de parcourir la ville et les chemins de ronde en même temps et dans tous les sens.

Les gendarmes de piquet aux portes de la ville faisaient aussi des rondes aux abords de ces portes, dans les chemins de ronde et les rues adjacentes; mais surtout ils étaient chargés de surveiller les gens qui entraient et qui sortaient aux heures où le passage était autorisé pour les habitants de la banlieue qui, presque chaque jour, étaient admis à venir nous apporter quelques provisions.

Les *douaniers* dépendant de la direction de Strasbourg avaient été organisés militairement par un décret en date du 26 juillet 1870; ils furent surtout employés à aller chaque matin à la découverte, surprendre les sentinelles perdues de l'ennemi, constater si les assaillants étaient parvenus, durant la nuit, à établir quelque poste caché, s'ils avaient commencé de nouveaux travaux d'approche, etc.

Cette *2e légion des douaniers de l'est* se composait de 347 hommes du service actif (plus quelques vétérans dont le nombre n'a pas été exactement déterminé), de 48 caporaux, 38 sous-officiers et 20 officiers (10 lieutenants, 5 capitaines et 5 officiers supérieurs). Voici les noms de ces derniers :

Colonel. — M. Marcotte.
Chefs de bataillon. — MM. Astier, Peythieu, Le Serurier, Huentz.
Capitaine-adjudant-major. — M. Allot.
Capitaines. — MM. Arbez, Artisez, Desoriez, Lacour.
Lieutenants. — MM. Auth, Beilstein, Bernard, David, Leulier, Maire, Muller, Pinteaux, Schelle, Weiss.

Le 24 août, pendant une reconnaissance faite par 20 douaniers du côté des Rotondes (vastes ateliers du chemin de fer de l'Est installés au point de bifurcation du chemin de fer de Paris à Strasbourg et du chemin de fer de Paris à Bâle), ces quelques hommes engagèrent une fusillade avec le peleton d'ennemis chargé de protéger les travailleurs qui commençaient à creuser des parallèles sur le front ouest de la place; ils leur tuèrent quelques soldats et firent neuf prisonniers qu'ils conduisirent dans l'ouvrage à corne placé à droite de la voie ferrée; pendant la journée deux de ces prisonniers furent tués par les projectiles allemands lancés sur cet ouvrage; la nuit venue, les sept survivants furent, sous bonne escorte, conduits à la prison de la citadelle. Voici les noms de ces derniers : — Buendé (Auguste), Kluck (Guillaume), Rochowiack (Florian), Burtlinck (Auguste), Bunikowski (Gustave), Schimanscki (Joseph), et Barmcké (Mathias). Les deux morts n'ayant pu être tout d'abord interrogés et n'étant par personnellement connus de leurs camarades, on n'est point parvenu à savoir leurs noms.

Nombre des projectiles lancés sur Strasbourg.

Voici, d'après *le Moniteur prussien*, les chiffres officiels du nombre des divers projectiles, — sauf toutefois celui des balles, — lancés par l'armée allemande contre Strasbourg pendant le bombardement :

L'artillerie prussienne avait mis en batterie huit sortes de pièces ; l'artillerie badoise en avait mis quatre. 241 pièces en tout ont été employées au bombardement de Strasbourg : 30 pièces longues, rayées, de 24; 12 pièces courtes, rayées, de 24; 64 pièces, rayées, de 12; 20 pièces, rayées, de 6; 2 mortiers, rayés de 21 centimètres ; 19 mortiers de 50 ; 20 mortiers de 26 ; 30 mortiers, lisses, de 30. Pour le bombardement de la citadelle, les Badois employaient 4 mortiers de 25, 8 mortiers de 60, 16 pièces rayées de 12, 16 pièces rayées de 24.

193,722 projectiles en tout ont été lancés par ces 241 bouches : 162,600 par l'artillerie prussienne, qui avait 197 pièces, et 31,122 par l'artillerie badoise, qui avait 44 pièces;

28,000 obus ont été lancés par les longues pièces de 24;

45,000 par les pièces courtes de 24;

8,000 par les pièces de 6;

5,000 shrapnells (obus à balles) par les pièces rayées de 24;

11,000 shrapnells par les pièces rayées de 12;

4,000 shrapnells par les pièces rayées de 6;

3,000 obus longs par les pièces de 15 centimètres;

600 obus longs par les pièces de 21 centimètres;

15,000 bombes de 50 livres;

20,000 bombes de 25 livres;

23,000 bombes de 7 livres, par les mortiers lisses (1).

Le poids de ces projectiles n'est pas désigné d'a-

---

(1) Ce que *le Moniteur prussien* ne dit pas c'est que beaucoup de ces projectiles contenaient du soufre ou du pétrole destinés à favoriser les commencements d'incendie.

Ces incendies étaient déterminés par les fusées percutantes, c'est-à-dire s'enflammant au moindre choc, dont ces projectiles étaient munis. Ces fusées elles-mêmes

près la pesanteur du fer dont ils étaient formés, mais d'après la pesanteur d'un projectile en pierre du même calibre. Ainsi, le poids des bombes désignées bombes de 7, de 25, de 50 livres peut atteindre jusqu'à 180 livres. Ainsi des obus et autres projectiles.

Le bombardement régulier a duré 31 jours complets, c'est-à-dire 31 fois 24 heures, soit 744 heures, ou 44,640 minutes ; en établissant la moyenne des 193,722 projectiles lancés on trouve que cela fait 6,240 projectiles par jour, 269 par heure, de 4 à 5 par minute...

Nombre des tués, civils et militaires

Voici, d'après des documents authentiques obligeamment mis à votre disposition par M. Lefèvre, chef du bureau de l'Etat civil à la mairie de Strasbourg, le compte détaillé des habitants et des militaires de toutes armes de la garnison tués par des projectiles ou des éclats de projectiles ennemis, ou qui ont succombé, depuis le 15 août jusqu'au 16 novembre inclusivement, aux suites de leurs blessures :

Du 15 août au 4 septembre inclusivement, 70 civils, 134 militaires ; — le 5 septembre, 9 civils, 10 militaires ; — le 6, 10 c., 16 m.; — le 7, 6 c., 12 m.; — le 8, 8 c., 21 m.; — le 9, 6 c., 21 m.; — le 10, 12 c., 9 m.; — le 11, 6 c., 22 m.; — le 12, 10 c., 24 m.; — le 13, 4 c., 17 m.; — le 14, 4 c., 20 m.; — le 15, 7 c., 14 m.; — le 16, 2 c., 27 m.; — le 17, 9 c., 28 m.; — le 18, 7 c., 18 m.;

étaient chargées de sulfocyanure de mercure, matière employée par l'industrie privée pour confectionner ces joujous si dangereux auxquels on a donné le nom de « serpents de Pharaon »; son volume s'accroît démesurément en grosseur, mais surtout en longueur, à mesure qu'elle brûle, en imitant à s'y méprendre les contorsions et les enroulements d'un reptile.

— le 19, 4 c., 17 m.; — le 20, 11 c,, 14 m.; — le 21, 9 c., 27 m.; — le 22, 10 c., 22 m.; — le 23, 6 c., 14 m.; — le 24, 3 c., 28 m.; — le 25, 9 c., 14 m.; — le 26, 7 c., 24 m.; le 27, 5 c., 17 m.; — le 28, 4 c., 3 m.; — le 29, 7 c., 19 m.; — le 30, 2 c., 11 m..

Le 1er octobre, 2 c., 9 m.; — le 2, 3 c., 8 m,; — le 3, 3 c., 10 m,; — le 4, 3 c., 11 m.; — le 5, 2 c., 11 m.; — le 6, 1 c., 8 m.; — le 7, 2 c., 6 m.; — le 8, 2 c., 4 m.; — le 9, 1 c., 8 m.; — le 10, 5 m.; — le 11, 1 c., 4 m.; — le 12, 1 c., 2 m.; — le 13, 3 m.; — le 14, 1, c., 5 m.; — le 15, 2 c., 5 m.; — le 16, 2 c.; — le 17, 1 m.; — le 18, 4 m.; — le 19, 4 m.; — le 20, 5 m.; — le 22, 2 m.; — le 23, 2 c., 1 m.; — le 24, 2 c., 1 m.; — le 25, 1 c., 3 m.; — le 26, 1 m.; — le 28, 1 c.

Le 7 novembre, 2 c., 1 m.; — le 10, 1 m.; — le 11, 1 m.: — 1 m.; le 12, — le 13, 1 m.; — le 16. 2 m.;

Total : 280 civils, 723 militaires; ensemble 1003.

Pendant la même période, sont morts de maladies déterminées, au moins le plus grand nombre, par le bombardement : 1411 civils, et 786 militaires; ensemble : 1497.

Total général : 1691 civils, 809 militaires; ensemble, 2500.

Il ne nous a pas été possible de constater le nombre des *blessés* civils et militaires; ce nombre, on le conçoit aisément, ne sera jamais exactement connu; il est évalué à 4,100 au moins.

D'après un rapport du général de Werder, rapport mentionné par *le Journal de Genève* dans son numéro du 10 octobre 1872, les pertes des Allemands devant Strasbourg auraient été de 906 morts ou blessés. — Dans ce nombre ne sont probablement pas comprises les pertes de l'armée de siége avant que le commandement fût dévolu au général de Werder, alors qu'il était encore aux mains du général de Beyer.

État nominatif des tués civils.

Voici maintenant, aussi d'après les registres de l'état-civil, les noms des habitants de Strasbourg qui ont été tués sur le coup par les projectiles allemands ou qui sont morts des suites de leurs blessures, depuis le 23 août jusqu'à la fin d'octobre 1870 :

MOIS D'AOUT.

Le 23, Joseph Amrhein, 12 ans (1).
       Mathilde Amrhein, 7 ans.

Le 24, Joseph Adam, 51 ans, ouvrier en tabacs, époux de Marie-Anne Glas.
       Geoffroi-Emile Hoffmann, 38 ans, typographe, non marié.
       Catherine Bader, 61 ans, veuve de N. Bisch, employé au chemin de fer.
       Barbe Adam, 18 ans, non mariée. (Coup de feu.)

Le 25, Jacques-Charles Würtembaecher, 64 ans, représentant de commerce, non marié.
       Aloïse Gangloff, 45 ans, journalier, époux de Marie Schoch.

(1) Toutes celles de ces victimes dont le genre de mort n'est pas indiqué à la suite de leur nom ont été tuées sur le coup par des obus ou des éclats d'obus, ou sont décédées à la suite de blessures produites par des obus ou des éclats d'obus. — Dans cette liste ne sont point comprises les personnes décédées — pendant la même période — à la suite de maladies aggravées par les émotions de chaque jour ; — ni celles dont la mort fut déterminée par ces émotions ou hâtée par l'insuffisance de la nourriture, et par le séjour prolongé dans les caves ou dans les abris si insalubres creusés dans les talus intérieurs ou bâtis en planches le long des berges du canal ; — ni celles qui succombèrent à l'épidémie de variole qui redoubla d'intensité lorsque toutes les communications avec l'extérieur furent interrompues, et lorsque la stagnation de l'eau qui croupissait dans l'Ill, dans le canal des Faux-Remparts et dans les fossés des fortifications eut enveloppé Strasbourg d'une atmosphère fiévreuse et malsaine.

Marie-Joséphine Speisser, 49 ans, non mariée.
François-Antoine Schir, 65 ans, pensionnaire de l'Etat.
Antoine Risch, 57 ans, valet de chambre, époux de Babette Debès.

Le 26, Catherine Ritter, 53 ans, épouse de François Drœsch, journalier.
André Hoh, 26 ans, jardinier, époux de Salomé Hoh.
George Jehu, 46 ans, maçon.
Caroline-Madeleine Meyer, 36 ans, épouse de Geoffroi Salé, journalier.
Salomé Hammer, 63 ans, veuve de Jean Hallscheid, tailleur.
Thomas-Charles-Frédéric Spaeth, 15 ans.
Barbe Friedolsheim, 41 ans, épouse d'Abraham Bœrsch, propriétaire.

Le 27, Marie-Anne Engel, 67 ans, non mariée.
Geoffroi Schweyer, 74 ans, boulanger, veuf de Caroline Siefferman.
François-Aloïse Kupferer, 79 ans, journalier, veuf d'Elisabeth Hahn.
Denis Faure, 50 ans, propriétaire d'un lavoir, époux d'Emilie Mann.
Marie Linkenheld, 27 ans, épouse de Sébastien Müller, charpentier.
Jacques Fey, préposé des douanes, époux d'Hélène Metzger.
Benjamin Lienhart, 47 ans, tanneur, époux de Sophie Stauffert.
Marie-Eugénie Fritsch, 14 ans.
Caroline Jœrger, 30 ans, épouse de Frédéric Meyer, cultivateur.
Thomas Meyer, 50 ans, maçon.
Gertrude Breinem, 64 ans, veuve de Jean Klein, journalier.
Joseph Gwinner, préposé des douanes.
Michel-Théodore Kessler, 38 ans, marchand de charbons, époux de Salomé Aephon.

Le 28, Jean Vierling, 79 ans, maréchal-ferrant, veuf de Marguerite Roos.
Le 29, Barbe Lentz, en religion sœur Landeline, de l'ordre de Saint-Vincent-de-Paul.
Jean Moss, domestique, non marié.
Aloïse Wintz, élève au Grand Séminaire.
Frédérique Dannenheimer, 35 ans, veuve d'Alphonse Ganière, baquetier.
Rosalie Ganière, 23 ans.
Georges Kessler, 10 ans.
Le 30, Jean-Philippe Mannel, 47 ans, cocher, époux de Marguerite-Joséphine Schmitt.
Marguerite Conrad, 48 ans, épouse d'Antoine Mann, garçon brasseur.
Le 31, David Münch, 55 ans, régleur, époux de Louise Trir.

MOIS DE SEPTEMBRE.

Le 1er, Emilie Meyer, 16 ans, non mariée.
Marie Salomé Klauss, 51 ans, épouse de Louis Marschall, jardinier.
François-Ignace Sauer, 38 ans, marchand de vins, époux de Françoise Gressler. (Coup de feu.)
Sophie Haag, 22 ans, non mariée.
Nicolas Arbogast, 58 ans, meunier, époux de Caroline Reibel.
Le 2, Joseph Grasser, 50 ans, pensionnaire de l'Etat, décoré de la médaille militaire, époux de Caroline-Elisabeth Huck.
Jean Kornmeyer, 66 ans, journalier, époux de Catherine Bickel.
André Deis, 55 ans, journalier, époux de Catherine Weis.
François-Joseph Wolfram, 57 ans, charron, époux de Marguerite Schillinger.
Charles Marx, 29 ans, cordonnier, époux de Caroline Digelmann.
Le 3, Henri Bour, 27 ans, premier commis des contributions directes.

Jean Müller, 12 ans.

Marie Müller, en religion sœur Théodora, 42 ans, sœur de charité.

Le 4, George Kraemer, 25 ans, professeur au Gymnase protestant, non marié.

Catherine Krieger, 32 ans, épouse de George Felden, journalier.

Josep Reich, 52 ans, journalier, époux de Catherine Scheer.

Le 5, Jean-Adam Mayer, 58 ans, charpentier, époux de Catherine Erhard.

Jean Sali, 38 ans, chauffeur, époux de Madeleine, Steck.

George Meyer, 52 ans, journalier, époux de Thérèse Oblinger.

Madeleine Schott, 61 ans, épouse de Joseph Fischer, marchand de cigares.

Le 6, André-Auguste Wach, 32 ans, négociant, époux de Berthe Krauthausen.

Jean Fettig, 52 ans, journalier, époux de Joséphine Viand.

Adam Freyermuth, 21 ans, journalier, non marié.

Philippe Bernauer, 10 ans.

Antoine Metzinger, 53 ans, cordier, époux de Barbe Isemann.

Daniel Hochschlitz, 44 ans, cordier, époux de Thérèse Lieby.

Edouard Maler, 15 ans, batelier. (Coup de feu.)

George Dillar, 49 ans, jardinier, époux de Christine Wolff.

Le 7, Charles Friedrich, 21 ans, imprimeur typographe, non marié.

Régine Roehrig, 32 ans, épouse de Michel Huss, maréchal-ferrant.

Jean Kreutzer, 50 ans, tonnelier, veuf de Salomé Jost.

Julien-Nicolas Pélissier, 75 ans, rentier, veuf de Louise-Emélie Berdot.

André Hemmler, 44 ans, chef d'équipe au chemin de fer, marié.
Léonard Gouyonnaud, 43 ans, tailleur, époux de Madeleine Lambs.
Julie Meyer, 1 an 9 mois.

Le 8, Marie Wagner, 57 ans, non mariée.
Joseph Wuelburger, 68 ans, journalier, veuf de Barbe Jaedlen.
Catherine Barthel, 30 ans, épouse de Valentin Litt, journalier.
Madeleine Epplinger, 14 ans.
Sébastien Richard, 41 ans, journalier, époux de Madeleine Mühlbacher.

Le 9. Pierre Grasser, 70 ans, journalier, époux d'Elisabeth Weyer.
Antoine Eisenbrandt.
Simon Blum, 51 ans, horloger, époux de Mathilde Alexandre.
Jean-Guillaume Rehm, 51 ans, journalier, époux de Christine-Madeleine Wagner.
Marie-Louise Kieffer, 58 ans, épouse d'André Meyer, pensionnaire de l'Etat
Jean-Charles Mühlberger, 17 ans, journalier.
Jean Nusser, 46 ans, journalier, veuf de Catherine Lipperl.
Charles-David Andrès, 41 ans, cordonnier, époux de Sophie-Catherine Lieb.
Léger Klein, 50 ans, pensionnaire de l'Etat, chevalier de la Légion-d'honneur, époux de Catherine Braunbach.
Pauline Gnaedig, 25 ans, non mariée.
Jacques Marchal.

Le 10. Frédérique Zabern, 63 ans, non mariée.
François Michel, 68 ans, journalier, veuf de Catherine Heidinger.
Paul Reichenauer.
Emile Tremollet, 13 ans.

Le 11. Théodore Legler, 50 ans, surveillant de la salubrité publique, époux de Marie-Madeleine Nicola.

Caroline Schneider, 59 ans, épouse d'Auguste Rauh, tonnelier.
Sophie Senger, 45 ans, épouse de Jean-Baptiste Rauch, employé au chemin de fer.
Joseph Keller, 36 ans, journalier, non marié.
Emile Ludwig, 12 ans.
Augustine Ludwig, 8 ans.

Le 12, Joséphine Engel, 21 ans, non mariée.
Françoise Stephan, 27 ans, non mariée.
Julie Kuborn, 18 ans, non mariée.
Marie Reymann, 12 ans.
Joseph Auer, 36 ans, journalier, non marié.
Joseph Bauer.
N. Blum.
Jean-Baptiste-Ernest Mangin, 43 ans, menuisier, époux Wilhelmine Karcher. (Coup de feu.)
Marguerite Heintz, 41 ans, épouse de George Jebst, journalier.

Le 13, Georges Friedolsheim, 62 ans, menuisier, époux de Hortense Roos.
Augusta Müller, 81 ans, veuve de Chrétien Kochenburger. (Balle.)

Le 14, Jean-Joseph Fallecker, 6 ans 9 mois.
Sophie Brencklé, 40 ans, épouse de Charles Rappold, sous-brigadier des douanes.
Gustave-Adolphe Weil, 11 ans. (Balle d'obus.)
Louis Deroche, 50 ans, surveillant de la salubrité publique, époux de Catherine Schuler.
Guillaume Riester, 40 ans, menuisier, époux de Madeleine Weinling.
Françoise Fourès, 47 ans, veuve de Jean-Bernard Andrieux.
André Liebig, 54 ans, concierge, veuf de Marie Zabern.

Le 15, Jean-Henri Lindner, 46 ans, batelier, époux de Frédérique Tubach.
Victor-Jean-Baptiste Cagé, 15 ans.
Rosine Erni, 25 ans, domestique, non mariée.
Christine Meyer, 53 ans, épouse de Jean Zimmer.

Philippe Bauer, 20 ans, cultivateur, non marié.
Gabriel Aloche, 27 ans, sculpteur, non marié.
Adèle Senger, 26 ans, épouse d'Émile Schwehr, ajusteur.

Le 16, Marie-Madeleine Zigs, 43 ans, épouse de Jean-Baptiste-Henri Rapp, commis négociant.
Élisabeth Klein, 61 ans, épouse d'André Martz, imprimeur-lithographe.
Marie Schmutz, 17 ans, sous-aide institutrice, non mariée.
Jean-Philippe Bisch, 30 ans, charpentier, époux de Catherine N.

Le 17, Julie Matern, 1 an.
Régine Mathern, 32 ans, non mariée.
Pierre Desage, 57 ans, employé au chemin de fer, veuf de Louise Vondenscher.
Antoine Lewer, 33 ans, journalier, époux de Caroline Mehler.

Le 18, Jean-Baptiste Mathis, 44 ans, voyageur de commerce, époux d'Elisabeth Wertz.
Louis Nuss, 32 ans, employé de l'octroi, époux de Louise-Elisabeth Schwehr.
Jean-Jacques Siffert, 53 ans, concierge au Théâtre, époux de Charlotte Mathieu.
Charles Klotz, 10 ans.
Guillaume Brucker, 58 ans, cordonnier, époux de Caroline Mutterer.

Le 19, Auguste Bauer, 40 ans, journalier, époux de Catherine Heitz.
Nicolas-François Depré, 34 ans, menuisier.
Marie Espinasse, 69 ans, non mariée.
Emile Rey, 10 ans.

Le 20, Charles Nicard, 50 ans, fabricant de chaises, veuf d'Emilie Füller.
Auguste Specht, 29 ans.
Charles Sureau, 33 ans, loueur de voitures, non marié.
Philippe Maadel, 42 ans, maréchal-ferrant, époux de Louise Schmitt.

François-Rodolphe Feigel, 4 ans, commis-négociant, époux de Marie Weingaertner.

Auguste Gebhardt, 43 ans, journalier, non marié.

Clément Yund, 33 ans, sergent de ville, non marié.

Nicolas-Joseph Stenger, 43 ans, journalier, époux d'Anne Courte.

Ève Hatt, 39 ans, épouse de Jacques Mühl, domestique.

Jules Ebenhardt, 17 ans.

Elise Buckenmeyer, 18 ans, non mariée.

Sophie Heinrich, 70 ans, veuve de Chrétien Karcher, huissier.

Hippolyte Degay, 36 ans, employé du gaz, époux de Marie-Madeleine Kieffer. (Coup de feu.)

Adam Veith, 49 ans, imprimeur-typograghe, époux de Julie Mayer.

Le 21, Salomé Kraemer, 45 ans, épouse d'Antoine Schott, journalier.

Florette Salomon, 45 ans, non mariée.

Joseph Lott, 33 ans, batelier, époux de Catherine Huntzinger.

Auguste Frantz, 21 ans, charpentier, non marié.

François Bader; 53 ans, caissier au chemin de fer, non marié.

Florent Herrmann, 62 ans, journalier, époux de Régine Rihn.

Jacques Huber, 32 ans, journalier, époux de Catherine Engel. (Balle.)

Emile-Henri Depré, 16 ans.

Le 22, Alphonse Félix, 18 ans, journalier.

Marie Salomé Lux, 53 ans, épouse d'Alexandre Ley, brasseur.

Michel Haas, 30 ans, journalier, époux de Véronique Gerles.

Catherine Juk, 49 ans, épouse de Jean Gross, batelier.

Claude-François-Alexandre Bartholomot, 23 ans, médecin sous-aide major à l'École de santé militaire.

Joseph Stackreisser, 28 ans, charpentier.
Alfred Bitz, 19 ans, coiffeur.
Jean Hausser, 37 ans, brasseur, époux de Salomé Harth.
Charles Fix, 20 ans, jardinier.
François-Xavier Coré, maréchal-ferrant.

Le 23, Rigaud, veuve, 80 ans.
Hippolyte Balland, 49 ans, ouvrier à l'arsenal, époux de Catherine N.
Joseph Krauss, 36 ans, journalier, époux de Madeleine Schlessinger.
Emilie Mühl, 13 ans.
Benoît Bernard, 23 ans, non marié.

Le 24, Antoine Billing, 48 ans, serrurier, époux de Barbe Herrmann.
Marie-Joséphine Defranoux, 24 ans, non mariée.
Florent Ott, 43 ans, tonnelier, époux de Barbe Hammer.
Adolphe Schott, 23 ans, typographe, non marié.

Le 25, Thérèse Bleyel, 49 ans, épouse de Joseph Martz, vannier.
George Siedlé, 20 ans, commis-négociant, non marié.
Vendelin Eckert.
Albertine Eckert, 13 ans.
Guillaumette Vallastre, 59 ans, épouse de Jean Gapp, débitant de tabacs.
Marie-Madeleine Roos, 10 ans.
Louis-Henri-Frédéric Schœnborn, 37 ans, tailleur, époux d'Albertine-Honorine Heun.
Catherine Laugel, 50 ans, épouse d'Adrien Laugel, propriétaire.
Albert Hatt, 7 ans.

Le 23, Philippe Ries, préposé des douanes.
Emile Siégel, 29 ans, négociant, époux de Caroline Eiselé.
Eugène-Paul Riebel, 7 mois.
Julie-Elise Lentz, 6 ans.
Rosalie Kieffer, 25 ans, fleuriste, non mariée.

Louis Peter, 24 ans, journalier, époux de Madeleine Jenny.
Marie Peter, 16 ans.
Louis Peter, 8 ans.
Salomé Kastler, 67 ans, non mariée.
Le 27, Jacques Kieffer, 19 ans, non marié.
Mathias Nusbaum, 59 ans, cocher, époux de Catherine Seitz.
Jean Behr, 49 ans, époux de Félicité Singer.

APRÈS LA CAPITULATION

Le 28, Antoine Hœflinger, 51 ans, journalier, époux de Catherine OErtel. (Bombe.)
Auguste Lejeune, 39 ans, époux de Louise Stemmlé. (Coup de feu.)
Le 29, Chrétien Haffner, 53 ans, non marié, pensionnaire de l'Etat, décoré de la médaille militaire.
Charles Zwilling, 21 ans, cordonnier, non marié.
Philippe Kuntz, 35 ans, cordonnier, époux de Barbe Kunstmann.
Michel Salomon, 23 ans, commerçant, époux de Delphine Klein. (Coup de feu.)
André Schot, 19 ans.

MOIS D'OCTOBRE.

Le 1er, Ignace Guth, 55 ans, journalier, veuf de Catherine-Salomé Gress. (Coup de feu.)
Philippe Hœflinger, 19 ans, non marié, employé au chemin de fer.
Albert Wolff, 14 ans.
Le 2, Antoine Ossel, 57 ans, tisserand, époux de Susanne Walter. (Coup de feu.)
Le 3, Emile Muths, 15 ans.
Le 4, Marie-Auguste Herbin, 28 ans, négociant, non marié.
Le 11, Madeleine Fix, 39 ans, épouse de Frédéric Steinbach, laitier.
Le 13, Daniel Waldhard, 66 ans, journalier, époux d'Elisabeth Bernhard.
Le 14, François Vogler, tailleur, 29 ans.

Le 15, Charles Weiss, 19 ans, journalier.
Le 16, Jean-Joseph-Alphonse Paulus, 19 ans, commis-négociant.
Le 18, Salomé Sorgius, 39 ans, servante.
Le 22, Xavier Kah, boucher, 53 ans, époux de Thérèse Koerin.
Le 28, Henri-Geoffroi Haas, farinier, 51 ans, époux de Marguerite Bentz.

Etat nominatif des officiers blessés, tués ou morts des suites de leurs blessures.

20 août. — M. Roederer (Antoine-Emmanuel), capitaine-adjudant de place. Blessé par des balles allemandes pendant qu'il revenait du quartier-général ennemi, où il avait été envoyé en qualité de parlementaire : une blessure au cou, une à la jambe droite; son cheval est tué sous lui.

M. Marchant, capitaine au 96e de ligne; blessé à la tempe gauche par un éclat d'obus.

M. Mattei, lieutenant au 87e de ligne; blessé au pied gauche par un éclat d'obus.

M. Gibier, du 21e de ligne, sous-lieutenant au 3e bataillon du régiment de marche; blessé par des éclats d'obus au bras gauche, au pli du coude droit, à la partie postérieure et inférieure de la tête, dans le dos à la hauteur de l'omoplate gauche, et à la fesse droite.

25 août. — M. Moréno, général de brigade; légèrement blessé à la cuisse et au bras par des éclats d'obus, à la citadelle.

M. Caillard, chef de bataillon de zouaves, officier au régiment de marche; blessé au flanc droit et à la tête par des éclats d'obus, à la citadelle.

M. Audibert, lieutenant des tirailleurs algériens, officier au régiment de marche; tué, à la citadelle.

M. Prudent, officier d'administration de la justice militaire, greffier en chef du conseil de guerre; coupé en deux par un boulet, pendant qu'il faisait transporter M. Caillard à l'hôpital.

M. Couasnou, sous-lieutenant au régiment de marche; tué.

Le capitaine commandant la 14e compagnie du 16e régiment d'artillerie (pontonniers); blessé à la fesse gauche par un éclat de bombe.

M. Schaeffer, capitaine au 4e bataillon des mobiles; contusionné légèrement.

27 août. — M. Loyer, capitaine au 37e de ligne; forte contusion par un éclat d'obus.

28 août. — M. Simon, chef d'escadron au 16e d'artillerie (pontonniers); atteint à l'épaule gauche par un éclat d'obus, sur le rempart.

30 août. — M. Geissen, capitaine de la 1re compagnie des francs-tireurs; légèrement blessé au bras droit pendant une reconnaissance aux alentours des Rotondes.

31 août. — M. Sénès, lieutenant au 87e de ligne; fortement contusionné à la jambe droite par un éclat d'obus.

1er septembre. — Fiévet, colonel du 16e d'artillerie (pontonniers); mort à la suite d'une blessure reçue à la jambe gauche pendant la sortie du 16 août.

M. d'Arcinne, lieutenant au 87e de ligne; disparu; probablement mort.

M. Philipp, sous-lieutenant au 87e de ligne; disparu; probablement mort.

M. des Isnards, sous-lieutenant au 16e de chasseurs; blessé de deux coups de feu au ventre.

M. Peythieu (Laurent), chef de bataillon des douaniers; blessé au dos par un éclat d'obus, au campement.

2 septembre. — M. Nicolas, lieutenant au 16e d'artillerie (pontonniers); blessé par une balle pendant un service commandé pour la défense de la place; est mort le lendemain.

3 septembre. — M. Bertonière, sous-lieutenant au 87e de ligne; contusions légères au bras et à la tête.

4 septembre. — M. Aubriot, sous-lieutenant au 87e de ligne; contusionné au pied gauche par un éclat d'obus.

5 septembre. — M. Garnier, médecin-major de 1re classe au 18e de ligne; blessé légèrement par un éclat de bombe.

M. Schaeffer (Henri-Joseph), lieutenant au 4e bataillon des mobiles; blessé.

M. Giron, capitaine en 2e au 16e d'artillerie (pontonniers); blessé au bras droit et au flanc gauche par un éclat d'obus, sur les remparts.

M. Bernard, lieutenant des douaniers, grièvement blessé aux jambes et à la tête par une boîte à mitraille, au faubourg de Pierres.

M. Plarr, capitaine au 16e d'artillerie (pontonniers); blessé au bras gauche, sur le rempart.

M. Gerbaut, sous-lieutenant au 87e de ligne; contusionné au pied droit par un éclat d'obus.

7 septembre. — M. Rollet, lieutenant-colonel du 47e de ligne; plaies contuses à la pommette gauche, au côté gauche du cou et à l'angle externe de l'omoplate gauche, par des éclats de pierres projetés par un obus.

8 septembre. — M. Abelhauser, lieutenant au 5e bataillon des mobiles; blessé grièvement par un éclat d'obus au front et à l'œil gauche.

M. Bury, capitaine en 1er au 5e d'artillerie ; blessé légèrement par un éclat d'obus au bas-ventre et aux jambes, au bastion 20 de la citadelle.

M. Epp, capitaine au 16e d'artillerie (pontonniers); blessé par un obus; est mort le lendemain.

11 septembre. — M. Marie, capitaine au 87e de ligne ; contusionné au pied gauche par un éclat d'obus.

12 septembre. — M. Blot, colonel du 87e de ligne; blessé à la jambe gauche par un éclat d'obus, sur les remparts.

M. Soret, lieutenant au 87e de ligne ; blessé au pied droit par un éclat de bombe, à la porte de Saverne.

M. Heimburger (Louis), lieutenant au 4e bataillon des mobiles ; blessé.

M. Berger (Théodore), sous-lieutenant au 4e bataillon des mobiles ; blessé.

13 septembre. — M. Schoeffer (Marie-Joseph), lieutenant au 4e bataillon des mobiles ; blessé.

M. Lux (Michel), sous-lieutenant au 4e batailon des mobiles; tué.

14 septembre. — M. Wohlwerth (Thophile), lieutenant au 5e bataillon des mobiles ; légèrement blessé par un éclat d'obus, sur les remparts.

M. Serraz, capitaine au 16e d'artillerie (pontonniers) ; blessé par un éclat d'obus.

M. Delfosse, lieutenant en 2e au 16e d'artillerie (pontonniers) ; blessé par un éclat d'obus.

M. de Beylié (Charles), sous-lieutenant au 4e bataillon des mobiles ; blessé ; est mort quelques jours plus tard des suites de sa blessure. (Avant la guerre, M. de Beylié était substitut du procureur impérial à Strasbourg.)

15 septembre. — M. Von den Voero, sous-lieutenant au 18e de ligne ; blessé à la cuisse gauche.

16 septembre. — M. Huart (F.), chef d'escadron au 16e d'artillerie (pontonniers) ; tué par un éclat d'obus, sur les remparts.

M. Gaday, capitaine au 13e de chasseurs à pied ; fortement contusionné.

M. Baccou, sous-lieutenant au 13e de chasseurs à pied ; contusionné à l'œil droit.

17 septembre. — M. Pelletier, capitaine au 87e de ligne ; blessé à la tête par un éclat de pierre.

19 septembre. — M. Darcy, capitaine en 1er, adjudant-major au 5e d'artillerier ; tué au faubourg National par un éclat d'obus, pendant qu'il se rendait à son poste (bastion 11).

20 septembre. — M. Favréaux, capitaine au 87e de ligne, forte contusion à la joue droite, et blessure légère à la main gauche par de la mitraille.

21 septembre. — M. Helmstetter (Fernand), lieutenant en 1er dans l'artillerie de la garde mobile ; tué par un éclat d'obus.

22 septembre. — M. Larchez, major au 18e de ligne ; légèrement blessé à la main droite.

23 septembre. — M. Ducrot, chef de bataillon du génie ; tué par un obus qui lui a emporté la tête, à la citadelle.

M. Kehler, sous-lieutenant du génie ; contusion à l'épine dorsale, à la citadelle.

M. Belot, capitaine au régiment de marche ; blessé au front, au-dessus de l'œil gauche, à la citadelle.

M. Verenet, lieutenant en 2e dans l'artillerie

de la garde mobile; tué par un éclat d'obus.

M. Mathis, lieutenant au 1er bataillon des mobiles; tué par un éclat d'obus.

M. Hierthès, capitaine au 1er bataillon des mobiles; blessé à la main et à la tête par des éclats d'obus.

M. Joly, capitaine au 3e bataillon des mobiles; forte contusion à l'épaule gauche par un éclat d'obus.

24 septembre. — Lévy (Edgard), capitaine au 1er régiment du train d'artillerie; blessé grièvement à la jambe droite par un éclat d'obus (amputé).

25 septembre. — M. Blot, colonel du 87e de ligne; très forte contusion dans la région du dos par un éclat de bombe, à la porte de Saverne (déjà blessé le 13 septembre).

M. Pessonneaux, capitaine au 87e de ligne; plaie contuse à la cuisse droite par un éclat d'obus, à la porte de Saverne.

M. Gilet, sous-lieutenant au 18e de ligne; blessé à la tête par une balle, à la citadelle.

26 septembre. — M. Royer, capitaine dans l'artillerie de la garde mobile; blessé par un éclat d'obus sur les remparts; mort pendant la nuit.

M. Quillet, capitaine commandant la 3e compagnie des ouvriers d'artillerie; forte contusion et blessure légère au flanc droit, aux ouvrages 80-82.

État numérique (résumé) **des sous-officiers,** CAPORAUX, BRIGADIERS, TAMBOURS, CLAIRONS, TROMPETTES ET SOLDATS TUÉS, BLESSÉS ET DISPARUS DEPUIS LE 20 AOUT JUSQU'AU 27 SEPTEMBRE INCLUSIVEMENT (*).

AOUT

Du 20 au 21 : tués 1;	blessés 1;	disparus	»
— 21 au 22 — » —	2	—	»
— 23 au 24 — » —	7	—	»
— 24 au 25 — 5 —	49	—	»
— 25 au 26 — 2 —	52	—	»
— 26 au 27 — 11 —	44	—	»
— 27 au 28 — 4 —	40	—	»
— 28 au 29 — 4 —	21	—	»
— 29 au 30 — 9 —	25	—	»
— 30 au 31 — 1 —	26	—	»

SEPTEMBRE

Du 31 au 1er — 7 —	33	—	1
— 1er au 2 — 10 —	32	—	»

(1) On remarquera de très grandes différences entre les nombres de militaires *tués* indiqués par ce relevé et ceux que nous avons donné ci-dessus, au chapitre : NOMBRE DES TUÉS CIVILS OU MILITAIRES ; — c'est que dans le premier de ces relevés nous avons inscrit les tués sur le coup et les morts à la suite de leurs blessures dont le décès a été déclaré au bureau de l'état civil, tandis que dans le second nous avons noté seulement les nombres de tués sur le coup déclarés chaque jour à l'autorité militaire; de plus, le premier indique le nombre des officiers aussi bien que celui des soldat tués et morts à la suite de leurs blessures depuis le 16 août jusqu'au 22 novembre, tandis que celui-ci ne tient point compte des officiers décédés, et ne va que du 20 août au 27 septembre.

Du	2 au 3	tués	17	blesssés	102	disparus	24
—	3 au 4	—	7	—	27	—	»
—	4 au 5	—	4	—	36	—	»
—	5 au 6	—	7	—	59	—	»
—	6 au 7	—	10	—	80	—	»
—	7 au 8	—	6	—	47	—	»
—	8 au 9	—	9	—	47	—	»
—	9 au 10	—	5	—	46	—	»
—	10 au 11	—	8	—	69	—	»
—	11 au 12	—	12	—	72	—	»
—	12 au 13	—	4	—	56	—	»
—	13 au 14	—	12	—	73	—	»
—	14 au 15	—	8	—	49	—	»
—	15 au 16	—	5	—	67	—	3
—	16 au 17	—	10	—	73	—	1
—	17 au 18	—	3	—	55	—	»
—	18 au 19	—	3	—	44	—	»
—	19 au 20	—	12	—	59	—	1
—	20 au 21	—	6	—	62	—	»
—	21 au 22	—	6	—	76	—	»
—	22 au 23	—	13	—	79	—	1
—	23 au 24	—	6	—	64	—	»
—	24 au 25	—	12	—	64	—	»
—	25 au 26	—	5	—	42	—	»
—	26 au 27	—	8	—	50	—	7
			252		1831		38

Société internationale de secours aux blessés.

COMITÉ AUXILIAIRE DE STRASBOURG.

Ce fut le 25 et le 26 juillet, alors que la confiance dans la victoire des armées françaises était encore entière, que ce comité s'organisa.

La commission préparatoire, formée de quelques-unes des personnes qui avaient tout d'abord répondu au persuasif appel de M. le docteur Bœckel, procéda à la formation des quatre sections qui auraient à se partager le service :

1° *Publicité* : propagande en faveur de l'œuvre, relations avec les autres comités locaux du département et avec les comités de dames ;

2° *Finances* : encaissement des souscriptions, payement des dépenses, comptabilité ;

3° *Section médicale* : organisation du personnel des médecins et infirmiers et du matériel des ambulances, création de postes de secours, etc. ;

4° *Matériel* : emmagasinage, achat et répartition des objets en nature.

Chaque section, composée des personnes de bonne volonté qui, jusqu'à l'heure de la première réunion, s'étaient fait inscrire sur les listes ouvertes à cet effet, fut appelée à procéder, séance tenante, à la constitution de son bureau, c'est-à-dire, pour les trois premières, à l'élection d'un président et d'un secrétaire, et pour la section du *matériel*, à l'élection d'un président, de deux vice-présidents et d'un secrétaire, les membres du bureau de chaque section devant entrer comme membres titulaires au comité central.

Furent élus, au scrutin :

Par la section de *publicité* : M. Alphonse Saglio, président; M. le professeur Leser, secrétaire;

Par la section des *finances* : M. Eugène Hecht, président ; M. Auguste Lippman, secrétaire ;

La section de *médecine*, s'identifiant avec la Société de médecine de Strasbourg, ajourna jusqu'après les déterminations de cette dernière la nomination de son président et de son secrétaire ;

Pour la section du *matériel* : M. le baron de Bussierre, président; MM. Kablé et Lefebvre de Verville, vice-présidents ; M. A. Zopff, secrétaire.

Ce même jour, le comité central, à l'unanimité, remplaça l'un de ses membres, M. Schœlcher, *absent*, par M. Momy, notaire.

Les membres du bureau de chaque section faisant de droit partie du comité central, ce comité se trouva dès ce moment définitivement composé de la manière suivante :

Président : M. Gérard (président du Tribunal civil).

Vice-président : M. le docteur Eugène Bœckel, professeur agrégé.

Secrétaires : MM. Ernest Lehr et Auguste Schnéegans.

Secrétaire-adjoint : M. Adrien Lereboullet.

Trésorier : M. Gustave Ghesquière.

Membres : MM. André fils, de Bussierre (président de la section du *matériel*), Eugène Hecht (président de la section des *finances*), Herrgott, Kablé, Lefebvre de Verville, Leser, Lippmann, Michel, Momy, Rhens, Ritleng aîné, Alphonse Saglio (président de la section de *publicité*), Ernest Schützenberger et Zopff, plus le président et le secrétaire de la section de *médecine*, qui furent ultérieurement désignés.

Ces diverses sections se mirent immédiatement à l'œuvre, et elles fonctionnaient déjà activement le 26 au matin.

Ce même jour (le 26) la section du *matériel*, dans le but de faciliter ses opérations, se subdivisa en sept sous-sections, chargées de pourvoir chacune à une branche de ce service spécial :

Le bureau de la section se composait de MM. A. de Bussière, président; Kablé et Lefebvre de Verville, vice-présidents; A. Zopff, secrétaire ; le docteur Michel, délégué permanent de la section médicale.

1re subdivision (aumônerie, bibliothèques des ambulances, correspondances des blessés avec leurs familles) : l'abbé Guerber, aumônier des prisons, président; l'abbé Camus, et les pasteurs Paira, Max Reichard et Schillinger.

2e subdivision (alimentation, comptabilité, magasins) : M. Alfred Walther, président.

3e subdivision (combustible, éclairage) : M. André Hœrter, président.

4e subdivision (cuisines et bains) : M. M. Em. Salomon, architecte, président.

5e subdivision (lingerie, literie, matériel de service) : M. Beck (de la maison Beck et Gœhrs), président.

6e subdivision (relais, ambulances et buffets dans les communes rurales, convalescents placés hors du département) : M. Jean Macé, délégué spécial.

7e subdivision (transport des blessés) : M. Jules Kopp, vétérinaire de la ville, président pour le service des voitures; M. André Hœrter, président pour le service des bateaux; M. Kolb, mécanicien, président pour le service des brancards et des porteurs.

Hôpitaux et Ambulances.

PERSONNEL ET STATISTIQUE.

Nous avons fait de nombreuses démarches, de nombreuses recherches pour recueillir la statistique du service des hôpitaux et des ambulances pendant le bombardement; nous aurions voulu pouvoir préciser les noms des chefs de chaque service et de leurs principaux aides, le nombre des blessés et des malades admis à l'Hôpital civil, à l'Hôpital militaire, dans les diverses ambulances, et citer les cas remarquables de blessures que les engins perfectionnés de l'armée de siége ont dû nécessairement produire.

Malheureusement ces renseignements n'ont pas tous été notés jour par jour, comme ils auraient dû l'être ; et nos recherches ont été en partie infructueuses. Voici, faute de mieux, les seules indications que nous soyons parvenu à découvrir :

Pour l'Hôpital militaire, impossible d'avoir aucune donnée précise, les médecins de cet établissement ayant été forcés de quitter la ville au lendemain de la capitulation; à dater de cette époque les blessés furent soignés par les docteurs allemands. Nous pouvons seulement préciser un nombre, celui des blessés en traitement dans les salles de cet établissement le 15 septembre : il s'élevait à 882.

Les blessés et malades civils et militaires qui ne pouvaient trouver place à l'Hôpital civil ou à l'Hôpital militaire étaient recueillis dans quatorze ambulances pourvues de 1150 lits et établies : au Grand et au Petit séminaires catholiques, à Saint-Joseph, au Séminaire protestant, au Lycée, au Château, chez les Petites sœurs de pauvres, chez les Dames réparatrices (ambulance réservée aux officiers), chez les Franciscaines, au Temple israélite, à l'Ecole normale, dans la mison Berger-Levrault et dans deux autres maisons particulières.

Ces ambulances, qui ont, à elles seules, pourvu au traitement de 1566 blessés, et dont l'entretien a coûté plus de 200,000 fr., avaient été presque toutes organisées par les soins du comité médical de la Société internationale; elles étaient pourvues du matériel nécessaire aux grandes opérations chirurgicales et aux pansements les plus variés. La nourriture de leurs malades a été constamment et suffisamment abondante : ceux de ces malheureux qui pouvaient manger à leur ordinaire n'ont pas été privés un seul jour de viande, ni même de lait; les œufs seuls leur ont manqué quelquefois.

Les femmes atteintes par des obus ou des éclats étaient exclusivement admises à l'Hôpital civil.

Les chirurgiens chargés des services des blessés à cet hôpital étaient M. le docteur Rigaud, professeur à la Faculté, pour la section des hommes, et M. le docteur Gross, professeur agrégé, pour la section des femmes. Leurs aides internes étaient MM. Gross fils, Meyer, Staub, Hœpffner, Blazer, Samuel, Reibel et Stello.

Du 13 août au 27 septembre, 344 blessés civils ont été transportés à l'Hôpital civil : — 212 hommes, 110 femmes, 22 enfants.

109 de ces blessés ont succombé : — 60 hommes, 40 femmes, 9 enfants.

55 hommes, 19 femmes et 13 enfants de la population civile, tués sur le coup par les projectiles ou les fragments de projectile ont été transportés au caveau de l'hôpital, du 13 août au 27 septembre.

Les chefs de service des ambulances du Grand et du Petit séminaire étaient MM. les docteurs

Hergott et Aronsshon, professeurs agrégés à l'Ecole de médecine; leurs aides, MM. Stuttel et Wolff.

530 malades y ont été soignés : 245 au Petit séminaire, 285 au Grand séminaire (486 militaires et 44 civils); 433 ont guéri, 97 ont succombé.

Les militaires provenaient de *cinquante-six* corps différents, ce qui prouve surabondamment, ainsi que le fait observer le docteur Hergott dans la note d'où sont extraits ces renseignements (1), « la singulière composition de la garnison de la « ville pendant le siège. »

Ces 56 corps se décomposent ainsi :

14 régiments d'infanterie de ligne, (parmi lesquels le 87e, qui a eu 64 blessés); le 16e d'artillerie (pontonniers) (49 blessés ; 18 sont morts); une partie de la garde mobile du Bas-Rhin (38 blessés, dont 3 seulement ont succombé); les francs-tireurs (19 blessés, dont 10 ont succombé); les artilleurs de la marine (12 blessés, dont 6 ont succombé).

Le plus grand nombre de ces militaires avaient une seule blessure; quelques-uns en avaient deux ou trois; un en avait onze, la plupart produites par des éclats d'obus; ce malheureux a fini par guérir, après deux mois de souffrances et de soins.

Il importe de noter que 150 des blessés soignés dans cette ambulance étaient des soldats frappés à la bataille de Frœschwiller, pendant le combat ou pendant la déroute; deux d'entre eux seulement sont décédés.

Dans cette même note, le docteur Hergott signale deux perforations du tympan (guéries) et

(1) *Gazette médicale de Strasbourg*, 25 décembre 1870.

une surdité complète produites par les détonations du canon.

Un caporal du 78ᵉ de ligne avait, lorsqu'il fut apporté à l'ambulance, une déchirure de l'étendue de la main à la paroi gauche de la poitrine ; une partie du poumon était à nu ; il semblait que le moribond n'eut plus que quelques instants à vivre ; il a guéri ; si bien guéri qu'il a été envoyé prisonnier en Allemagne, et qu'il a écrit le 15 décembre 1870 au docteur Hergott pour lui confirmer son entier rétablissement.

Les chefs de service de l'ambulance Saint-Thomas (Séminaire protestant) étaient MM. les docteurs Eugène Bœchel (1) et Gross ; leurs aides, MM. Anthoni, élève de l'école de santé militaire, et Heindereich, élève externe à l'hôpital civil.

Le chef de service de l'ambulance installée chez les Dames réparatrices et de l'ambulance de l'Ecole normale était M. le docteur D'Eggs. — Du 2 septembre au 17 octobre, 148 malades ou blessés ont été soignés dans cette dernière, et sur ce nombre 3 seulement ont succombé : deux poitrinaires, condamnés depuis longtemps, et un tirailleur algérien (turco), qui a absolument refusé de se laisser soigner. — « Allah ! C'était écrit ! »... répétait-il constamment.

(1) M. Bœckel, qui, avec le docteur Herrenschmidt, avait si activement contribué à l'organisation du comité strasbourgeois de la Société internationale de secours, était à Hagueneau, où il traitait des blessés provenant des champs de bataille de Wissembourg, de Wœrth et de Frœschwiller, quand le bombardement commença, et il aurait aisément pu se dispenser de revenir au milieu de nous ; il sollicita et finit par obtenir l'autorisation de rentrer à Strasbourg pour venir donner ses soins à ses concitoyens.

Le chef de service de l'ambulance du Lycée était M. le docteur Michel, professeur à la Faculté; il était secondé par des élèves de l'Ecole de santé militaire ;

Celui de l'ambulance de la maison Berger-Levrault, M. le docteur Strohl.

L'ambulance du château était desservie par des chirurgiens militaires; celles de Saint-Joseph et de Sainte-Madeleine, par M. le docteur Reibel ;

Celle de la Loge maçonnique, par M. le docteur Gaston Lévy, médecin de l'administration des tabacs et de plusieurs sociétés de secours mutuels, remplaçant M. le docteur Kühn, parti vers le 15 août pour aller donner des soins aux blessés restés à Frœschwiller. Les aides volontaires de M. G. Lévy étaient MM. Michel et Bollender, et Mlle Noiriel, fille du libraire de ce nom. Pendant toute la durée du siége, Mlle Noiriel a présidé dans cette ambulance à la préparation de ce qui concernait la lingerie et les instruments de pansement : bandes, compresses, charpie, attelles, etc.

Dans toutes ces ambulances, aussi bien qu'à l'Hôpital civil et dans les maisons particulières, le corps médical de Strasbourg s'est montré à la hauteur de sa tâche et a fait face avec le plus louable dévouement aux exigences de la situation. Plusieurs de ses membres étaient obligés, pour se rendre de leur domicile jusqu'auprès des blessés ou des malades, et pour rentrer chez eux, de faire de longs trajets, de traverser des quartiers où le danger était certain ; n'importe; à part seulement une ou deux méprisables défections, tous ont fait leur devoir.

Strasbourg a bien mérité de la patrie.

Extrait du compte-rendu analytique (1) de la séance du Corps législatif du 31 août 1870.

PRÉSIDENCE DE M. SCHNEIDER.

M. KELLER. — J'ai des renseignements précis à communiquer à la Chambre, renseignements à la fois glorieux et douloureux, sur la situation de la ville de Strasbourg.

« Nous ne serons bientôt plus qu'un monceau de ruines » m'écrit-on ce matin même. « Depuis huit jours, nous sommes bombardés pendant huit ou neuf heures de suite. Le quart de la ville est déjà brûlé ; le point de mire a été la cathédrale ; (mouvement prolongé) ; elle aussi est brûlée ; toute la toiture est détruite ; la plate-forme n'a plus de balustrade, et la flèche est fortement avariée.

« Le Temple-Neuf et la Bibliothèque ne sont plus qu'un monceau de cendres. L'hôpital n'a pas été respecté, et une partie en est brûlée. (Nouveau mouvement). Les faubourgs sont à peu près détruits ; la population en est réduite à

---

(1) Nous donnons la préférence au compte-rendu analytique parce que ce résumé a été envoyé aux journaux immédiatement après la séance, tandis que le compte-rendu *in extenso*, tout sténographié qu'on le dise, a pu être retouché, modifié, pendant la nuit, avant sa publication par le *Journal officiel*. D'ailleurs le compte-rendu abrégé nous a paru rendre mieux que l'autre toute la fiévreuse et pitoyable agitation de cette fameuse séance, une de celles qui contribuèrent le plus efficacement à déterminer l'écroulement de l'empire.

se réfugier dans les égouts (1). Tout ce que je vous écris là est la vérité entière, sans aucune exagération.

« L'Evêque a tenté une démarche pour obtenir la cessation du bombardement; il s'est rendu seul au quartier-général prussien, il lui a été répondu qu'on n'avait pas le temps de faire le siége de la ville et qu'on obtiendrait la reddition par la terreur. (Bruyantes exclamations.) Alors il a demandé l'autorisation de faire sortir les femmes et les enfants. Cela aussi a été refusé *parce que*, a-t-il été dit, *Strasbourg n'a pas de casemate pour sa population ; il faudra donc bien se rendre pour éviter de faire assommer tous les habitants.* On n'a pas encore tiré un seul coup sur les remparts. »

Je dénonce ces faits à l'indignation de l'Europe civilisée. (Vive approbation.)

J'ai à ajouter un fait plus monstrueux encore. Pour construire des batteries contre Strasbourg, on force nos paysans à ce travail, on les expose ainsi aux balles françaises. Je dénonce également ce fait à l'indignation de l'Europe civilisée. (Nouveau mouvement d'approbation.)

Sait-on quelle a été, après la démarche de l'Évêque, la réponse de la population de Stras-

---

(1) L'auteur de cette lettre était évidemment de bonne foi ; il n'est pas exact cependant qu'à aucun moment la population de Strasbourg ou même une partie de cette population se soit réfugié « dans les égouts de la ville »; outre que les voûtes de ces égouts ne sont pas assez élevées pour permettre à un homme de s'y introduire, les gaz provenant de la décomposition des matières en circulation dans ces exécutoires souterrains auraient rendu impossible un séjour de quelques heures dans ces cloaques.

bourg ? Elle a déclaré tout entière qu'elle ne voulait pas se rendre, et qu'elle aimait mieux s'ensevelir sous les ruines de la ville. (Applaudissements prolongés.)

Je demande une première chose : c'est que la Chambre déclare, par un vote immédiat et unanime, que *l'héroïque population de Strasbourg a bien mérité de la patrie* (vifs applaudissements), et que jamais la ville de Strasbourg ne cessera d'être française. (Toute la Chambre se lève et les applaudissements se renouvellent avec force).

M. LE COMTE DE LATOUR. — Quand nous devrions mourir jusqu'au dernier homme, Strasbourg restera à la France ! (Oui ! oui !)

M. LE PRÉSIDENT SCHNEIDER — Je constate ce vote par acclamations unanimes. (Très bien ! très bien !)

M. KELLER. — Je remercie, messieurs, moi, Alsacien qui veut rester Français, la France entière, dont vous êtes les représentants, de l'engagement que vous venez de prendre. (Oui ! oui !)

Ce n'est pas tout. J'ai à entretenir la Chambre de faits relatifs au pays qui environne Strasbourg. Ces faits sont graves ; peut-être vaudrait-il mieux ne les exposer qu'en comité secret. (Oui ! oui ! — Non ! non ! — Parlez ! parlez !)

M. GAMBETTA. — Parlez pour le public, afin de soulever un cri de douleur et d'indignation dans la France entière ! (Oui ! oui !)

M. KELLER. — Ces faits reposent sur des témoignages accumulés. Je les dénoncerai avec calme. (Très bien !) Le département du Bas-Rhin tout entier et la lisière de celui du Haut-Rhin sont en ce moment rançonnés, non-seulement par les troupes régulières, mais par des bandes de paysans badois sans fusil et sans uniforme, armés seulement de sabres. Je me suis demandé comment le fait est possible. C'est qu'à notre population, guerrière et patriotique, on refuse des armes. (Bruit.)

M. le Président. — L'orateur expose des faits d'une grande gravité. Or, en ce moment il n'y a devant la Chambre aucun ministre en position de fournir des explications. L'honorable M. Keller, lui-même, ne jugerait-il pas convenable d'attendre, avant de continuer, que le gouvernement puisse s'expliquer? (Mouvements divers.)

Une voix. — Les Prussiens n'attendent pas !

M. Keller. — En ce moment c'est à la Chambre que je parle, et tout-à-l'heure je formulerai une proposition qui fournira au gouvernement l'occasion de s'expliquer. (Parlez !)

Je continue. A côté de ces populations désarmées, que voit-on ? Une grande faiblesse de la part de ceux qui auraient dû la soutenir et l'encourager. Ainsi, à Colmar, dans un moment de simple panique, l'administration municipale a fait noyer une grande quantité de poudre. A Ruffac, une rixe a eu lieu entre des jeunes gens du pays et des Allemands qui n'avaient pas été expulsés et qui insultaient à la douleur publique. Les jeunes français ont été arrêtés et conduits en prison, les menottes aux mains. (Exclamations.)

Sur tous les points du département, les anciens militaires ont voulu rejoindre ; on leur en a refusé les moyens. (Nouveau bruit.)

Ainsi, un pays désarmé est exposé non-seulement à l'invasion d'une armée régulière, mais aux incursions de brigands sans uniforme. Un tel état de choses peut-il durer ? (Non! non !) La population entière serait prête à se lever si on le lui permettait. Ce que je demande, c'est qu'on le lui permette.

Je formule la proposition suivante : pour éviter un débat public, nommer une commission qui entendra les explications du gouvernement sur la situation du département du Haut-Rhin ; ensuite, laissant de côté les questions constitutionnelles, qui ne doivent pas nous préoccuper en ce moment (Très bien ! très bien ! à gauche), faire nommer par cette commission un commissaire extraordinaire pour aller parer à cette situation et encourager le mouvement patriotique de la population. (Applaudissements à gauche.)

Vous choisirez, d'accord avec le gouvernement, qui vous voudrez, messieurs. Si cet honneur m'était fait, je pourrais y laisser ma vie, mais les choses se passeraient autrement. (Vifs applaudissements sur divers bancs.)

M. BRAME, *ministre de l'instruction publique.* — La Chambre comprendra que, seul ministre présent en ce moment, je ne puis, au nom du gouvernement, ni discuter la proposition qui est faite, ni m'y opposer. Vous savez la cause qui retient les ministres hors de cette enceinte.

M. ORDINAIRE. — Quelle cause ?

LE MINISTRE. — M. le ministre de la guerre travaille du matin au soir à compléter nos armements. Vous l'avez vous-même autorisé à ne pas assister à vos séances. M. le ministre de l'intérieur est occupé à organiser activement la garde nationale. M. Duvernois consacre tous ses instants à l'approvisionnement de la capitale.

Les autres ministres sont au comité de défense. Je demande seulement que vous vouliez bien attendre que le gouvernement soit présent sur ces bancs pour s'expliquer sur la proposition de M. Keller. (Très bien ! très bien !)

Plusieurs voix, à gauche. — A cinq heures.

Après une très-longue et très-verbeuse discussion sur la question de savoir si la proposition de M. Keller sera ou ne sera pas prise en considération avant que les ministres aient pu être entendus, la Chambre décide qu'il sera sursis aux débats jusqu'à 6 heures, afin que les ministres puissent être prévenus et venir y prendre part.

La séance, suspendue à 5 heures un quart, est reprise à 6 heures.

LE GÉNÉRAL COMTE DE PALIKAO, *ministre de la guerre*. — Je demande à connaître la proposition qui a été faite afin de pouvoir y répondre.

M. KELLER. — J'ai entretenu la Chambre de faits douloureux relatifs à la ville de Strasbourg. La Chambre a accordé aux courageux habitants de Strasbourg un hommage que M. le ministre de la guerre, s'il eût été présent, lui eût rendu avec nous.

M. LE MINISTRE. — Parfaitement!

M. KELLER. — J'ai signalé d'autres faits. J'ai parlé d'incursions de paysans badois, qui, sans uniformes ni fusils, viennent, le sabre à la main, rançonner nos habitants. J'ai dit aussi que, sur plusieurs points, le courage des habitants a été réprimé par les autorités locales. Mes collègues de l'Alsace auraient à citer comme moi de nombreux faits; mais, dans leur pensée comme dans la mienne, il vaudrait mieux que ces détails ne fussent pas produits en séance publique et fussent donnés dans le sein d'une commission qui aurait à examiner la situation.

J'ai proposé enfin de nommer un commissaire extraordinaire chargé d'aller organiser la défense dans les départements du Bas-Rhin et du Haut-Rhin. (Très bien ! très bien ! à gauche.)

Le général comte de Palikao, *ministre de la guerre*. — Messieurs les députés, je commence par déclarer que je m'associe aux éloges qui ont été donnés à la malheureuse population de Strasbourg. Elle a subi dans ses murs les rigueurs de la guerre, comme nos armées les ont subies à côté d'elle. Aussi vous prierai-je de comprendre dans vos éloges les soldats qui composent la garnison de Strasbourg et le commandant qui est à leur tête. (Vifs applaudissements.)

Pour que vous ne doutiez pas que ces éloges sont mérités, je vais vous donner lecture des dépêches qui me sont parvenues sur ce qui s'est passé à Strasbourg.

« ... L'Evêque s'est rendu auprès du général prussien de Werder et lui a fait remarquer que son feu n'atteignait que les habitants inoffensifs; le général lui aurait répondu : « Je sais par-« faitement que je ne puis prendre Strasbourg « en m'attaquant à ses remparts. C'est aux habi-« tants à forcer le général à capituler. » En effet, les remparts n'ont pas éprouvé le moindre dommage et la garnison est presque absolument intacte. Quelques personnes auraient fait auprès du général Uhrich une démarche et on lui attribue cette réponse : « Je garderai la place jus-« qu'à la dernière pierre, dussé-je me retirer « dans la citadelle et brûler la ville moi-même « si elle gêne la défense ! » (Bruyants applaudissements.)

Messieurs, vous voyez que tout en prenant les

intérêts d'une ville aussi importante et de ses habitants, le commandant de Strasbourg a fait passer l'honneur français avant tout. (Très bien ! très bien !) (1).

Quant à la question qui a été posée relativement à la nomination d'une commission, voilà bien des fois, messieurs, que, sous différents aspects, sous diverses formes, se présente constamment cette question de savoir si le gouvernement remplit ou ne remplit pas son devoir. On a même été plus loin : j'ai lu dans certains journaux un mot qui sonne mal à nos oreilles : le mot de trahison. (Non ! non ! — Si ! — Mouvements divers.)

Une voix. — Ce mot a été prononcé dans la Chambre par M. Jules Favre.

M. LE BARON JÉRÔME DAVID, *ministre des travaux publics.* — Que M. Jules Favre nomme ceux qui trahissent !

M. JULES FAVRE. — Je suis prêt à expliquer ma pensée, et elle est très simple. (Exclamations.)

M. GUYOT-MONTPAYROUX. — Oui, il y a de l'incapacité... (Bruit.)

M. LE MINISTRE DE LA GUERRE. — J'entends prononcer le mot d'incapacité ; si nous sommes des ministres incapables nous ne méritons plus la confiance de la Chambre ; mais *chaque fois que la question de confiance a été posée, elle a été résolue par l'affirmative : chaque fois la Chambre nous a*

(1) Cette réponse attribuée au général Uhrich par M. de Palikao nous paraît avoir été inventée après coup : une telle menace ne peut pas avoir été faite par le commandant militaire de Strasbourg : il était trop bon, trop humain, et de sens trop rassis pour avoir eu, même un seul instant, cette absurde pensée ; c'aurait été en effet un singulier moyen de défendre la ville et ses habitants que de commencer par la détruire et les décimer.

accordé sa confiance, comme, de son côté, toute la nôtre lui appartient. (Approbation.) (1).

Sommes-nous donc des incapables, sinon des traîtres, nous qui avons fait sortir, depuis dix-sept jours, des armées de terre, nous qui avons organisé la défense de Paris, car elle ne l'était pas au moment où nous sommes arrivés aux affaires? Nous, enfin, qui sommes détournés à chaque instant de travaux importants pour venir rendre compte à la Chambre de ce que nous faisons, au risque de communications dangereuses?

Je ne veux pas entrer dans les détails de la proposition, mais je déclare que je ne reconnais point de commissaires en dehors du gouvernement.

Vous proposez d'en nommer : qui les nommera? Ou la Chambre, ou le gouvernement? Si c'est la Chambre, c'est là un acte de défiance vis-à-vis de nous. (Dénégations à gauche. — Oui ! oui !)

Nous venons donc une dernière fois poser cette question : méritons-nous, ou ne méritons-nous pas la confiance de la Chambre? (Nouvelle et

---

(1) M. Cousin-Montauban, comte de Palikao, avait bien raison d'abriter sa responsabilité derrière celle de la Chambre de 1870 ! Oui, c'est vrai, c'est profondément vrai : chaque fois que la question de confiance a été posée à cette assemblée, la *majorité* a répondu affirmativement; oui, les candidatures officielles ont été la cause, la principale cause de nos désastres. Mais qui avait fabriqué, de toutes pièces, cette majorité factice ? Qui avait inventé les candidatures officielles? Qui avait employé tous les moyens, même les *moins* avouables, pour tromper sciemment, pour duper la nation? Qui, sinon Napoléon III, et vous-mêmes, ses ministres, avec tous ses autres complices?...

vive approbation.) Car nous n'abandonnerions plus les occupations urgentes pour répondre à de semblables questions. (Bruyantes réclamations à gauche. — Applaudissements à droite.)

M. Garnier-Pagès — Respectez l'Assemblée!

Le Ministre. — Messieurs, nous avons toujours agi avec la plus grande déférence pour la Chambre, et nous agirons toujours de même. Mais, je le répète, notre premier devoir est de veiller au salut de la patrie... (Bruyantes interruptions à gauche.)

Voix à gauche. — Et nous donc !

Le Ministre. — Messieurs, les interruptions ne me troublent pas. (Très-bien ! très-bien !)

Maintenant, je viens vous dire que nous avions parfaitement prévenu le désir de la Chambre, car nous avons envoyé dans les départements des commissaires spéciaux, des conseillers d'Etat. (Nouveau bruit à gauche.)

Je réponds a une dernière question de l'honorable M. Keller. M. Keller a parlé d'organiser des troupes pour aller couper des routes... Mais c'est fait, tout cela ! Seulement, croyez-bien que je n'irai pas le dire tout haut (Très-bien ! très-bien !) En voulez vous seulement une preuve ?... (Non ! non !) Je reçois à l'instant... (Non ! non ! Ne lisez pas !) Je peux vous dire cela ; soyez tranquilles, je ne lirai que ce que je voudrai ; ne vous tourmentez pas. (Mouvement divers.) Personne ne me fera dire ce que je ne veux pas dire.

Un membre au centre. — Laissez-vous attaquer !.

Le Ministre. —J'ai subi bien d'autres attaques, et de plus sérieuses. (Applaudissements et rires.)

Messieurs, ce que je vais vous lire est la conre-partie de ce que vous a dit l'honorable M. Keller. Voici une dépêche télégraphique que je reçois à l'instant; je n'ai pas besoin de dire d'où elle vient : « Corps franc composé de quelques français a pénétré sur territoire badois ; trains badois manquent aujourd'hui »... (Nouveaux applaudissements.)

Voulez-vous savoir maintenant, messieurs, ce qu'ont produit les travaux du ministère actuel ? Le voici : depuis que les Prussiens ont pénétré en France, ils ont perdu au moins 200,000 hommes, qui ont été mis hors de combat dans les différentes batailles qui ont eu lieu.

Aussi les frais de guerre auxquels la Prusse doit faire face aujourd'hui sont-ils estimés à 2,800,000 thalers soit 10,500,000 francs par jour ! Entendez-vous cela ? (Rires, suivis de bruyants applaudissements.)

M. Keller. — Je ne saurais accepter les paroles dédaigneuses (Réclamations sur un grand nombre de bancs. — Très bien ! très bien ! à gauche) par lesquelles M. le ministre de la guerre a accueilli ma proposition. (Nouvelle approbation à gauche.)

Je me fais scrupule plus que personne d'abuser des moments du ministre de la guerre et de la Chambre, et quand j'ai soumis ma proposition à la Chambre, j'ai obéi au cri de mon cœur blessé et déchiré par les souffrances de mon pays. (Très bien ! sur les mêmes bancs.) J'ai eu soin, pour ma part, d'écarter toute question constitutionnelle.

J'ai demandé à la Chambre qu'une commission prise dans son sein s'entendît avec le gouvernement sur la situation des départements du Haut et du Bas-Rhin. Nous donnerions dans cette commission des explications que nous ne pouvons donner en public.

M. Lefebvre. —C'est vrai, nous regrettons de ne pouvoir les donner en public.

M. Keller. — J'ai demandé que cette commission examinât s'il ne serait pas opportun d'envoyer un commissaire extraordinaire en Alsace.

Cette proposition n'a rien d'inconstitutionnel. Une chose me surprend : c'est que *toute les fois que la Chambre essaie, sous une forme ou sous une autre, de prendre une part effective et active à la défense du pays*... (Bruit à droite. — Applaudissements à gauche.)

Quant à moi, je souffre du rôle qu'on fait jouer à la Chambre depuis quelques semaines. Il est temps de s'élever au-dessus des petites défiances, de nous unir tous pour la défense du pays. (Bruits à droite.)

Pourquoi le gouvernement se méfie-t-il de la Chambre ? (Interruptions.)

M. Busson-Billault, *ministre présidant le conseil d'Etat*. C'est vous qui vous méfiez de nous, et qui voulez une confusion des pouvoirs.

M. Keller. — Ce que je demande, c'est que, sans nous occuper de mesquines querelles, nous travaillons tous à la défense du pays. Quant à ma proposition, je ne crois pas que la Chambre puisse la repousser. Elle ne peut refuser de réunir une commission dans laquelle mes collègues du Haut et du Bas-Rhin et moi nous donnerons tous les détails concernant ces deux départements. Je maintiens et ma proposition et la demande d'urgence. (Très bien ! très bien ! sur quelques bancs.)

M. le Président. —L'urgence a été demandée;

c'est sur l'urgence que la chambre va être consultée.

L'urgence est repoussée par 180 voix contre 59, sur 239 votants.....

Extrait de *l'Impartial du Rhin* du 28 septembre 1870.

(Ce numéro n'a été tiré qu'à dix exemplaires.)

« Depuis hier soir à cinq heures le bruit affreux, les épouvantables détonations du bombardement ont complétement cessé; on n'entend plus que le silence, et ce silence est plus lugubre que l'horrible vacarme de la canonnade à outrance, plus lugubre que tant de massacres et de ruines amoncelées chaque jour par les opérations du siége et de la défense.

« Si ce qui est fait était à refaire, quel est celui de nos concitoyens qui oserait aujourd'hui insister pour la reddition de la place ?

« Quel opprobre pour les égoïstes, pour les poltrons qui ont exercé sur l'autorité militaire une pression capable de la réduire à cette extrémité !

« Et la France, que pensera-t-elle, que dira-t-elle de nous?

« Quels reproches elle aura le droit de nous adresser! car en trois ou quatre jours que d'événements peuvent se produire qui auraient modifié du tout au tout notre situation?

« Comme au lendemain du désastre de Frœschwiller, nous ne pouvons que répéter : Il fallait vaincre, ou il fallait mourir.

« Fidèles à notre conviction, qui n'a été ébranlée ni par nos malheurs publics, ni par nos malheurs intimes, nous protestons, pour notre part, de toute notre énergie, sans réserve, contre la capitulation qui nous livre, pieds et poings liés, à la discrétion de la Prusse. »

« *Midi.* — Nous venons d'assister au spectacle le plus navrant ; l'imagination ne saurait atteindre à ce degré d'horreur : nos soldats, sombres, farouches, abattus, désespérés, défilent dans les rues d'Austerlitz, du Vieux-Marché-aux-Poissons, des Grandes-Arcades et sur la place Kléber, pleurant et maudissant le sort qui les domine, qui les étreint, qui annihile leur résistance ; — en passant sur les ponts, ils jettent leurs armes dans la rivière et les fossés (1), ou ils les brisent sur le pavé ; le sol est bientôt jonché de leurs débris, sur lesquels défile l'armée ennemie, tambours, fifres et musique en tête, avec un ordre, une précision, une discipline qu'on est forcé d'admirer malgré la honte et le dégoût qui débordent à cette heure de tout cœur français, de tout cœur alsacien.

« Dailleurs, point de forfanterie dans l'allure de nos vainqueurs, point de démonstrations blessantes, point de cris provocateurs ; ils sont joyeux de leur triomphe, mais cette joie, ils ne l'ont manifestée que par leur trois *hourra !* de rigueur poussés au moment où ils franchissaient les portes ; à partir

---

(1) Ces épaves ont été soigneusement repêchées par les soldats allemands, et expédiées, avec d'autres vieilles ferrailles, à Berlin.

de ce moment ils ont observé une réserve dont il n'est que juste de leur tenir compte.

« Heureux sont les morts ! Ils n'ont pas à subir cet excès d'humiliation d'avoir, pendant 48 jours et 48 nuits, supporté tant d'angoisses, tant d'épreuves, tant d'horribles douleurs, et de voir ces sacrifices, si héroïquement subis, aboutir à un résultat si navrant.

« Sommes-nous tombés assez bas ! sommes-nous assez profondément enfoncés dans le bourbier !... Pauvre France ! mais surtout malheureuse Alsace ! Proie du vainqueur, il lui faut subir la loi du plus fort et se résigner — jusqu'au jour de la rédemption.

« P. Raymond Signouret. »

FIN

Il est possible que, malgré tous nos soins, nous ayons laissé échapper dans ce récit et dans les notes qui l'accompagnent quelque erreur ou quelque omission ; nous prions instamment ceux de nos lecteurs qui pourraient en relever de vouloir bien nous les signaler (*) afin que nous puissions utiliser leurs renseignements — s'il y a lieu, — dans une deuxième édition.

(*) Notre adresse : — P. Raymond Signouret, rédacteur en chef de l'IMPARTIAL DES PYRÉNÉES ET DES LANDES, à Bayonne.

ERRATA. — *Page 61*, sixième ligne : Au lieu de « *le 20 (août)* on apprend la retraite du ministère Ollivier, lisez « *le 10 (août)* ».

Page 62 : Au lieu du titre de chapitre « *Autres proclamations* », lisez « *Autres précautions* ».

Page 95, douzième ligne : Au lieu de « abandonnant aux Badois *un* des quatre canons », lisez « *trois* des quatre canons ».

Page 212 : A la dernière ligne de la note placée au bas de cette page, au lieu de « ministère Ollivier-Lebœuf », lisez « Ollivier-Palikao ».

Page 229 : Dans l'avant-dernière ligne de cette page nous avons dit que le préfet, M. le baron Auguste Pron, assistait à presque toutes les réunions du conseil de défense. Cela n'est pas exact ; M. Pron avait journellement des entrevues avec le général Uhrich et les autres membres du conseil, mais il n'a assisté à aucune des *séances* de ce conseil.

Page 235, onzième ligne : Au lieu de « M. Bœrsch était préfet depuis *six* jours », lisez « depuis *quatre* jours ».

Page 322 : Le titre du chapitre qui commence au milieu de cette page doit être ainsi rectifié : *Effectif de la garnison de Strasbourg*, LE 25 AOUT 1870.

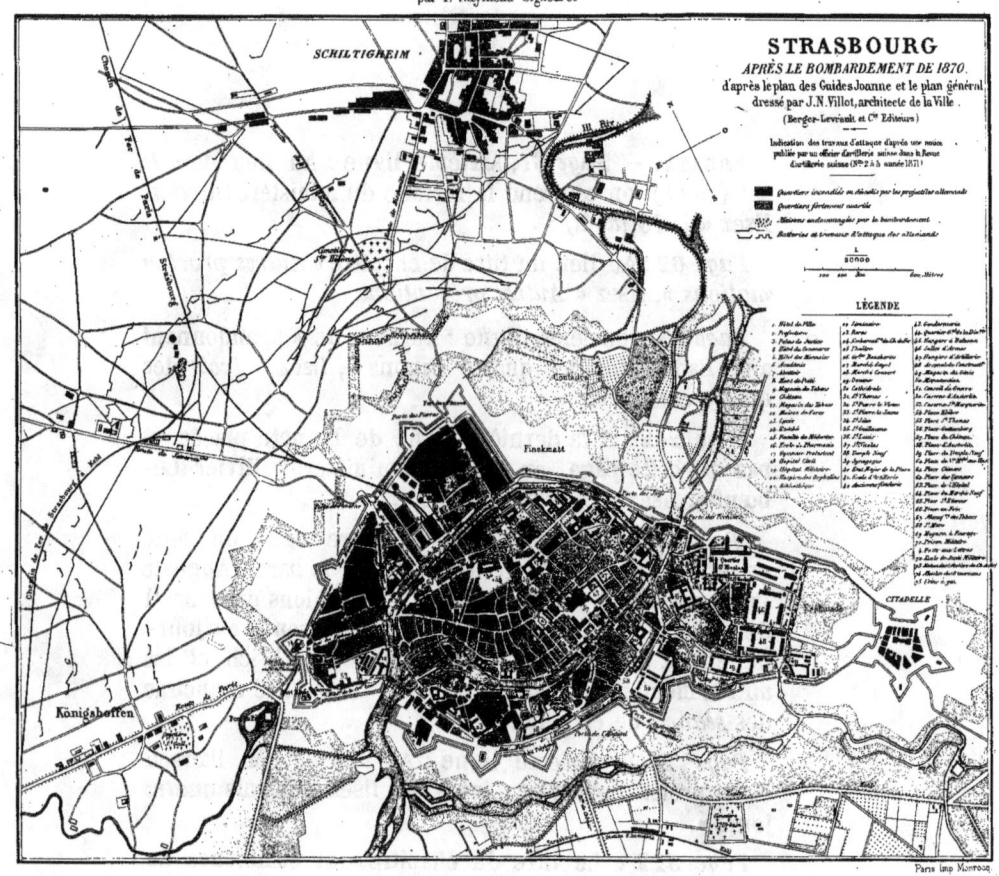

SOUVENIRS DU BOMBARDEMENT ET DE LA CAPITULATION DE STRASBOURG (1870)
par P. Raymond Signouret

TABLE DES MATIERES

	Pages
Les préparatifs de guerre et les manifestations populaires	9
Concentration du 1er corps	14
A Berlin ! à Berlin !	16
Les reporters parisiens	18
Mesures de précautions	19
Souscriptions et sociétés de secours	20
Le général Uhrich	21
Retard des courriers	31
Destruction du pont de Kehl et des ponts sur la Kintzig	32
Un suicide	33
Premières appréhensions	34
Le matériel des pontonniers	38
La générale	39
Fermeture des portes	40
Démonstration sincère	41
Avant l'investissement	42
Les canonnières	45
Première sommation	45
Garde nationale sédentaire	54
L'observatoire de la cathédrale	58
Plus de nouvelles	60
Première proclamation	61
Autre proclamation	62
Les premiers coups de canon	62
Les espions	64
Défense de monter sur les clochers et les édifices publics	67
Stagnation des affaires	68

TABLE DES MATIERES

	Pages
Les préparatifs de guerre et les manifestations populaires	9
Concentration du 1er corps	14
A Berlin ! à Berlin !	16
Les reporters parisiens	18
Mesures de précautions	19
Souscriptions et sociétés de secours	20
Le général Uhrich	21
Retard des courriers	31
Destruction du pont de Kehl et des ponts sur la Kintzig	32
Un suicide	33
Premières appréhensions	34
Le matériel des pontonniers	38
La générale	39
Fermeture des portes	40
Démonstration sincère	41
Avant l'investissement	42
Les canonnières	45
Première sommation	45
Garde nationale sédentaire	54
L'observatoire de la cathédrale	58
Plus de nouvelles	60
Première proclamation	61
Autre proclamation	62
Les premiers coups de canon	62
Les espions	64
Défense de monter sur les clochers et les édifices publics	67
Stagnation des affaires	68

TABLE

Plus de gaz, des lanternes..................	68
Francs-tireurs et chasseurs-tirailleurs............	69
Embrigadement des douaniers	75
Expulsion des étrangers.....................	76
Les premiers projectiles.....................	77
La fête de l'Empereur........................	81
Le feu d'artifice du 15 août.................	83
Premiers effets du bombardement.............	85
Les premières sorties.......................	91
Une proclamation prussienne.................	96
Précautions contre les incendies..............	99
Les veilleurs volontaires.....................	102
Maisons et bâtiments détruits hors des murs......	105
Ruse déloyale..............................	107
Le Bon-Pasteur............................	108
La nuit du 18 et la matinée de 19 août.........	109
Les allemands tirent sur un parlementaire français.	113
Les inhumations dans l'intérieur de la ville......	115
Incendies et démolitions hors de la porte d'Austerlitz...................................	118
Pillards et maraudeurs......................	119
La proclamation du 23 août..................	122
Dans les caves et dans les mansardes..........	124
Disette de nouvelles........................	131
La nuit du 23 au 24 août....................	134
La nuit du 24 au 25. — Incendie du Temple-Neuf et de la Bibliothèque..........................	143
Première réunion publique...................	148
L'incendie de la cathédrale...................	151
Prière infructueuse.........................	155
Abris et secours aux victimes des incendies......	155
Les ramasseurs de fer.......................	158
Nomination d'une commission municipale........	160
La proclamation du 26 août..................	166
Nouveaux abris............................	167
Deuxième et troisième réunions publiques........	168
Comités municipaux et comités privés. — Cuisines économiques. — Enregistrement des sinistres...	171
Le mois de septembre.......................	172
Un projectile à la mairie.....................	174

Les premiers saufs-conduits	175
Le 4 septembre	175
Le 5 septembre	176
Les élèves de l'Ecole de santé militaire	176
Le 6 septembre	178
Les 7 et 8 septembre	181
Une sortie du côté de la Montagne verte	182
La fête du grand duc de Bade	183
Incendie du « quartier » Saint-Nicolas	184
Incendie du Théâtre	185
Autres dévastations	187
Inondation préservatrice	188
Les délégués suisses	190
Un affreux accident	198
Proclamation de la République	199
Le 13 septembre	203
Election d'un nouveau maire	205
Le 15 septembre	209
« Strasbourg à bien mérité de la patrie ». — La statue de Strasbourg	211
Déclaration d'indignité	220
Du 15 au 20 septembre. — Supplique de la commission municipale au général Uhrich	226
Les restaurants populaires	230
Abris dans la cathédrale	232
Le nouveau préfet. — Lettre de M. Edmond Valentin	234
Un maire *in partibus*	241
Incendie de l'hôtel de la Préfecture	245
Comment les Allemands ménageaient la ville de Strasbourg	245
Les derniers jours avant la capitulation	248
La capitulation	249
La sortie de la garnison	259
Dernières proclamations	268
La presse locale après la capitulation	272
Le *Te Deum* du 28 septembre	276
Aspect de la ville et des remparts le 28 septembre	279
Deux lettres du général Uhrich	284

TABLE

Conclusion 293

APPENDICE

Renseignements complémentaires................. 299
Lettre du général Uhrich à M. Humann........... 231
ettre du grand duc de Bade au général Uhrich,
   et réponse du général......................... 316
Fausses nouvelles............................... 319
Effectif de la garnison le 25 août 1870............. 322
Nombre des projetiles lancés sur Strasbourg...... 329
Nombre des tués, civils et militaires.............. 331
Etat nominatif des tués civils..................... 333
Etat nominatif des officiers blessés. tués ou morts
   des suites de leurs blessures.................... 343
Etat numérique (résumé) des sous-officiers, ca-
   poraux, brigadiers, tambours, clairons et soldats
   blessés, tués ou disparus depuis le 20 août jus-
   qu'au 27 septembre inclusivement................ 349
Société internationale de secours aux blessés (co-
   mité auxiliaire de Strasbourg)................... 350
Hôpitaux et ambulances, personnel et statistique.. 353
Strasbourg a bien mérité de la patrie (Extrait du
   compte-rendu analytique de la séance du Corps
   législatif du 31 août 1870)...................... 359
Extrait de *l'Impartial du Rhin* du 28 septembre 1870 371
Errata 374

FIN DE LA TABLE

Bayonne. — Imprimerie P. Cazals.

BAYONNE. — IMPRIMERIE P. CAZALS.

www.ingramcontent.com/pod-product-compliance
Lightning Source LLC
Chambersburg PA
CBHW060603170426
43201CB00009B/883